21 CHAVES

PARA UMA VIDA AUTÊNTICA

Michelle Rostirola

21 CHAVES

PARA UMA VIDA AUTÊNTICA

vélos

Editora Vélos
Itajaí - Santa Catarina
Tel.: 47 3083-8555
contato@editoravelos.com.br
www.editoravelos.com.br

Quaisquer citações nesta obra estão adaptadas ao Acordo Ortográfico de 1990, vigente desde janeiro de 2009.

Erratas e arquivos de apoio poderão ser encontrados no site da editora com a devida correção e/ou material aplicável à obra relativa.

A obra é comercializada na forma em que está. Não há direito a suporte técnico ou orientação pessoal/exclusiva ao leitor.

Direção geral:
Junior Rostirola

Editor responsável:
Michele Rostirola de Lima

Editor assistente:
Joshua Santos

Supervisão editorial:
Marcos Vinicius Ferreira

Produção editorial:
Águia Editorial

Edição:
Renata Vaes
Gisele Romão da Cruz

Preparação:
Emanuelle Malecka

Revisão de provas:
Carolyne Larrúbia
Josemar Pinto
Manuela Condack

Diagramação:
Patrícia Lino

Capa:
Jonatas Ilustre

Ilustrações:
Jonatas Ilustre

Impressão e Acabamento:
Gráfica Geográfica

Dados Internacionais de Catalogação na Publicação (CIP)
(Câmara Brasileira do Livro, SP, Brasil)

Rostirola, Michelle
21 chaves para uma vida autêntica / Michelle Rostirola. -- Itajaí, SC : Editora Vélos, 2025.

ISBN 978-65-85930-36-9

1. Autoconhecimento 2. Literatura devocional 3. Mulheres - Aspectos psicológicos 4. Transformação I. Título.

25-270627 CDD-242

Índices para catálogo sistemático:
1. Literatura devocional : Cristianismo 242
Eliete Marques da Silva - Bibliotecária - CRB-8/9380

Sumário

introdução

Descubra e abrace quem Deus a fez para ser

Vivemos em um mundo que condena e reprime a autenticidade ao nos induzir a viver segundo seus padrões de estilo de vida e estética. No entanto, esses moldes e tendências só nos afastam daquilo que, de fato, fomos chamadas para ser. Por nos sentirmos pressionadas pela mídia e até mesmo por aqueles que estão ao nosso redor, muitas de nós cedem e, assim, se esquecem da própria essência.

A verdade de que somos únicas precisa ser anunciada, pois tal singularidade nos foi dada de presente por Deus Pai. Cada uma de nós é única, exclusiva, o que torna tudo mais criativo, colorido e belo. Temos propósitos específicos e belezas diversas. Ainda assim, a pressão do mundo secular nos leva a questionar até mesmo nossa identidade.

Não fomos chamadas para viver mergulhadas na comparação, mas convocadas a caminhar em autenticidade. Precisamos abraçar e compreender nossa singularidade como filhas amadas do Pai, pois ele se agrada quando nos posicionamos com convicção de nossa identidade para cumprir o chamado que designou a cada uma de nós.

21 chaves para uma vida autêntica é um convite para uma jornada de autodescoberta e conexão com Deus. Por meio desta jornada, apresento reflexões sobre a autenticidade e o propósito segundo a Bíblia. Também relato algumas das minhas experiências, regadas de lutas,

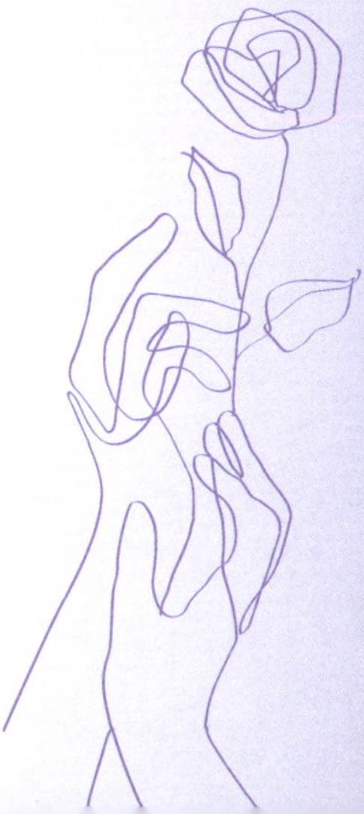

bem como de vitórias das quais testemunho para encorajá-la a viver conforme os desígnios do Pai.

Meu desejo é que cada reflexão, versículo, oração e sugestão de aplicação prática ajudem você a se aproximar mais de quem Deus a criou para ser: uma mulher autêntica!

Por que 21 dias?

Estudos realizados por Maxwell Maltz na década de 1960 revelam que são necessários 21 dias para permanecer firme em um objetivo ou hábito. Assim, este livro foi planejado para que, ao final desta jornada, você esteja firmada em sua autenticidade para que viva o propósito de Deus para a sua vida.

Como usar este livro?

1. Reserve um tempo diário: dedique um momento do seu dia para ler, refletir e orar. Pode ser logo pela manhã, durante o almoço ou antes de dormir.
2. Leve as reflexões para o coração: cada dia traz um tema central, versículo, reflexão, frase encorajadora e oração. Leia com calma e permita que Deus fale com você.
3. Aplicações práticas: ao final de cada texto, há uma sugestão para colocar em prática o que você leu, sobre o que refletiu e orou.

4. Diário pessoal: se possível, use um caderno ou diário para anotar suas reflexões, respostas às aplicações práticas e orações. Ele será um tesouro a ser revisitado no futuro.

Um convite pessoal

Mais que palavras escritas em uma folha em branco, o desejo do meu coração ao apresentar-lhe este livro é que você seja transformada de maneira pessoal e íntima. O propósito deste livro vai além de uma simples leitura; espero que você seja edificada e encorajada pelas mensagens e pelos testemunhos de como Deus transformou a minha vida, a minha história.

No decorrer destas páginas, você encontrará histórias reais! Não quero que você tenha em mãos apenas mais um livro, mas que perceba que não há limites para o agir de Deus quando nos deixamos ser guiadas e transformadas por ele.

Também oro para que, a cada passo que você der nesta jornada, aprenda a se ver de outra perspectiva, da maneira como Deus a vê: uma mulher autêntica, amada, suficiente e cheia de propósito.

Vamos juntas?

Com amor, fé e autenticidade,
Michelle Rostirola.

DIA 1

Quem Deus diz que você é

O que vem à sua mente quando você pensa em si mesma? Talvez você se lembre dos seus erros, fraquezas ou inseguranças. Ou, então, pode ser que venham à sua memória as vezes em que errou e não conseguiu corrigir, que falhou e não obteve compreensão.

Este mundo está cheio de mensagens que tentam nos dizer quem somos ou quem deveríamos ser. Na maioria das vezes, tentam associar nossa identidade apenas àquilo que fazemos; nosso desempenho passa a ser sinônimo de quem somos. No entanto, quem disse que deve ser assim?

Quem somos nunca se resumiu estritamente ao que fazemos. Quem somos tem a ver com o que Deus diz a nosso respeito. A perspectiva dele sempre estará na contramão do mundo; afinal, quem melhor conhece a criação senão o Criador? Ninguém nos conhece tão profundamente quanto ele, que nos criou à sua imagem e semelhança.

O Pai não coloca uma lente de aumento nos seus defeitos para ficar observando cada um deles; em vez disso, ele se atenta ao seu valor imensurável. Sim, para ele, você é parte de sua maravilhosa criação, feita "de modo assombroso e admirável" (cf. Salmos 139.14). O mundo é que vem distorcendo a imagem da verdade e, como consequência, ao se olhar, você não consegue mais reconhecer sua origem, que provém dele!

Gênesis 1.27

Então, Deus criou o ser humano à sua imagem, à imagem de Deus o criou; homem e mulher os criou.

"Você é a obra autêntica de Deus, amada, preciosa e suficiente."

Aceitar essa verdade é o primeiro passo para viver com autenticidade. Você tem uma origem; não é fruto do acaso. Sei que você pode discordar ou sentir que essa verdade não é válida para você, como eu também já me senti. Durante muitos anos, eu pensava estar em falta, senti-me insuficiente a ponto de acreditar que tinha de ser parecida com os outros ou atender às expectativas de quem estava por perto para ser aceita. Assim, eu me afastava da minha verdadeira identidade e me esquecia da minha origem.

Quando, porém, busquei ao Senhor e passei a meditar em sua Palavra, descobri que minha identidade não estava fundamentada na opinião alheia, e sim em quem eu sou em Deus. Saber que devo buscar ser somente quem ele diz que eu sou mudou tudo!

Hoje, quero que você saiba: você é autêntica, única, amada e preciosa. Não permita que os rótulos do mundo ou seus próprios pensamentos negativos definam a sua identidade. Abrace aquilo que Deus diz a seu respeito: você é obra-prima, criada com propósito e beleza, à imagem de seu Criador.

Oração

Senhor, ajuda-me a ver a mim mesma como tu me vês: criada à tua imagem e semelhança, de modo assombroso e admirável. Livra-me dos rótulos que o mundo tenta colocar em mim e dá-me segurança na minha identidade em Cristo Jesus. Amém.

Aplicação prática

1. Pegue um papel ou um diário e escreva cinco características positivas que Deus lhe deu, como bondade, criatividade, perseverança, generosidade, gentileza, entre outras.
2. Ao lado de cada qualidade, escreva uma frase de gratidão, por exemplo: "Obrigada, Deus, por me dar um coração generoso."
3. Leia essa lista em voz alta, com convicção. Coloque-a em um lugar visível e releia os tópicos sempre que se sentir insegura.

DIA 2

Livre-se das máscaras

Quantas vezes você já se escondeu por trás de uma máscara?

Talvez, a princípio, você pense que estou julgando ou citando uma vida de maldades. Mas vou mostrar a você que é possível usar máscaras sem perceber, apenas com o intuito de se proteger ou de agradar a outras pessoas.

Efésios 4.25

Portanto, cada um de vocês deve abandonar a mentira e falar a verdade uns aos outros [...].

Quando eu era criança, minha família morava em um apartamento e tinha uma casa de praia na cidade vizinha. Nessa casa, havia um limoeiro do qual meu pai gostava muito. Ele sempre ficava feliz quando encontrava a árvore cheia de frutos. No entanto, em uma das vezes que fomos para o litoral, não vimos nenhum limão no pé ao chegarmos. Para agradar ao meu pai, tive a ideia de pegar limões de outro limoeiro e espetá-los nos espinhos daquele pé. Em seguida, corri ao encontro do meu pai e disse-lhe que nosso limoeiro estava cheio! Ao ver que os limões estavam presos aos espinhos, meu pai riu muito por saber que tive boas intenções. Foi então que aprendi que nem sempre o certo a se fazer é tentar agradar aos outros. Por mais inocente que tivesse sido, tratava-se de uma enganação.

Conforme a vida passa, criamos versões que consideramos mais aceitáveis de nós mesmas para sermos incluídas em algum grupo ou consideradas por alguém de tal maneira que não precisemos lidar com críticas, pena ou desconfortos. Contudo, assim como a máscara

“A vida autêntica requer coragem para assumir a verdade.”

da minha atitude em relação àquele limoeiro caiu, as máscaras que usamos também não se sustentam.

Deus nos chama para viver com autenticidade, tanto com ele quanto em nossos relacionamentos. Ainda que as pessoas não vejam a realidade e achem que a versão apresentada é verdadeira, quem poderia esconder-se do próprio Deus por trás de máscaras?

Não é fácil sermos sempre sinceras. A vida autêntica requer coragem, em especial quando tememos receber julgamento e rejeição. Todavia, quando nos livramos das máscaras, encontramos, além de alívio profundo, oportunidade de viver em liberdade e verdade.

Por isso, permita que Deus revele as áreas nas quais você sente que precisa fingir ou esconder algo. Seja honesta com você mesma e confie no amor eterno do Pai, que a aceita exatamente como você é.

Oração

Senhor, eu reconheço que muitas vezes temi não ser aceita e, por isso, me escondi atrás de máscaras. Ajuda-me a livrar-me de todas elas. Não quero mais fingir ser quem eu não sou. Isso não é mais necessário, porque sei que tu me aceitas e me amas. Dá-me consciência da liberdade que tenho em ti, em nome de Jesus. Amém!

Aplicação prática

1. Separe um tempo de reflexão com Deus.
   Encontre um lugar tranquilo e peça a Deus que revele áreas de sua vida em que você tem usado máscaras. Depois, pergunte-se:
   - Com quem me sinto pressionada a ser algo que não sou?
   - Em quais situações costumo esconder meus verdadeiros sentimentos?
   - Que parte da minha vida tento disfarçar com a intenção de parecer mais forte ou adequada?

2. Identifique uma máscara.
   - Escolha uma área específica em que você sente que não tem sido completamente verdadeira (por exemplo, em relacionamentos, no trabalho, ou até mesmo na igreja).
   - Escreva sobre suas motivações em um caderno ou diário. Seja honesta com Deus e com você mesma.

3. Ore a respeito dessa área.
   - Faça uma oração sincera, como: "Senhor, reconheço que tenho usado a máscara de ___________ (ex.: força, perfeição, indiferença) para esconder minhas vulnerabilidades. Ajuda-me a ser verdadeira contigo, comigo mesma e com os outros. Dá-me coragem para viver com autenticidade. Amém."

4. Remova a máscara.
   - Escolha um passo prático para remover essa máscara. Você pode ser honesta e conversar com um amigo ou familiar sobre o que tem enfrentado.
   - Admita que você não tem todas as respostas.
   - Peça ajuda em algo que tem tentado enfrentar sozinha.

5. Comprometa-se com a verdade.
Ao longo do dia, observe seus pensamentos e atitudes. Sempre que sentir vontade de esconder algo ou fingir, lembre-se de Efésios 4.25: "Portanto, cada um de vocês deve abandonar a mentira e falar a verdade [...]".

DIA
3

Corpo, alma e espírito

1Tessalonicenses 5.23

Que o próprio Deus da paz os santifique por completo. Que todo o espírito, a alma e o corpo de vocês sejam preservados irrepreensíveis na vinda de nosso Senhor Jesus Cristo.

Deus nos criou como seres integrais. Somos seres tripartidos, constituídos de corpo, alma e espírito; três partes de um todo. De maneira nenhuma a ideia de Deus foi que vivêssemos desequilibradas ao priorizar somente uma dessas áreas; pelo contrário, seu desejo é que sejamos transformadas e edificadas na totalidade da nossa vida. Ele sempre soube que, no equilíbrio do nosso físico, na saúde de nossas emoções e no crescimento do nosso espírito, estaríamos plenamente conectadas com ele.

A vida é como uma balança e, para permanecer em equilíbrio, é preciso cuidado e atenção. Nem sempre é fácil manter as três áreas alinhadas e, se não cuidarmos, acabaremos nos dedicando a uma área mais que às outras. Eu mesma já passei por isso.

Houve períodos em que priorizei as demandas do corre-corre diário — como trabalho, tarefas do lar e demandas da criação dos filhos — e me esqueci de alimentar meu espírito ou cuidar das minhas emoções. Quando a noite chegava, eu me sentia completamente exausta e vazia, pois fazia tudo para todos, mas me esquecia de mim mesma. Com o passar do tempo, eu me tornei mais irritada, impaciente e frustrada, mas sem saber exatamente o motivo.

Outras vezes, mergulhei tanto na vida espiritual que deixei minha saúde física de lado. Eu servia, participava de compromissos ministeriais, mas negligenciava a minha saúde física e mental. Eu me esforçava muito naquilo que achava essencial sem perceber que o equilíbrio também fazia parte do plano de Deus para a minha vida. Tudo isso ficou mais evidente quando meu corpo me deu sinais: cansaço extremo, dores, falta de energia e mudanças de humor.

Mais um sinal claro de que minha vida estava fora do lugar era quando eu sentia que estava vivendo no automático e somente cumpria cada obrigação, em vez de desfrutar do presente. Eu sentia que estava sobrevivendo, não vivendo. Quando eu percebia esses pontos, sabia que precisava reavaliar minhas prioridades.

Para quebrar esse ciclo, precisei passar por um processo de conscientização que me levou a implementar mudanças práticas. Tive de entender que ter equilíbrio não é fazer tudo com perfeição, mas encontrar um ritmo que honra cada área da minha vida sem me sobrecarregar. Minha primeira atitude foi reservar momentos intencionais para mim mesma e para Deus. A grande mudança foi perceber que, se eu não parasse para me alimentar espiritualmente e cuidar das minhas emoções, minha capacidade de lidar com as demandas diárias se tornaria cada vez menor.

Alguns pequenos hábitos me ajudaram a ter equilíbrio na minha rotina: caminhar ao ar livre, orar sem pressa, ter alguns minutos de descanso real. Também comecei a praticar dizer "Não" sem me sentir culpada, de tal modo que pude dizer "Sim" para o que realmente importava. Adequar minha rotina para dormir melhor, alimentar-me de maneira mais saudável e reservar momentos para relaxamento fizeram toda a diferença para mim. Vivi um tempo de aprendizado contínuo.

Nosso corpo é o templo do Espírito Santo; nossa alma carrega nossas emoções; e nosso espírito é o canal de conexão com Deus. Não há desculpas para que uma ou outra parte receba menos atenção; afinal, esse não é o plano original de Deus.

Na prática, você pode refletir sobre os seguintes questionamentos: Tenho cuidado do meu corpo como templo de Deus? Estou descansando, alimentando-me bem e mantendo meu corpo ativo? Com relação à minha alma, há algo que eu tenha de entregar a Deus? Alguma mágoa, ansiedade ou cansaço emocional? E, quanto ao meu espírito, tenho reservado tempo para a oração, a leitura da Palavra e os momentos de adoração?

Quando cuidamos da nossa vida integral de maneira equilibrada, vivemos em paz e com propósito. Portanto, se queremos uma vida autêntica, precisamos estar seguras de que fizemos nossa parte e, como filhas obedientes, cuidamos de tudo que ele nos confiou.

Pense nisto: Um corpo forte pode sustentar sua alma em momentos difíceis, mas, sem um espírito fortalecido pela Palavra de Deus, o verdadeiro propósito se perde. O equilíbrio começa com Deus no centro!

"Quando o corpo, a alma e o espírito estão alinhados em Deus, vivemos a plenitude para a qual fomos criadas."

Oração

Senhor, eu te entrego todo o meu ser: corpo, alma e espírito. Ajuda-me a cuidar de tudo o que me deste, para que eu mantenha o equilíbrio que te agrada. Fortalece o meu corpo para o trabalho, renova a minha alma com a tua paz e alimenta o meu espírito com a tua presença. Que, em tudo, eu reflita a tua glória. Amém.

Aplicação prática

Dedique diariamente cerca de quinze minutos para cada área:

1. Faça uma caminhada ou alguma atividade física leve.
2. Reserve tempo para refletir ou anotar seus pensamentos e sentimentos.
3. Leia e medite a Palavra do Senhor. Se você não sabe por onde começar, pode ler Salmos 23, por exemplo. Isso alimentará seu espírito.

DIA
4

Prioridades

Por diversas vezes ao longo da minha vida, percebi que deixei de viver por mim mesma para atender às expectativas alheias ou para cumprir demandas que me eram impostas. Ao olhar para a minha agenda, não havia uma ordem lógica para as tarefas, eu apenas ia fazendo e fazendo e, no final, me sentia perdida e desconectada de quem eu realmente era.

A vida sempre exigirá muito de nós. Acreditar que as coisas "vão para o seu devido lugar" quando "tudo se acalmar" é utópico. Mulheres têm muitas coisas a resolver, como trabalho, família, ministério etc. Por isso, não me refiro à falta de ação, e sim a ter clareza e paz mesmo em meio às responsabilidades do cotidiano. Pode ser que as coisas não fiquem mais fáceis, mas elencar prioridades, com Deus no centro, nos ajudará a enxergar propósito em tudo.

Houve um momento da minha vida que me faltava tempo; vivi em extrema correria, eu estava no automático. Com isso, negligenciei o mais importante, pois o tempo que deveria dedicar a Deus foi ficando cada vez mais escasso. Eu fazia orações rápidas antes de dormir e ocasionalmente lia a Bíblia. A minha conexão real com o Pai estava se tornando superficial.

Até que, em um dia particularmente difícil, entrei em colapso. Eu estava na cozinha preparando o jantar, quando parei e comecei a chorar sem motivo aparente.

Mateus 6.33

— Busquem, pois, em primeiro lugar o reino de Deus e a sua justiça, e todas essas coisas serão acrescentadas a vocês.

Havia um cansaço emocional e espiritual dentro de mim que eu nem sequer havia percebido. Enquanto chorava naquela cozinha, senti Deus me chamando de volta. Coloquei uma música de adoração para louvar durante a preparação do jantar e comecei a conversar com Deus. Nesse momento, percebi que eu não fazia nada parecido havia muito tempo. Foi libertador! Senti aquela sensação de desespero passar e Deus me mostrar que estivera comigo o tempo todo.

O segredo está em Deus! Tê-lo como centro das nossas escolhas, independentemente da área, gera equilíbrio. Precisei aprender isso da forma mais difícil. Todos os momentos em que me senti completamente perdida e desalinhada foram quando o Pai não estava no centro e, ao voltar atrás e dar a ele o lugar que lhe é digno, pude enfim entender que não se trata de fazer tudo, mas de fazer o que, de fato, importa.

Não foi automático. Precisei reorganizar minhas prioridades, porque eu estava sobrecarregada por tentar dar conta de tudo. Quando me rendi em oração e reconheci minha necessidade de Deus, consegui colocar tudo no devido lugar.

O tempo dedicado a orar, ler a Palavra e buscar a direção do Senhor fez que a minha vida se tornasse mais leve, e fará isso por você também. Aos poucos, vi os frutos surgirem: paz no coração, sabedoria para tomar decisões e capacidade de lidar com os desafios do dia a dia.

“A mulher autêntica define suas prioridades ao alinhá-las ao coração de Deus. Ela sabe que sua força está em viver com propósito e sabedoria.”

Uma mulher autêntica confia em que, ao priorizar o que é eterno, as demais áreas de sua vida estarão nas mãos de Deus. Ela entende que as suas prioridades refletem quem ela é em essência e, por isso, não se cansa na busca desenfreada da aceitação. Antes, vive para agradar a Deus, cuidar das pessoas que ama e investir seus dias no propósito que o Senhor colocou em sua vida.

Essa mulher, que sou eu e é você, sabe que somente ao definir as prioridades corretas, com Deus no centro de todas as coisas, encontrará perfeita paz, além de equilíbrio e liberdade para, enfim, ser quem foi criada para ser!

Oração

Senhor, por muitas vezes me perdi em muitas demandas e esqueci-me dos teus propósitos para mim. Tudo isso gerou em mim desgastes desnecessários que só me trouxeram canseira e aborrecimento. Não quero mais viver assim! Por isso, eu te peço que me ajudes a reorganizar as minhas prioridades a fim de que a tua vontade esteja sempre em primeiro lugar. Que eu nunca mais negligencie meu tempo contigo, pois tê-lo no centro de tudo é a única coisa capaz de me dar vida. Amém!

Aplicação prática

Reorganizando prioridades

1. Reserve um momento para refletir.

   Encontre um lugar tranquilo para pensar, sem interrupções. Tenha por perto sua Bíblia e um caderno ou diário para anotações.

2. Faça uma autoavaliação e questione a si mesma:
   a. Quais têm sido as minhas prioridades ultimamente?
   b. Estou dedicando tempo suficiente a Deus e à minha vida espiritual?
   c. Algo tem tomado o lugar de Deus em meu coração (trabalho, preocupações, pessoas etc.)?

3. Liste as prioridades.

   Anote suas três prioridades com base no que Deus tem colocado no seu coração. Exemplos: Deus, família e saúde.

4. Ore por suas prioridades.

   Ao orar por suas prioridades, peça a Deus por sabedoria e clareza. Este é um exemplo de oração: "Senhor, eu coloco as minhas prioridades diante de ti. Ajuda-me a buscar o teu Reino em primeiro lugar e a confiar que o Senhor cuidará das demais coisas. Dá-me sabedoria para alinhar o meu tempo, o meu coração e a minha energia ao que realmente importa. Amém".

5. Ajuste sua agenda.

   Reserve um tempo dedicado a Deus em sua rotina. Pode ser para leitura bíblica, oração ou adoração. Também analise como você está gastando o seu tempo e reorganize as suas tarefas segundo as suas prioridades. Talvez seja necessário abrir mão de algo para focar no que é mais importante.

6. Com base nas três prioridades listadas no item 3, escolha uma área para começar a agir.

a. Se Deus é sua prioridade, comece o dia buscando-o.
b. Se a família for o tópico seguinte, planeje um tempo de qualidade com seus entes queridos.
c. Se a saúde estiver na sequência, inicie uma atividade física. Se for o trabalho, você pode revisar seus objetivos profissionais para os próximos anos.

DIA
5

O peso da comparação

A comparação está em toda parte. Ela sempre existiu; não é de hoje que pensamos que a grama do vizinho é mais verde. Nos últimos anos, porém, com o avanço das redes sociais, tem ficado cada vez mais fácil cairmos na armadilha de comparar a nossa vida com a de pessoas que nem sequer conhecemos.

Gálatas 6.4

Cada um examine os próprios atos e, então, poderá ter orgulho de si mesmo, sem se comparar com ninguém.

Ao observar um mundo que nos parece perfeito, tendemos a pensar que falhamos ou que há algo de errado conosco. Mas a verdadeira pergunta é: Por que é tão difícil sermos gratas pelo que somos e temos?

Quando nos comparamos, tiramos os olhos de Deus e o fazemos de mentiroso. Não parece ser grave, mas é, pois a comparação é um ladrão da alegria! O foco na falta rouba o nosso sorriso, anula o contentamento e nos impede de exercer a gratidão. Sem um coração grato, como adoraremos ao Senhor e lhe renderemos graça?

Deus nos criou de maneira única, com talentos, histórias e propósitos diferentes. Ele não nos compara com outros, mas nos mede segundo a nossa fidelidade ao que ele nos deu. Por isso, acredito que o verdadeiro contentamento está em aprender a estar satisfeito com o que Deus já fez e a confiar no que ele ainda fará!

Na minha caminhada, houve momentos em que me deixei levar pela comparação. Eu olhava para a vida de outras pessoas e sentia que estava ficando para trás.

Eu me sentia estagnada, tinha a sensação de não conseguir avançar, pois via amigas e conhecidas crescerem na carreira, conquistarem cargos, abrirem negócios e serem reconhecidas. O pensamento que martelava na minha cabeça era: Por que elas estão indo tão longe e eu não?

Também sofri muito com a comparação na maternidade. Eu olhava para outras mães e me sentia insuficiente. Enquanto elas demonstravam que tudo estava sob controle, que tinham filhos organizados, alimentação saudável e rotina equilibrada, eu sentia que não conseguia prover o mesmo para os meus filhos, pois lidava com o caos do dia a dia, tentava equilibrar tudo e me sentia culpada por não dar conta de tantos afazeres da maneira que achava que deveria.

Até mesmo na vida espiritual, caí na armadilha de me comparar. Eu via mulheres que mostravam sua fé inabalável, falavam com Deus com tanta profundidade e pareciam sempre tão conectadas com ele. No meu caso, porém, eu somente me sentia distante do Pai, tentava manter minha devoção em meio à correria e cultivava aquele sentimento de que nunca seria espiritual o suficiente.

Lembro-me de um momento em que estava tentando alcançar uma meta e parecia que todos ao meu redor estavam progredindo, menos eu. Assim, em vez de celebrar os passos que eu já tinha dado, caí na armadilha da comparação e comecei a me sentir cada vez mais cansada, insuficiente e triste.

Tal sentimento não passou enquanto não mudei minha postura e, intencionalmente, comecei a perceber o quanto já era abençoada. Ao meditar na Palavra do Senhor, entendi a necessidade de examinar os meus próprios atos, não os dos outros. Somente quando desviei os olhos da vida alheia e foquei em agradecer a Deus pelo que ele já havia feito na minha vida foi que encontrei paz e alegria. O Pai me falou de como, em todo o tempo, ele trabalha, por mais que algumas vezes eu não veja, perceba ou entenda. Esse aprendizado me ajudou a parar de olhar para os outros a fim de usá-los como medida do meu valor.

A mudança aconteceu aos poucos. Compreendi que Deus tem um tempo e um propósito únicos para cada pessoa. Foi um processo diário não comparar a minha jornada e entender que era Deus quem estava escrevendo a minha história. Um dia, enquanto orava sobre o assunto, senti Deus me confrontar com a passagem de Jeremias 29.11: "'Porque sou eu que conheço os planos que tenho para vocês' — declara o Senhor — 'planos de fazê-los prosperar, não de causar dano, planos de dar a vocês esperança e um futuro'". Era como se Deus falasse: "Pare de olhar para os outros e olhe para o que eu estou fazendo na sua vida".

A partir de então, mudei de perspectiva: quando surgia algum ponto de comparação na minha vida, eu o mudava para gratidão. Ao ver alguém avançar na carreira, em vez de me sentir atrasada, eu agradecia a Deus pela minha própria jornada e pelo que eu havia conquistado. Passei a valorizar o meu próprio esforço e a entender que o propósito do Pai é diferente para

“Seu caminho é único, desenhado pelo próprio Deus.”

cada pessoa. Espiritualmente, entendi que Deus não me comparava a ninguém, apenas desejava ter um relacionamento sincero comigo, no meu ritmo, com o meu coração aberto.

Isso me trouxe uma leveza que eu nem sabia que precisava ter. Eu me libertei da necessidade de acompanhar o ritmo dos outros, permiti-me descansar na certeza de que Deus está no controle da minha trajetória. Isso fez toda a diferença.

Nós podemos aprender a cultivar o contentamento. É um exercício válido que pode começar com a gratidão. Quando escolhemos agradecer a Deus e confiar no seu plano, encontramos alegria e liberdade para viver de acordo com o propósito que ele nos deu. Decida hoje mesmo focar no que você tem, não no que lhe falta. Você terá uma nova perspectiva e, consequentemente, verá tudo mudar!

Oração

Senhor, obrigada por todas as bênçãos que tu tens derramado sobre a minha vida. Perdoa-me pelas vezes em que olhei para a vida dos outros e ignorei o que já fizeste por mim. Ajuda-me a ser grata, contente e confiante nos teus planos. Creio em teu amor e nos teus propósitos, que são únicos para mim. Amém.

Aplicação prática

1. Cultive o contentamento.

   Encontre um momento de silêncio para ficar a sós com Deus, longe das distrações, e anote pelo menos cinco razões pelas quais você é grata.

2. Agradeça.

   Depois de listar as suas bênçãos, ore em agradecimento a Deus por cada uma delas.

3. Escolha uma área.

   Eleja uma área para cuidar e, se em algum momento você se comparou (na aparência, finanças, carreira ou família), se arrependa e peça pelo contentamento e sabedoria que vêm do Pai.

4. Substitua.

   Escreva uma frase para substituir pensamentos negativos nessa área, como: "Deus tem um plano único para mim, e eu confio no seu tempo e propósito."

5. Pratique.

   Coloque o contentamento em prática ao longo do dia. Sempre que notar que está comparando a sua vida com a de outra pessoa, pare e reflita no quanto Deus é bom para com você. Isso ajudará a realinhar o foco da gratidão.

DIA
6

Lidando com as críticas

Críticas podem ser difíceis de ouvir, em especial quando vêm de pessoas próximas ou quando questionam algo que valorizamos profundamente. Como mulheres, muitas vezes nos sentimos pressionadas a agradar a todos, e as críticas podem ser percebidas como um ataque à nossa identidade ou valor. O que aconteceria se olhássemos para as críticas de uma forma diferente?

Provérbios 15.31

Quem ouve a repreensão que dá vida habitará à vontade entre os sábios.

Há dois tipos de críticas: as construtivas, que nos ajudam a crescer, e as destrutivas, que buscam apenas nos derrubar. Tanto uma como outra podem nos afetar; por isso, devemos pedir a Deus que nos dê sabedoria para discerni-las e reter o que é útil, de tal modo que descartemos o que não edifica.

Quando sabemos quem somos em Deus, não tememos críticas injustas. Elas não nos atingem, pois estamos fincadas naquilo que o Pai diz sobre nós. É dele que vem a sua aprovação! Por isso, você pode seguir e manter sua autenticidade.

Jesus enfrentou muitas críticas. Com frequência, a autenticidade de Cristo incomodava, e a fidelidade que ele demonstrava ao propósito do Pai era questionada. Ele foi julgado, mal interpretado e acusado injustamente. O que impediu Jesus de se sentir abalado? Ele sabia quem era! Foi isso que o fez permanecer fiel ao seu chamado e responder com amor e verdade até o fim.

Esse é o motivo de ele ser o nosso exemplo perfeito de como lidar com as críticas sem perder a essência.

Não pense que a escolha da autenticidade torna você soberba. É preciso ter coragem e humildade para sustentar o que ouvimos do Pai. Conforme aprendemos a valorizar o que Deus nos diz, aprendemos a filtrar o que ouvimos e a priorizar sempre a voz dele.

Eu me lembro de quando fui criticada por uma escolha profissional. Aquilo me deixou profundamente incomodada, a ponto de eu começar a questionar meu poder de decisão. A crítica em si foi por eu ter escolhido deixar a minha carreira profissional para me dedicar completamente ao ministério. Para muitas pessoas ao meu redor, essa escolha parecia loucura; algumas delas me disseram frases como: "Você está desperdiçando o seu potencial", "Por que trocar algo certo pelo incerto?" e "Como você vai ter estabilidade financeira?".

Essas palavras mexeram um pouco comigo, sim. Nesse período, Deus me lembrou que nem todas as críticas devem moldar meu comportamento, uma vez que a minha identidade não está firmada no que dizem a meu respeito. Quando essas palavras tentavam entrar na minha mente, eu me lembrava de Mateus 6.33: "Busquem, pois, em primeiro lugar o reino de Deus e a sua justiça, e todas essas coisas serão acrescentadas a vocês". Cada letra se tornou verdade na minha vida. Deus proveu para minha família em todas as áreas: abriu portas, sustentou financeiramente e nos

“Nem toda crítica merece atenção, mas a verdade de Deus sempre merece confiança.”

deu forças para prosseguir. Hoje, ao olhar para trás, vejo que cada passo de obediência foi recompensado com experiências e frutos que eu jamais teria colhido se tivesse me deixado paralisar pelo medo ou escutado a opinião de outras pessoas.

Aprender a lidar com as críticas é, na verdade, uma oportunidade de crescimento, porque podemos reafirmar a nossa confiança no que Deus diz a nosso respeito. Fomos chamadas para ser autênticas e, por isso, devemos nos manter fiéis ao propósito do Pai para nossa vida.

O que parecia perda aos olhos humanos foi, na verdade, um grande ganho, pois vivemos para cumprir o propósito de Deus. Então, filtre as críticas e continue a caminhar com graça e verdade sempre!

Oração

Senhor, eu te agradeço porque a minha identidade está firmada em ti, não no que os outros dizem. Dá-me sabedoria para lidar com as críticas. Quero aprender a ter discernimento para te ouvir e ignorar o que não me edifica. Ajuda-me a responder em graça, a crescer com humildade e a permanecer autêntica no teu propósito para a minha vida. Amém.

Aplicação prática

1. Faça uma avaliação sincera.
   a. Pense em uma crítica que você recebeu recentemente. Escreva-a em um papel e se pergunte: Essa crítica é construtiva ou destrutiva?
   b. Ela veio de alguém que me conhece e quer o meu bem?
   c. Existe algo de verdadeiro ou útil para aprendizado nela?

2. Filtre a crítica com a Palavra de Deus.
   Analise se ela está alinhada ao que Deus diz sobre você e/ou se essa opinião define o seu valor. Então, medite em versículos que afirmem sua identidade em Cristo, como Romanos 8.1: "Portanto, agora já não há condenação para os que estão em Cristo Jesus"; ou como Efésios 2.10: "[...] fomos feitos por Deus, criados em Cristo Jesus, para boas obras [...]".

3. Responda com sabedoria.
   a. Para críticas construtivas: agradeça pela observação e reflita sobre como pode melhorar.
   b. Para críticas destrutivas: escolha ignorar ou, se necessário, responda com calma e respeito, sem perder sua essência.

4. Escreva uma declaração de autenticidade.
   Essa declaração pode ser algo como: "Eu sou filha de Deus, chamada para viver com autenticidade. O que os outros dizem sobre mim não define o meu valor. O meu propósito vem do Senhor e nele eu confio".

5. Ore pela pessoa que a criticou.
   Ainda que a crítica seja dolorosa, orar por quem a fez trará cura e paz ao seu coração. Diga: "Senhor, abençoa essa pessoa. Se há algo de verdadeiro no que ela disse, ajuda-me a enxergar. Se não, dá-me graça para deixar isso para trás".

DIA 7

Metanoia: A transformação de uma mulher autêntica

A palavra *metanoia* significa mudança de mente. É o tipo de transformação que não acontece apenas na superfície, mas, sobretudo, de dentro para fora. A Bíblia nos fala desse tipo de transformação que está profundamente ligada ao arrependimento e à renovação em Cristo.

Romanos 12.2

Não se amoldem ao padrão deste mundo, mas transformem-se pela renovação da sua mente, para que vocês experimentem a boa, agradável e perfeita vontade de Deus.

Durante o processo de *metanoia*, precisamos abrir mão de velhos hábitos, deixar de lado crenças que não refletem a verdade de Deus e abraçar quem ele nos chamou para ser. Não é nada fácil, mas é libertador! Justamente quando a minha mente foi renovada, comecei a viver com maior autenticidade.

A partir de então, eu já não me amoldava ao que as pessoas pensavam a meu respeito, tampouco me movia de acordo com o que esperavam; a vontade de Deus passou a falar mais alto. É importante ressaltar que esse posicionamento precisa ser constante e que se trata de uma busca diária. Ser uma mulher autêntica é "viver em *metanoia*", em contínua renovação da mente, para ajustar o nosso coração e permitir que Deus nos molde, a fim de refletirmos a sua glória.

Houve um período da minha vida em que eu acreditava que precisava me encaixar em determinados grupos, que necessitava de aceitação humana. Eu vivia como se desempenhasse diversos papéis apenas para agradar aos outros — o que só me afastava de quem Deus me criara para ser. Certo dia, porém, ele me confrontou com base no que está escrito em Romanos 12.2. Eu ouvi o Senhor dizer: "Você está se moldando ao padrão deste mundo".

Quando analiso minha vida em retrospectiva, percebo que isso acontece desde o final da minha infância. Na adolescência, comecei a reparar que, para fazer parte de determinados grupos, precisaria agir de certa maneira, usar determinado estilo de roupa e, inclusive, esconder partes da minha personalidade. Eu temia ser deixada de lado por ser diferente.

Já adulta, tive a mesma compreensão no meu ambiente profissional — eu sentia que precisava ter um comportamento específico para meu trabalho e minhas opiniões serem levadas a sério. Eu tinha de ser mais reservada, falar com vocabulário formal e, muitas vezes, ignorar meu jeito natural de me expressar para não parecer menos profissional.

Até mesmo na igreja passei por situações assim, sentia que precisava demonstrar uma espiritualidade perfeita para ser considerada uma mulher de Deus. Como se para ser aceita devesse esconder minhas vulnerabilidades e sempre demonstrar uma força inabalável. Eu tinha a necessidade de atender a um padrão que no fundo nem sabia de onde vinha, mas era esperado.

Eu não tinha me desviado nem deixado de amar Jesus, mas estava moldada ao padrão do mundo.

“Deus não nos chama para sermos perfeitas; ele nos chama para sermos transformadas.”

Quando me conscientizei sobre isso, comecei a buscar renovação da minha mente na Palavra, a alinhar as minhas escolhas ao que Deus queria para mim e a abandonar as comparações. Não foi um processo fácil, mas foi essencial para eu conquistar o meu lugar de autenticidade e confiança.

Uma passagem que ficou fortemente marcada na minha vida enquanto eu passava por esse processo de parar de pertencer a grupos mediante o mascaramento de quem eu realmente sou é Salmos 139.14: "Eu te louvo porque me fizeste de modo assombroso e admirável. As tuas obras são maravilhosas! Sei disso muito bem".

A *metanoia* é um convite para deixar de lado o que não vem de Deus e abraçar a transformação que ele deseja realizar em nós. Como mulheres autênticas, somos chamadas a viver em constante renovação, confiando em que os planos de Deus são sempre melhores.

Oração

Senhor, hoje eu coloco o meu coração e a minha mente diante de ti. Renova os meus pensamentos e transforma a minha maneira de enxergar a vida. Ajuda-me a abandonar o que não vem do Senhor e a viver de acordo com o teu querer. Molda-me para que eu seja uma mulher autêntica, fiel, conectada à tua verdade. Em nome de Jesus, amém.

Aplicação prática

1. Avalie seus pensamentos.
   Reflita sobre quais pensamentos ou crenças você tem mantido que não refletem a verdade de Deus e questione-se: Em que aspectos tenho me conformado aos padrões do mundo em vez de buscar a transformação em Deus?

2. Escolha um versículo para memorizar e meditar durante o dia.
   Sempre que pensamentos negativos surgirem, substitua-os por esse versículo. Pode ser, por exemplo, Filipenses 4.8, que diz: "Finalmente, irmãos, pensem em tudo o que for verdadeiro, tudo o que for digno de respeito, tudo o que for justo, tudo o que for puro, tudo o que for amável, tudo o que for de boa fama, em tudo o que houver alguma virtude ou algo de louvor".

3. Pratique pequenas mudanças.
   a. Se você tem lutado contra a insegurança, declare verdades bíblicas sobre a sua identidade.
   b. Se tem cedido à pressão para agradar aos outros, tome decisões sem medo da desaprovação.

4. Converse com Deus antes de dormir e reflita sobre o seu dia.
   Pergunte a Deus o que ele quer continuar renovando em sua mente e peça-lhe forças para seguir nesse caminho de transformação.

DIA 8

A arte de administrar o tempo

Como mulheres, muitas vezes sentimos que o dia não é longo o suficiente para cumprir todas as tarefas que alistamos. Trabalho, família, afazeres da casa, compromissos — é fácil nos sentirmos sobrecarregadas e perdermos o foco no que realmente importa.

A verdadeira gestão do tempo começa com a consciência de que este é um presente de Deus. Nossa relação com Deus nos faz entender a sabedoria que há em administrar bem o tempo. Ter equilíbrio e intencionalidade, de modo que nosso tempo seja usado de maneira sábia, é estar alinhada ao propósito do Pai para nós.

Salmos 90.12

Ensina-nos a contar os nossos dias para que o nosso coração alcance sabedoria.

Como lemos em Salmos 90.12, nossos dias são contados e, por isso, preciosos. Ao nos sentirmos sufocadas pelo relógio, devemos parar, respirar e reordenar as coisas. Afinal, a culpa não é do relógio. Acredite, as vinte e quatro horas dadas pelo Senhor são mais que suficientes para resolvermos tudo o que verdadeiramente precisamos!

Já passei um tempo da minha vida no qual os meus dias pareciam escorrer por entre os dedos. Eu acordava apressada e ia dormir exausta. Dia após dia, isso se repetia e não havia nenhum propósito verdadeiro. Tudo parecia urgente, de modo que, sem perceber, eu sempre deixava o meu tempo com Deus para depois — e o "depois" nunca chegava.

Antes mesmo de o sol nascer, antes mesmo de conseguir respirar fundo, eu já estava envolvida em uma série de tarefas. Acordava com a mente acelerada pela lista de tarefas a serem cumpridas: organizar a casa, preparar o café, cuidar dos filhos e tentar resolver pendências do trabalho; tudo isso antes mesmo de tomar um gole de água.

O dia inteiro tinha um ritmo frenético. Eu corria de um lado para o outro, como se estivesse tentando alcançar um tempo que nunca seria suficiente. Ao deitar na minha cama, o meu corpo e a minha mente estavam tão exaustos que não sobrava tempo para eu me conectar a Deus. Ao final de cada dia, eu dava desculpas como "Amanhã eu oro com mais calma", "No fim de semana, eu compenso e leio mais a Bíblia". Contudo, o amanhã chegava, o fim de semana passava, e eu nunca cumpria as minhas promessas.

Um dia, percebi que estava exausta e insatisfeita, apesar de ter riscado tantas tarefas da lista de pendências. Então, decidi reorganizar a minha agenda com Deus. Não pense que foi uma mudança radical e imediata, mas gradativa. O primeiro passo foi escolher acordar trinta minutos mais cedo para orar e ler a Palavra. Como eu poderia ficar satisfeita com as demais coisas sem ter passado um tempo com ele?

Tive de reconhecer que, se esperasse "sobrar" o momento certo para buscar a Deus, isso jamais aconteceria. Optei por implementar mudanças na minha rotina para que isso se tornasse possível. Trazer o meu momento com Deus para a primeira parte da minha manhã, antes de qualquer outra coisa, foi difícil no começo, pois a minha mente estava programada para acordar resolvendo problemas. Aos poucos, porém, consegui estabelecer esse período do dia, e esses momentos se tornaram cada vez mais essenciais para mim.

Outra atitude que tomei foi começar a inserir pequenos momentos de conexão com Deus ao longo do meu dia. Enquanto fazia as tarefas domésticas, eu colocava louvores e meditava em versículos, por exemplo. Em vez de ligar o rádio do carro, eu também usava meus momentos dirigindo sozinha para orar.

O impacto dessas mudanças foi grandioso na minha vida. Antes, eu terminava o dia exausta e frustrada; agora, mesmo em dias corridos, tenho paz por saber que não estou vivendo no automático, mas caminhando em sintonia com Deus. A ansiedade diminuiu. A paciência aumentou. Comecei a ver a mão de Deus operar em áreas que antes pareciam estagnadas.

Ao colocar o Pai no centro, também passei a planejar com antecedência as demais atividades. Quando aprendi a dizer "Não" para o que não era essencial, a vida ganhou mais sentido. Foi desafiador no começo, uma vez que eu tinha medo de decepcionar as pessoas, de parecer egoísta ou de estar negligenciando algo importante. Contudo, esse pequeno ajuste transformou os meus dias e, consequentemente, a minha vida!

Pude dizer "Não" ainda que algumas pessoas não entendessem e questionassem as minhas escolhas. Ao negar

“Você não precisa fazer muito; precisa fazer o que realmente importa: colocar Deus no centro da sua agenda.”

atividades que não são essenciais, eu abria espaço para dizer "Sim" ao que realmente importava. Comecei a sentir paz, clareza e até a ser mais produtiva. Quando priorizo o Senhor, ele cuida do restante.

Como mulheres autênticas, somos chamadas a administrar o tempo com sabedoria, a priorizar o que edifica e glorifica a Deus. Quando colocamos o Pai no centro da nossa agenda, conseguimos viver da forma planejada por ele. Não se trata de fazer muito, mas de fazer o que realmente importa.

Pequenos ajustes são possíveis e podem transformar toda a vida. Que tal começar hoje?

Oração

Senhor, eu te agradeço pelo tempo que tens me concedido. Ensina-me a usá-lo com sabedoria e a alinhar os meus dias à tua vontade. Ajuda-me a discernir o que é essencial e a dizer não para o que não vem de ti. Que minha agenda reflita as tuas prioridades e que eu encontre paz e propósito todos os dias. Amém.

Aplicação prática

1. Avalie suas prioridades:
   Pegue um papel ou um diário e liste todas as atividades de um dia típico. Inclua desde as tarefas

domésticas até os compromissos espirituais e pessoais. Depois, analise: Estou gastando tempo com o que realmente importa? Há algo não essencial consumindo o meu tempo?

2. Defina o que é essencial.
   Identifique três prioridades para o seu dia a dia. Por exemplo:
   a. Tempo com Deus (oração, leitura da Bíblia).
   b. Tempo com a família.
   c. Trabalho ou outra responsabilidade importante.

3. Crie um cronograma realista.
   Planeje o seu dia com base nas suas prioridades. Comece dedicando os primeiros minutos do dia a Deus; mesmo que sejam apenas dez minutos para orar e meditar na Palavra, pois farão diferença. Não se esqueça de programar ao longo do dia pequenos intervalos de descanso, mas seja flexível em relação aos imprevistos.

4. Aprenda a dizer "Não".
   Quais atividades ou compromissos podem ser eliminados ou delegados? Sempre pergunte: "Esta atividade está alinhada com os planos de Deus para a minha vida?".

5. Seja grata pelo tempo.
   Agradeça a Deus por tudo o que conseguir fazer. Ainda assim, sempre é possível melhorar; então, reflita e, se preciso, refaça o planejamento para os próximos dias.

DIA
9

Generosidade: o reflexo do coração de Deus

A generosidade não está ligada somente ao dinheiro. Tal virtude vai além de partilhar bens materiais, ela é um reflexo do caráter de Deus, uma vez que ele é, sem dúvida, o maior exemplo de generosidade, pois entregou o próprio Filho, Jesus, como prova de seu amor incondicional por nós. Um coração generoso é, então, um convite para sermos mais parecidas com o Pai.

A pergunta que nos resta é: O que ele espera de nós quando se trata de generosidade? A primeira coisa que precisa estar clara é que Deus não espera de nós perfeição, tampouco que entreguemos o que não temos. O Senhor olha para o nosso coração; tudo o que temos vem de Deus. A nossa missão aqui na terra não é apenas acumular, mas repartir.

A generosidade prova o nosso coração e mostra se, ao doar, ele está disposto, alegre e cheio de gratidão. A entrega não deve ser uma obrigação, mas uma resposta ao amor e à bondade de Deus, porque o coração do Pai nos convida a viver um estilo de vida doador.

Eu me lembro de uma época em que achava que só poderia ser generosa se tivesse muito para oferecer: "Quando eu tiver muito dinheiro, farei isso"; "Quando estiver com tal coisa a mais, abençoarei outros"; e outros pensamentos parecidos permeavam a minha mente. No entanto, Deus me mostrou que a generosidade

2Coríntios 9.7

Cada um contribua conforme determinou no coração, não com pesar nem por obrigação, pois Deus ama a quem dá com alegria.

diz mais a respeito de quem eu sou do que a respeito do eu que tenho. As ações feitas com intenções genuínas, por menores que sejam, geram um impacto eterno.

Percebi que doar é uma escolha disponível diariamente. Eu posso doar o meu tempo, a minha atenção, ações de cuidado, palavras de encorajamento e, sim, também o meu dinheiro. Independentemente do que eu doe, a lição é a mesma: Deus sempre multiplica o que entregamos.

Além disso, a generosidade nos liberta do egoísmo e da preocupação, pois, ao dividir o que temos, apesar de aparentar que ficamos com menos do que tínhamos, o Senhor provê tudo de que precisamos. Ele é o nosso provedor! Doamos e, pela fé, abrimos espaço para que ele encha nossos celeiros ainda mais.

Carrego um testemunho de generosidade que vai além do meu estilo de vida. Certo dia, recebi uma herança, um valor considerável que seria capaz de proporcionar conforto e a realização de alguns sonhos da nossa família. Contudo, eu me senti desafiada pelo Senhor a doar todo o valor para abençoar a obra de Deus. Ouvi o Pai me chamar e dizer: "Doe e confie em mim!". Em resposta, eu obedeci. Deus sempre me ensinou que um coração generoso reflete o caráter dele. A generosidade não está relacionada à quantia que damos, mas à disposição do nosso coração.

Com essa herança, iniciamos a igreja e o projeto social que incluiu a criação de um centro de recuperação feminino em nossa cidade. Nossa cidade precisava desse dinheiro mais do que eu. Desde o momento em que recebi aquele valor, eu sabia que ele não pertencia a mim, mas ao propósito que Deus tinha.

Não demorou para que resultados incríveis começassem a aparecer. Além da alegria de ver muitas vidas serem abençoadas por aquele recurso ofertado, ainda pude colher provisão inesperada em muitas outras áreas da minha vida. Deus é fiel! Houve momentos em que esvaziei completamente minhas mãos e entreguei tudo o que tinha, porque sabia que a minha verdadeira segurança nunca esteve em bens materiais, mas em Deus. O mais impressionante foi que mesmo abrindo mão de tudo financeiramente, nunca me faltou nada, porque Deus me proveu de maneira sobrenatural.

A forma como enxergo a minha vida e o meu propósito na terra mudou depois da doação daquela herança. A minha fé cresceu imensamente. Hoje, sou ainda mais convicta de que a vida só faz sentido quando vivemos para algo maior do que nós mesmas. Doar não é perder, é semear.

Posso afirmar com toda convicção que Deus nunca deixa faltar para quem confia nele e vive com generosidade; ele multiplica tudo o que semeamos com amor e generosidade. Por isso, convido você a ser intencional em abençoar os outros com o que tem. Escolha ser generosa e experimente a alegria e a liberdade provenientes de um estilo de vida alinhado ao coração do Pai. Esse modo de viver é capaz de transformar histórias, inclusive a sua!

“Uma vida generosa reflete o coração de Deus.”

Oração

Senhor, obrigada por ser tão generoso comigo. Ajuda-me a ter um coração que reflete o teu caráter, disposto a dar com alegria. Eu quero usar o que tenho para abençoar os outros e confiar na tua provisão. Que eu doe sempre com generosidade. Em nome de Jesus, amém.

Aplicação prática

1. Ore por discernimento.
   Peça a Deus que mostre a quem você pode abençoar hoje. Peça também por sensibilidade para perceber as necessidades das pessoas ao seu redor.
2. Identifique suas riquezas.
   Anote em um papel ou diário o que você tem de mais valioso. Estes são alguns exemplos:
   a. Tempo (para ouvir, ajudar ou estar presente);
   b. Recursos financeiros (qualquer que seja o valor);
   c. Talentos (algo que você faz bem);
   d. Palavras e ações de encorajamento (mensagem, bilhete, abraço).
3. Pratique uma atitude generosa.
   a. Convide alguém para um café ou uma refeição;
   b. Doe algo que esteja em bom estado;
   c. Escreva uma mensagem ou carta para encorajar alguém;
   d. Ofereça ajuda prática, como cuidar do filho de uma amiga que esteja sobrecarregada.

4. Faça da generosidade um hábito.
A cada início de semana, pergunte a Deus quem ele deseja que você abençoe. Após orar, esteja atenta às respostas e aja com coragem e alegria.

5. Confie na provisão de Deus.
Ainda que não tenha muito para doar, lembre-se:
Deus multiplica o pouco quando damos com amor e fé. Leia e medite em Lucas 6.38: "Deem, e será dado a vocês: uma boa medida, calcada, sacudida e transbordante será dada a vocês [...]".

DIA
10

Aparência ou essência?

Como mulheres, somos bombardeadas diariamente por padrões de beleza impostos pela sociedade. Redes sociais, revistas, propagandas — tudo parece nos empurrar para a necessidade de ter o corpo, a pele, a vida perfeita! No entanto, o que de fato importa, segundo o próprio Deus, é o nosso coração.

Na história relatada nas Sagradas Escrituras, vemos a importante lição ensinada por Deus ao profeta Samuel. Quando este se deparou com Eliabe, irmão de Davi, pensou que a aparência física do mais velho o tornava apto para ser rei. Contudo, o Senhor o rejeitou e escolheu Davi, até então um simples pastor de ovelhas, um jovem sem destaque aos olhos humanos. Por quê? Deus viu algo especial no coração de Davi, qualidades invisíveis aos olhos, como fé, humildade e obediência ao Senhor.

1Samuel 16.7

O Senhor, contudo, disse a Samuel: — Não considere a sua aparência nem a sua altura, pois eu o rejeitei. O Senhor não vê como o homem: o homem vê a aparência, mas o Senhor vê o coração.

Essa mesma verdade se aplica a nós. Deus não se impressiona com maquiagem, roupas ou números de curtidas em uma publicação nas redes sociais. Ele se importa com quem somos no nosso interior, com a nossa essência, que é formada por fé, caráter, obediência e autenticidade. É esse conjunto que refletirá a verdadeira beleza de quem somos: a beleza que vem de Deus.

É por esse motivo que a beleza e a autenticidade feminina andam juntas. Temos de demonstrar ao mundo o que fomos criadas para ser, nossa origem, o resultado da nossa semelhança com Deus. Somos parecidas com ele; muito além das aparências, esse é um valor eterno!

Quando aceitamos que somos quem Deus nos fez para ser, somos libertas dos padrões impostos por este mundo. Nós nos tornamos mulheres que inspiram; esse é um dom de Deus. Por isso, seja confiante em sua essência e ouse compartilhar a verdade de ser única. Seus padrões de beleza não são os do mundo, mas aqueles definidos por Deus.

Durante uma fase da minha vida, eu estava obcecada em parecer perfeita. Gastava tempo, energia e dinheiro tentando atender aos padrões de beleza que via ao meu redor, porém tudo era em vão. Em certo momento, Deus me confrontou por meio de 1Samuel 16.7 e, enfim, me fez entender a importância de um coração bonito.

Não sou uma pessoa que se considera vaidosa, tampouco estou presa aos padrões impostos pela sociedade. Sempre me enxerguei de forma simples e natural, pois não sentia que precisava corresponder às expectativas externas. Contudo, na fase em que percebi que os padrões eram importantes, a pressão começou a me afetar.

Eu ouvia comentários se engordava, mas também ouvia se emagrecia. Enfrentei diversos problemas de saúde ao longo da minha vida. Em certa fase, um deles me fez engordar mais; já em outro período, emagreci muito. Tudo isso criou um conflito dentro de mim, foram períodos emocionalmente desgastantes. Eu não me preocupava com os padrões impostos, mas sentia o peso de não me encaixar neles.

“Sua verdadeira beleza está na essência que Deus depositou em você.”

Aos poucos, comecei a redirecionar a minha energia e a gastar mais tempo com Deus até entender que o coração é mais importante que a aparência. Tomei a decisão de crescer espiritualmente e de cultivar qualidades que refletissem a essência do Pai em mim. A liberdade que senti foi transformadora! Hoje, sei que a minha identidade não está no que vejo no espelho, mas no que Deus vê em mim. O meu coração está leve, porque entendi que a verdadeira beleza não está na perfeição física, mas em refletir a essência de Cristo em tudo que sou.

Oração

Senhor, obrigada porque tu vês o meu coração. Ajuda-me a viver em autenticidade e a valorizar quem eu sou em ti. Molda a minha essência para refletir o teu amor, graça e bondade, e livra-me dos padrões impostos pelo mundo. Em nome de Jesus, amém.

Aplicação prática

1. Conecte-se com Deus.
   Ao orar, pergunte-lhe: "Pai, como tu me vês? Minha essência tem refletido o teu caráter?".
2. Pense sobre o que tem valor para você.
   O seu tempo tem sido dedicado mais à aparência do que à essência? Você tem visto características de Deus em sua vida? Após refletir,

escreva no seu diário uma área em que você deseja crescer a fim de refletir o caráter do Pai.

3. Invista em sua relação com Deus.
   Nutra-se pela leitura de passagens da Bíblia que falem sobre identidade, como Efésios 1 ou Salmos 139. Peça que o Senhor molde o seu caráter e faça-a crescer e gerar em sua vida o fruto do Espírito, conforme descrito em Gálatas 5.

4. Reveja suas ações.
   Questione se elas têm sido motivadas pela aparência ou pela necessidade de agradar a outros. Entregue-se a Deus e confie que, quando Cristo age, passamos a refletir sua beleza.

5. Pratique atos de amor
   Por meio de atitudes, revele a essência do Pai (que também é a sua). Diga algo encorajador a alguém, ofereça ajuda ou simplesmente disponha de tempo para escutar o próximo. Deixe que sua autenticidade seja vista nas suas atitudes.

DIA
11

A fidelidade do Deus provedor

Deus é provedor! Essa é uma das características do Pai. Está em sua essência cuidar de cada detalhe de nossa vida antes mesmo de pedirmos. Ele é onisciente e, por isso, não há nenhuma necessidade que ele desconheça ou não possa suprir.

Filipenses 4.19

O meu Deus suprirá todas as necessidades de vocês, de acordo com as suas gloriosas riquezas em Cristo Jesus.

Com tantas cobranças feitas pela sociedade, nós, mulheres, nos esquecemos de sua soberania e ficamos preocupadas com o que comer, vestir e com tudo mais que envolve nossa família. Por essa característica feminina, sempre queremos suprir e cuidar. Nosso DNA carrega a maternidade e não queremos que nada falte aos nossos. Isso é nobre, pois a mulher virtuosa deve mesmo cuidar do seu lar, mas esse fardo é pesado demais para nós.

O versículo de Filipenses 4.19 nos lembra de uma verdade muitas vezes esquecida: quem supre nossas necessidades de verdade é Deus! A visão do Pai não é limitada, tampouco seus recursos e poder. Ele é o Senhor de todas as coisas e cuida de nós de acordo com as suas gloriosas riquezas.

Mulheres autênticas são fortalecidas no entendimento de que sua confiança deve ser depositada apenas no Pai. Não precisamos resolver tudo, muito menos fingir que temos tudo sob controle. O caos não deve nos assustar, pois é justamente em momentos de incerteza que a dependência de Deus se torna um testemunho poderoso.

Deus não provê apenas o que é material; podemos confiar também a ele as nossas necessidades emocionais e espirituais. Quando tudo parece desmoronar, em qualquer que seja a área, é ele quem nos dá força, paz e esperança de futuro. À medida que confiamos nele, aprendemos que sua provisão vai além do que pedimos ou imaginamos.

Em momentos de dificuldade, é difícil descansar, mas precisamos entender que essas situações também servem para que possamos provar da fidelidade do nosso Pai. Quando o meu esposo e eu assumimos a liderança de uma igreja em Presidente Prudente, em São Paulo, distante de nossa cidade, Itajaí, em Santa Catarina, tivemos de lidar com a saudade dos familiares e com o aperto financeiro que nos impossibilitava de comprar nem sequer uma caixinha de gelatina. Além disso, nosso filho, João, tinha apenas 2 anos de idade, e não era fácil criá-lo longe da nossa rede de apoio.

Vivemos um tempo muito desafiador. Estávamos nos adaptando à cidade nova, na qual nada era familiar. Tentávamos estabelecer um ministério com poucos recursos e uma série de incertezas. A nossa realidade era de recursos financeiros tão escassos a ponto de não conseguirmos comprar itens básicos simples, como gelatina. Foi um cenário desafiador, mas foi necessário para que entendêssemos a provisão sobrenatural de Deus de uma forma que nunca havíamos vivido.

Cada dia era uma oportunidade de confiar mais no Pai. Todos os dias pessoas nos ajudavam de maneiras

“Deus sempre proverá o que você precisa no momento certo.”

inesperadas: portas que pareciam estar fechadas se abriam. Mesmo em dias extremamente difíceis, Deus nos sustentou.

Aderimos ao posicionamento de não murmurar nem fugir: nós oramos e entregamos aquela situação nas mãos de Deus. Naquele período, aprendemos muitas lições e testemunhamos inúmeros milagres, inclusive o da provisão financeira por intermédio da generosidade de uma pessoa que me deu uma oportunidade de emprego. Aquilo era exatamente do que precisávamos para aquele momento. Deus é perfeito!

Olhando para trás, percebo que passamos por uma escola de fé. Essa experiência me ensinou que Deus nunca é indiferente às nossas necessidades. Ele provê tudo que é necessário para cada uma de nós, inclusive a paz! O Pai nos convida a crer que ele é quem trabalha e cuida de nós e dos que estão ao nosso redor. Sua provisão não falha, e esta é a certeza de que precisamos: em sua suficiência é possível descansar.

Oração

Senhor, eu te agradeço porque tu és o Deus que provê. Ajuda-me a confiar na tua fidelidade e a descansar no fato de que tu nunca deixas faltar nada de que eu realmente precise. Ensina-me a olhar para o que já fizeste por mim e a viver com gratidão. Que minha vida seja um reflexo da confiança no Deus que é suficiente. Em nome de Jesus, amém.

Aplicação prática

1. Reflita sobre a fidelidade de Deus.
   Lembre-se dos momentos em que precisou de algo e o Pai agiu de maneira inesperada. Escreva essa experiência em um caderno e agradeça.

2. Pense sobre suas principais preocupações.
   Apresente as preocupações e necessidades (financeiras, emocionais, familiares) a Deus. Em seguida, ore a respeito de cada uma delas e entregue-as ao Senhor; declare a sua confiança na provisão dele.

3. Liste as bênçãos que Deus já lhe deu.
   Essa atitude ajudará você a renovar a sua gratidão e a perceber que ele é um Pai provedor.

4. Abençoe alguém.
   Assim como Deus é generoso com você, seja um canal de bênçãos para o próximo ao oferecer algo que você tem, seja tempo, seja uma palavra amiga, seja até mesmo recurso financeiro. Creia: Deus continuará a suprir; nada lhe faltará.

5. Medite na Palavra.
   Escolha um texto que reafirme a provisão de Deus. Por exemplo, o salmo 23 garante: "O Senhor é o meu pastor; de nada terei falta" (v. 1).

DIA 12

Mesa: um lugar de comunhão e intimidade

Romanos 12.13

Compartilhem o que vocês têm com os santos que estão em necessidade e procurem ser hospitaleiros.

A mesa é mais do que um móvel utilitário em nossa casa. Dentro do contexto cristão, é cheia de significado e princípios, dentre eles a hospitalidade e a comunhão. Diariamente, famílias e amigos se reúnem em torno dela para se alimentar e conversar, embora não mais com a mesma recorrência e habitualidade de antes. O mundo contemporâneo adotou uma vida corrida e esqueceu-se de que, ao sentar-nos e compartilharmos uma refeição, compartilhamos também a vida.

A mesa é um presente de Deus. É nela que laços são fortalecidos, dores são curadas e vitórias são celebradas. Ao partilhar o pão e o coração, temos a oportunidade de fazer a diferença, compartilhando o amor de Deus com os que estão ao nosso redor.

Jesus nos deu grandes exemplos da importância de estar à mesa. Com frequência, usou refeições para criar momentos significativos. Ele se sentou com pecadores, dividiu pão com os discípulos e, na última ceia, usou a mesa para revelar o seu maior ato de amor e sacrifício. Para Jesus, a mesa era um lugar de transformação e conexão, um espaço no qual corações eram tocados.

Cada vez mais, negligenciamos o poder da mesa. Nós nos sentamos para comer com pressa ou nos distraímos com o celular ou compromissos. No entanto, Deus nos convida a ressignificar a mesa, transformando-a em um lugar de intimidade, alegria e partilha. Como mulheres autênticas, somos chamadas a nos sentar à mesa e a fazer dela um lugar no qual demonstramos o amor de Deus.

Não é necessário ter louças bonitas, um cardápio de hotel ou uma decoração requintada. Trata-se da disposição do coração e do entendimento do que esses momentos representam. Seja um jantar em família, seja um café com uma amiga ou um almoço com alguém que precisa de apoio, a mesa sempre será um reflexo do cuidado e da generosidade de Deus.

Por um período da minha vida, devido à rotina, passei a me sentir desconectada da minha família. Para solucionar essa questão, decidimos que usaríamos pelo menos uma de nossas refeições para ter um período de comunhão. Na época, nossas possibilidades permitiam que tivéssemos esse tempo no café da tarde.

Fomos intencionais em usar esse momento para conversar, dar risadas, resolver conflitos, sonhar e criar projetos juntos. Aos poucos, aquelas conversas à mesa se tornaram o ponto alto do nosso dia e viraram uma tradição, um dos momentos mais aguardados do dia.

Entendendo ser esse um princípio poderoso, certa vez, convidei uma amiga para um café em casa. Montei uma mesa simples, com um bolo caseiro e uma xícara de café. Apesar da simplicidade, foi ali que ela encontrou espaço para desabafar e sentir-se acolhida. Essa situação reforçou para mim, definitivamente, que a mesa jamais será apenas mobília; à mesa, Deus trabalha em nosso coração de maneira real e prática.

“A mesa é um espaço onde o amor de Deus pode ser compartilhado.”

Oração

Senhor, obrigada por cada uma das pessoas que tenho ao meu redor e pelas oportunidades de criar momentos significativos com elas à mesa. Ajuda-me a fazer desse um lugar de comunhão, para refletir o teu amor, em obediência ao mandamento da hospitalidade. Que, ao redor dela, relacionamentos sejam nutridos e fortalecidos, para a tua honra e glória. Em nome de Jesus, amém.

Aplicação prática

1. Transforme a sua mesa em um lugar de gratidão. Comece cada refeição com uma oração, mesmo que esteja sozinha. Isso ajuda você a lembrar-se que a provisão vem de Deus.

2. Elimine as distrações.
Televisão, celular ou qualquer coisa que roube sua atenção deve ser deixada de lado para que você se concentre nas pessoas à sua frente, ouvindo e interagindo com elas de modo genuíno.

3. Celebre os pequenos momentos.
Não é preciso esperar por ocasiões especiais para fazer da mesa um lugar significativo. Um café da manhã com a família, um lanche com os filhos e até um almoço com colegas de trabalho podem ser oportunidades para fortalecer laços e demonstrar amor.

4. Sempre convide alguém para a sua mesa.
   Não se preocupe com o que servir, pois o gesto é o que realmente importa.

5. Trate a mesa como um lugar de ensino.
   Não perca a oportunidade de, enquanto faz uma refeição, compartilhar também do alimento espiritual com quem estiver à mesa. Você pode falar sobre um versículo e compartilhar reflexões inspiradas por Deus.

6. Mesmo em refeições simples, crie um espaço acolhedor.
   Coloque sempre um detalhe especial na mesa, como uma flor, uma vela ou algo tão simples quanto uma toalha limpa. Esses pequenos gestos mostram cuidado e tornam o momento mais especial.

DIA 13

O antídoto da procrastinação é o propósito

Colossenses 3.23

Tudo o que fizerem, façam de todo o coração, como para o Senhor, não para os homens.

Nós, mulheres, estamos habituadas a viver atendendo a muitas demandas. A vida feminina é um constante equilíbrio de tarefas de casa, trabalho, família, igreja etc. Tenho certeza de que, assim como eu, você deixa um ou outro afazer para o dia seguinte de vez em quando. Embora esse hábito de adiar não pareça prejudicial, o que acontece quando esse dia seguinte nunca chega?

É fácil cair na armadilha da procrastinação. Ela não se resume a adiar tarefas. Essa cilada sutil nem sempre tem a ver com o relógio. Muitas vezes, recorremos à procrastinação como fuga. Na tentativa de nos esquivar do desconforto, do medo de errar ou da sensação de sobrecarga, adiamos também o que Deus nos confiou. Como consequência, atrasamos nosso crescimento na fé.

O versículo de abertura, Colossenses 3.23, é um desafio diário. Ele nos convoca a realizar todas as coisas como se fossem para Deus; não se trata de fazer uma coisa ou outra, mas todas com dedicação e propósito. Isso depende, dentre outras coisas, da decisão de abandonar a procrastinação e adotar uma conduta de compromisso e intencionalidade.

Deus nos chamou para um propósito único. Quando procrastinamos, permitimos que as distrações e inseguranças atravessem o plano original do Senhor. A autenticidade feminina em Deus significa reconhecer que é ele quem nos capacita a realizar o que precisamos da forma e no tempo certos.

Não precisamos esperar pelo "momento perfeito" ou pela coragem que julgamos estar em falta. Deus nos convida a confiar nele e a agir com a certeza de que nossa força vem dele e de ninguém mais! Quando nos movemos por essa confiança, não postergamos o que temos de fazer em razão do medo, da preguiça ou das demandas excessivas, mas acreditamos que o Pai é capaz de nos sustentar e fortalecer.

Há algum tempo, percebi que estava adiando algo importante: estabelecer uma rotina consistente na prática de atividades físicas. Sempre dizia a mim mesma: "Amanhã eu começo". Como isso nunca acontecia de fato, comecei a ver minha disposição e imunidade cada vez mais fracas. A procrastinação tem preço!

Cansada dessa situação, parti para a ação. Programei o alarme para tocar mais cedo e iniciei com um plano simples de dez minutos diários. Sim, parece pouco, porém, como diz o ditado: "Feito é melhor que perfeito". Não foi fácil no início, mas, à medida que perseverei, além do meu físico, notei que a minha fé também cresceu. Depois desse aprendizado, passei a aplicar esse princípio a todas as áreas da minha vida.

“Hoje é o dia de fazer o que Deus chamou você para fazer.”

Deus me mostrou que, quando damos o primeiro passo, ele cuida do restante. A procrastinação pode nos impedir de viver plenamente o propósito de Deus. Precisamos rejeitar essa prática! O antídoto para uma vida de procrastinação é confiar no Senhor e ter convicção de que ele tem um propósito para cada um dos nossos dias de vida.

Mesmo imperfeitas, podemos ser fiéis ao que Deus nos chamou a fazer. Por isso, ainda hoje, decida dar o primeiro passo e confie que ele cuidará de todo o resto. Sempre é um bom dia para começar!

Oração

Senhor, muitas vezes, o medo me faz adiar as minhas tarefas e responsabilidades. Ajuda-me a vencer a procrastinação e a realizar tudo com diligência, para a tua glória. Dá-me sabedoria para organizar as minhas prioridades e coragem para começar a agir. Em nome de Jesus, amém.

Aplicação prática

1. Liste suas tarefas e responsabilidades.
   Verifique se existem tarefas por fazer. Talvez você esteja adiando uma ligação, a resolução de um conflito, ou até a falta de constância na oração e leitura da Palavra.

2. Ore sobre suas prioridades.

É muito importante que todas as suas atividades sejam apresentadas ao Senhor; assim, ele pode lhe dar sabedoria para planejar e capacidade para agir.

3. Dê o primeiro passo hoje.

Pode ser uma atitude que você considere pequena, como enviar uma mensagem, organizar materiais ou marcar um horário no calendário. Lembre-se: o importante é começar!

4. Divida sua rotina de afazeres em pequenas etapas.

A soma de tudo que temos a fazer pode parecer assustadora, contudo, distribuídas ao longo do dia, são possíveis. Pensar em organizar toda a casa pode me levar à procrastinação, mas e se eu começar pela organização de uma gaveta?

5. Estabeleça prazos realistas.

Defina um prazo para cada tarefa e comprometa-se a cumpri-lo. Lembre-se de que Deus capacita você em todas as etapas e valoriza o seu esforço.

6. Celebre pequenas vitórias.

Depois de concluir uma tarefa, separe tempo para agradecer a Deus e recompensar a si mesma, com uma pausa ou um passatempo prazeroso.

DIA 14

Vencendo medos e traumas

Os medos e traumas da vida têm a capacidade de nos afastar de quem Deus nos criou para ser. Muitas vezes, ficamos presas a dores e inseguranças do passado. Essas correntes nos causam dúvidas e nos impedem de viver com autenticidade e liberdade. Medos e traumas não são nosso destino e não definem nossa identidade. A boa notícia é que eles podem ser vencidos quando entregamos tudo ao Pai e confiamos na cura.

2Timóteo 1.7

Pois Deus não nos deu um espírito de covardia, mas de poder, de amor e de domínio próprio.

Deus nos chama para resgatar a sua essência de amor, coragem e equilíbrio. Características como essas não combinam com os medos e inseguranças gerados pelo trauma, pois estas são características opostas às de Cristo. Em Jesus, encontramos não apenas força para enfrentar nossos medos, mas também a nossa verdadeira identidade. Quando nos aproximamos dele, descobrimos que não precisamos ser definidas pelo que nos aconteceu, pois somos o que ele diz sobre nós.

Resgatar a autenticidade e a essência do Pai em nós significa lembrar de que somos filhas amadas de Deus, criadas à sua imagem para um propósito eterno. Significa também deixar que a verdade dele a nosso respeito tome o lugar antes ocupado pelo trauma, bem como viver com confiança de que ele já venceu por nós.

Quando encontrei coragem em Deus, tudo mudou. Houve um tempo em minha vida em que eu vivia presa a medos e inseguranças em decorrência de um trauma do passado que me fazia duvidar de quem eu era. Eu jamais pensava em realizar algo relevante ou assumir novos desafios. Só de pensar nisso, aliás, eu sentia ansiedade e medo. Eu via a vida com insegurança, medo e tinha necessidade de tentar provar o meu valor. Como se eu precisasse corresponder às expectativas dos outros, alcançar determinado padrão de sucesso e dar conta de tudo.

Então, o Senhor amorosamente trouxe à minha memória o texto de 2Timóteo 1.7, que mostrou que eu não precisava mais viver assim. Aos poucos, comecei a entregar cada trauma a ele e a declarar em voz alta: "Eu não sou definida pelo meu passado. Deus me fez corajosa e forte".

Agora, enfrento os desafios com outra perspectiva. Eu sei exatamente quem sou, a minha identidade está firmada em Deus, e isso me trouxe uma liberdade que antes eu nem imaginava ser possível. Essa transformação não significa que a vida ficou mais fácil ou que os problemas desapareceram, mas agora carrego uma confiança inabalável.

É certo que hoje ainda enfrento desafios, mas a minha postura mudou. Sou uma nova mulher, que caminha com confiança por saber que Deus está comigo. Ele não apenas me curou, como também me transformou. Agora encaro a vida com outros olhos, e isso é libertador.

O Pai convida você hoje a desfrutar dessa liberdade. Não há mais espaço para medo ou vergonha quando

“Deus convida você a viver sem medo, a resgatar a liberdade e a essência que ele depositou em você.”

estamos em Cristo. Não podemos mais ser aprisionadas pelas correntes do passado. Com o sangue derramado na cruz, ele quer curar as suas feridas, restaurar a sua autenticidade e lembrá-la da sua verdadeira essência, que provém dele.

Não importa o que aconteceu no passado, em Deus há renovação, coragem e amor. Por isso, dê o primeiro passo e resgate quem você é em Deus. Você não está sozinha. Ele está ao seu lado para lhe dar forças e direcionamento. Confie nele e viva com coragem!

Oração

Senhor, hoje eu te entrego todos os meus medos e traumas. Renova minha mente e cura as feridas do meu coração. Ajuda-me a viver com autenticidade, a refletir minha verdadeira essência, que vem de ti. A tua Palavra diz que o verdadeiro amor lança fora todo o medo, e eu creio que o teu perfeito amor pode me libertar e curar. Obrigada por restaurar minha identidade. Eu te agradeço e oro em nome de Jesus, amém.

Aplicação prática

1. Ore pelos seus medos e traumas.
   Peça ao Senhor que não permita que eles continuem a paralisá-la. Entregue tudo a Deus e declare:

"Eu confio em ti e na cura que tu já trouxeste para essas áreas da minha vida".

2. Memorize e medite na Palavra.
Leia 2Timóteo 1.7 e, sempre que sentir medo ou insegurança, repita esse versículo em voz alta. Lembre-se de que Deus já deu a você coragem e amor.

3. Anote declarações em um diário ou papel.
Escreva o que reafirma sua identidade em Deus, como: "Eu sou filha amada de Deus", "Minha identidade não está no que aconteceu comigo, mas no que Deus diz sobre mim". Leia essas afirmações sempre que precisar se lembrar.

4. Pratique o perdão.
Quando sofremos traumas, é necessário perdoar quem nos fez mal. Por isso, ore pedindo forças para libertar-se dessa dor e confie que Deus trará cura e reconciliação.

5. Busque ajuda necessária.
Em alguns casos, quando os traumas são profundos, é preciso buscar apoio espiritual e profissional. Por isso, procure a sua liderança ou um profissional cristão. Deus pode usar várias ferramentas para trazer restauração à sua vida.

6. Dê pequenos passos corajosos.
Muitas vezes, enfrentar o medo pode ser algo simples, como expressar a sua opinião ou tentar algo novo. Lembre-se: Deus está com você!

DIA 15

Chave para a liberdade

O perdão é uma das expressões mais profundas da autenticidade da mulher cristã. Não é simples, mas é necessário. Quando Jesus nos ensinou a orar, incluiu o perdão como uma prática diária: "Perdoa as nossas ofensas, como também temos perdoado aqueles que nos ofendem" (Mateus 6.12), o que nos lembra de que, assim como somos perdoadas por Deus, também devemos perdoar.

Muitas mulheres com as quais converso me perguntam: "Como posso esquecer do que me fizeram?" No entanto, perdoar não é apagar da memória. Isso se chama amnésia! Ao oferecer perdão, você não ignora o fato, tampouco o torna justificável, mas, em um ato de fé, entrega-o a Deus para que ele possa curar o seu coração.

Quando nos agarramos à amargura, prejudicamos os nossos relacionamentos e a nossa saúde emocional e espiritual. Exercer o perdão é um ato de amor por si mesma. Somente assim é possível viver com liberdade e paz. Além do mais, a mulher autêntica sabe que o perdão reflete a essência de Deus, uma vez que ele nos perdoou completamente e nos chama a fazer assim como ele fez. É um processo que começa com a decisão de perdoar e continua com a ação da graça de Deus no nosso coração.

Quando concedemos perdão, refletimos o que Jesus fez por nós. Enquanto muitos tentam se vingar, rebater ou guardam rancor, Jesus constrangia com amor, e nós também devemos fazê-lo. Este é o meu conselho para você,

Colossenses 3.13

Suportem uns aos outros e perdoem as queixas que tiverem uns contra os outros. Perdoem como o Senhor os perdoou.

minha irmã: constranja as pessoas que a ferirem, desencorajarem ou machucarem com amor, graça, palavras bondosas e atos de gentileza.

Em uma época da minha vida, engordei em razão da retenção de líquidos e dos remédios que precisava tomar. Naquele tempo, tive muita dificuldade de me aceitar e me sentia mal. Lembro-me de quando fui questionada, não por uma ou duas pessoas, mas por várias, sobre estar grávida ou ser mãe do meu marido. Aquilo me magoava profundamente, apesar de eu saber que o meu valor não estava no meu peso nem na minha aparência e que a minha identidade era muito maior do que qualquer mudança física. Ao mesmo tempo, era difícil não sentir o impacto das mudanças no meu corpo.

Embora eu soubesse que Deus olhava para o meu coração, eu ainda precisava aprender a me olhar como ele me vê. Alguns dias, senti muita insegurança, pois havia muito julgamento externo, mesmo que sutil. Eu conseguia compreender o que estava por trás de olhares, de comentários disfarçados de preocupação e da cobrança de que eu deveria fazer algo a respeito.

Aos poucos, aprendi a cuidar do meu corpo por amor ao Pai, não por pressão ou insatisfação dos outros. Aprendi também a ser grata, mesmo nos momentos em que isso parecia ser impossível. Entendi que o meu valor nunca esteve e nunca estará atrelado a uma balança ou a um espelho.

Como filhas de Deus, somos chamadas a responder com graça, ainda que, muitas vezes, sejamos feridas,

"Perdoar não é fraqueza; é um ato de coragem que reflete o coração de Deus."

intencionalmente ou não. O nosso papel é o de refletir o coração de Deus; por isso, escolha dar o primeiro passo e confie que Deus a guiará durante o processo e trará cura ao seu coração. Lembre-se: o perdão não muda o seu passado, mas transforma o seu futuro!

Oração

Senhor, sei que perdoar nem sempre é fácil, por isso confio em ti. Ajuda-me a me libertar de toda mágoa e a liberar o perdão como tu perdoas. Cura as feridas do meu coração e me ensina a viver com liberdade e autenticidade. Em nome de Jesus, amém.

Aplicação prática

1. Ore por quem você precisa perdoar.
   Quais situações que lhe causaram feridas ainda estão pendentes no seu coração? Quando você entregar a Deus as suas mágoas, ele vai curar o seu coração.
2. As palavras que saem da nossa boca têm poder.
   Declare o perdão em voz alta. Diga: "Eu escolho perdoar o/a (nome da pessoa). Deus, eu te entrego a vida dele/dela e confio na tua justiça". Mesmo que não sinta nada no início, repita diariamente até que a mágoa se dissipe.

3. Pratique atos de bondade.

   Os atos de bondade podem ser uma forma de resolução de conflito. Então, considere a possibilidade de realizar um gesto de gentileza, mandar uma mensagem ou, simplesmente, evitar proferir palavras negativas sobre alguém que a magoou.

4. Liberte-se do passado.

   Tenha uma atitude que represente o fim do que a feriu. Escreva em um papel o que aconteceu e, depois de orar sobre isso, rasgue-o ou queime-o como símbolo de que a situação foi entregue a Deus.

5. Envolva-se com a Palavra de Deus.

   Leia e medite Mateus 18.21,22. Esse texto nos ensina que devemos perdoar "até setenta vezes sete". Peça a Deus que a capacite para obedecer-lhe e remova os empecilhos da reconciliação.

DIA 16

O resgate da autoestima da mulher em Deus

No mundo atual, somos constantemente bombardeadas por padrões de beleza inalcançáveis. Redes sociais, revistas e publicidade nos fazem acreditar que precisamos ser mais magras, mais jovens, mais "perfeitas". Esse peso pode nos levar a duvidar de quem somos e do nosso valor. Mas existe uma beleza que Deus vê em você.

O próprio Criador do universo olha para você com amor. O filtro dele não é o do mundo, mesclado com padrões inacessíveis ou que coloquem em risco a sua saúde. Ele a vê como sua obra-prima (cf. Efésios 2.10, NVT), criada à imagem dele, como está escrito em Gênesis 1.27.

A sua beleza vai muito além do exterior. Para Deus, o que importa é o seu coração, o seu caráter e a sua essência. Quando aprendemos a nos enxergar pelas lentes do nosso Pai amoroso, entendemos que não precisamos mais buscar validação nos outros nem nos comparar com ninguém. Assim, somos libertas dessa pressão. Podemos descansar na verdade de que somos amadas exatamente como somos e que ele se importa, sobretudo, com o nosso interior.

Resgatar a sua autoestima é um ato de fé e obediência. É escolher diariamente acreditar no que Deus diz sobre você em vez de ouvir as mentiras do mundo. Somente o Pai tem o direito de emitir opinião sobre nós, pois fomos feitas pelas suas mãos, somos sua obra-prima!

1Pedro 3.3,4

A beleza de vocês não deve estar nos enfeites exteriores [...]. Ao contrário, que ela seja algo interior, imperecível, demonstrada em um espírito dócil e tranquilo, o que é de grande valor para Deus.

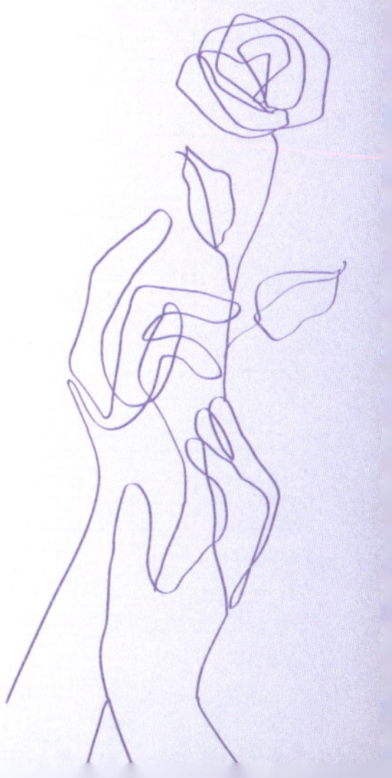

Por muitos anos, tive problemas de autoestima. Não conseguia entender o meu valor, a minha beleza ou as minhas habilidades. A comparação me sufocava. A corrida para me encaixar nos padrões do mundo era desleal. Tudo mudou quando parei de acreditar na mentira que vivia e comecei a aceitar a verdade: o Pai me criou à sua imagem e semelhança, e meu valor não está na minha aparência, nas minhas roupas ou nos meus acessórios, mas no meu coração.

Comecei a declarar essa verdade todos os dias e a investir na minha relação com Deus. Pouco a pouco, deixei de buscar aprovação externa e passei a me ver como ele me vê: uma filha amada e preciosa. Não preciso da validação de outras pessoas, pois sei que o meu valor vai muito além da imagem refletida no espelho.

Isso não significa que não devemos cuidar da nossa aparência; pelo contrário, temos de cuidar de nós mesmas em todos os âmbitos para viver de maneira equilibrada e saudável. O que não podemos fazer é pensar que nossa beleza se resume ao exterior. A mudança começa sempre de dentro para fora; quando cuidamos do nosso interior, todo o resto se alinha.

O resgate da sua autoestima é algo importante para Deus. Ele quer que, de uma vez por todas, você entenda que o seu verdadeiro valor está nele. O Pai, mais do que qualquer outra pessoa, deseja ver você feliz e bem resolvida. Ele anseia que você se veja com os olhos dele.

“Invista na beleza interior, e ela transparecerá no exterior.”

Não se esqueça: você é linda, amada e criada para um propósito eterno. Confie nessa verdade e deixe que ela transforme a maneira como você se enxerga!

Oração

Senhor, obrigada por me lembrar que sou tua obra-prima, criada à tua imagem. Ajuda-me a enxergar a minha beleza e o meu valor pelos teus olhos, e a rejeitar os padrões do mundo. Renova a minha mente e preenche o meu coração com a tua verdade. Eu te agradeço, Deus, porque me amas e me aceitas como sou. Amém.

Aplicação prática

1. Seja grata pela sua beleza interior e exterior.
   Olhe-se no espelho e agradeça a Deus por algo que você gosta em si mesma; pode ser um traço físico, uma habilidade ou uma qualidade do seu caráter.
2. Apegue-se à verdade.
   Anote em um papel ou diário três verdades bíblicas que reforcem a sua identidade e aumentem a sua autoestima. Por exemplo:
   a. “Fui criada à imagem de Deus” (cf. 1.27).
   b. “Sou preciosa aos olhos do Senhor” (cf. Isaías 43.4).
   c. “Sou uma nova criatura em Cristo” (cf. 2Coríntios 5.17).

3. Desconecte-se das pressões do mundo.
   Identifique algo que tem impactado negativamente a sua autoestima, como as redes sociais ou as comparações, por exemplo, e faça uma pausa. Use esse tempo para investir no seu relacionamento com Deus.

4. Encoraje outra mulher.
   Sempre compartilhe palavras de afirmação, ajudando-a a enxergar sua beleza e valor diante de Deus.

DIA 17

Um chamado divino

Como mulheres, temos a essência do cuidado em nós. Nosso instinto é de zelar pelos nossos. Embora tenhamos maneiras diferentes de exercer esse cuidado, ele vem a nós com naturalidade. Ao ver que o primeiro homem, Adão, estava só, Deus falou: "Não é bom que o homem esteja só; farei para ele uma auxiliadora que seja semelhante a ele" (Gênesis 2.18, NAA).

Juízes 5.7

"Já tinham desistido os camponeses de Israel; já tinham desistido, até que eu, Débora, me levantei. Eu me levantei como mãe em Israel."

Esse cuidado não é destinado somente ao cônjuge e aos filhos. Rute, por exemplo, dedicou-se a cuidar de sua sogra, Noemi, mesmo após a morte do marido. E o que dizer da profetisa Débora, que cuidava de todo o Israel em seu tempo como juíza? Assim como a amável Rute e a corajosa Débora, cada uma de nós também foi chamada para cuidar daqueles que estão ao nosso redor.

Podemos ser esposas, mães, filhas, noras, líderes; são muitas as possibilidades para exercermos nosso chamado divino. Cuidamos pelo amor, serviço, liderança. No meu caso, vivo na prática a missão de cuidar do meu marido como sua auxiliadora e conselheira, de criar meus filhos e guiá-los nos caminhos do Senhor, de liderar a igreja que pastoreamos e de instruir outras mulheres.

Onde quer que estejamos, o que quer que façamos, Deus nos chama a cuidar dos nossos com dedicação. Ser mãe, por exemplo, é um privilégio que exige amor e sabedoria. Talvez você não tenha um filho biológico ou adotivo, mas tenha filhos espirituais. Da mesma forma, seu papel como mãe espiritual é um chamado divino. Seja qual for a sua jornada até a maternidade — biológica, adotiva ou espiritual —, saiba que Deus a escolheu para esse papel e, por isso, não a deixará à deriva. A sabedoria e a graça necessárias vêm dele!

A minha história com a maternidade é marcada pela fidelidade de Deus. Aos 13 anos, recebi o diagnóstico de infertilidade, o que fazia da maternidade, para mim, um milagre. Durante anos, convivi com essa dor; sentia o peso de um sonho inatingível. Com essa situação, aprendi que o Senhor não queria o meu sofrimento, mas que eu tivesse a confiança de que o impossível é uma especialidade dele!

Em vez de aceitar aquele diagnóstico como uma sentença definitiva, algo em mim se recusava a acreditar que aquilo seria o ponto final. Não porque eu negava a realidade, mas porque conheço o Deus a quem sirvo. Eu sabia muito bem que a palavra final é dele e nenhum laudo médico poderia limitar seu poder. Não havia lógica humana para explicar meu sentimento, ele se resumia em fé.

A descoberta da minha primeira gestação foi o momento da confirmação do sentimento que o Pai havia colocado no meu coração por muitos anos. Deus reescreveu a minha história de uma maneira que a medicina não conseguia explicar. A cada dia, eu sentia no ventre a soberania de Deus.

A emoção ao descobrir minha segunda gestação foi ainda maior. Muitos poderiam dizer que a minha primeira gestação havia sido uma exceção, mas, quando engravidei novamente, o Pai celeste provou mais uma vez que ele não erra e que a sua vontade sempre prevalece. Ser mãe foi muito mais do que uma realização pessoal; foi uma declaração de que Deus tem o controle absoluto da minha vida.

Em sua infinita bondade, o Criador me permitiu gerar dois filhos por verdadeiros milagres! A partir de então, o milagre que eu precisava receber dele era a capacidade para obedecer ao mandamento de Provérbios 22.6: "Instrua a criança no caminho em que deve andar, e, mesmo com o passar dos anos, não se desviará dele". Estações diferentes, responsabilidades diferentes, mas o mesmo Deus de milagres em ação.

Assim, também não foi fácil desprender-me das inseguranças e aceitar o chamado do Senhor para liderar. Tanto eu quanto o meu esposo sempre fomos tímidos; todavia, enfrentamos a timidez e fomos capacitados por Deus a exercer o nosso ministério. O Deus que me fez mãe de dois lindos filhos é o mesmo que também fez de mim líder, mãe espiritual.

Algumas das minhas atividades ministeriais são: aconselhamento, escuta, ensino, pregação, tomada de decisões sérias, demandas diversas da igreja. Além disso, tenho as tarefas da casa, da família e dos nossos projetos sociais. Nada disso é feito pela minha força, mas porque o Senhor tem me capacitado e sustentado. É assim que ele age quando aceitamos o chamado de cuidar.

Deus tem chamado cada uma de nós, Déboras, Rutes e tantas outras mulheres de fé de nosso tempo, a

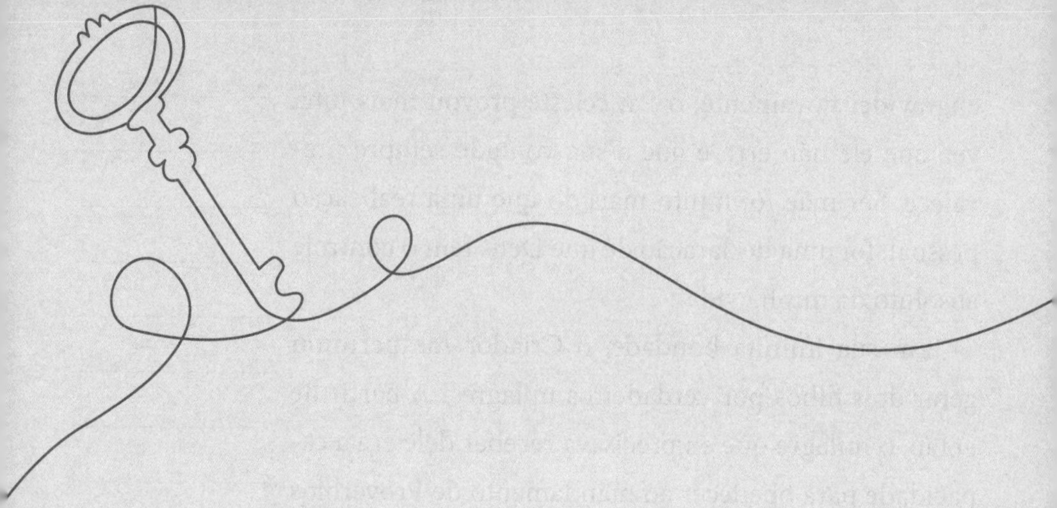

“Deus a capacita para exercer seu chamado de cuidar.”

nos levantarmos e nos apresentarmos para a sua obra. Mães, esposas, filhas, noras, tias, líderes, ministras, pastoras, professoras, despertem! Sim, os desafios virão, porém eles nos ensinarão a depender mais do Pai.

Creia que vem do Senhor a sabedoria e a graça necessárias para criar os seus filhos e para exercer todo o chamado de cuidar. Enquanto você cuida do próximo, Deus cuida de você. Enquanto molda seus filhos e liderados, ele molda você. Foi ele quem a chamou para esse papel. Portanto, confie. Desperte!

Oração

Senhor, obrigada por fazer de mim uma cuidadora. Eu te agradeço por me chamar para fazer parte da tua obra ao cuidar daqueles ao meu redor. Dá-me sabedoria, paciência e amor para exercer os papéis que confiaste a mim. Que a cada passo dessa jornada eu aja segundo o teu coração. Em nome de Jesus, amém.

Aplicação prática

1. Ore por aqueles que estão sob os seus cuidados.
   O tempo de oração é muito importante e inegociável. Peça a Deus que lhe dê sabedoria, amor, graça e compaixão para exercer seu papel com dedicação.

Apresente a Deus o nome de cada pessoa cujos cuidados ele confiou a você e ore pelos sonhos, planos e desejos de todas elas.

2. Invista no seu relacionamento com Deus.
Para poder exercer o seu chamado de cuidar, você precisa ter intimidade com o Senhor; por isso, mesmo em meio às muitas demandas, reserve um momento para ler a Palavra de Deus e orar. Como Débora, você pode adorar com cânticos se assim quiser. Como Miriã, pode dançar. Independentemente de como desejar passar esse tempo, não negocie os seus momentos na presença do Senhor!

DIA
18

Oração, o segredo da mulher autêntica

A oração é a base da vida de uma mulher autêntica. É no lugar secreto da comunhão com Deus que encontramos força para superar desafios, coragem para viver com propósito e direção para trilhar o caminho que ele preparou para nós. A mulher que ora é uma mulher que reconhece a sua dependência total do Pai e sabe que, na presença dele, milagres acontecem.

Jeremias 33.3

"Clame a mim, e eu responderei; e direi a você coisas grandiosas e insondáveis que você não conhece."

Muitas mulheres, porém, não sabem o que é essa vida de oração. Até vão à igreja aos domingos, mas, ao abrirem a boca para se dirigir a Deus, tudo o que têm é uma longa lista de pedidos como: alimento do dia, promoção do marido, proteção para o filho, compra de um carro novo, e assim por diante.

A oração, contudo, dever ser um diálogo. Uma conversa sincera entre Pai e filha. Na presença dele, você pode, sim, fazer pedidos, mas também tem de agradecer a ele, adorá-lo e, principalmente, ouvi-lo. Quando oramos, o nosso coração se alinha ao coração dele. Por estarem unidos nessa caminhada, como se estivessem de mãos dadas, é possível prosseguir mesmo quando as coisas não fazem sentido em sua vida ou quando você passa por momentos de tribulação.

Ao longo da minha vida, enfrentei momentos nos quais me senti perdida, cheia de dores, incertezas e desafios que pareciam impossíveis. Em cada um desses momentos, escolhi me ajoelhar e clamar ao Senhor. Então, vi portas se abrirem, sonhos serem realizados e milagres acontecerem; tudo porque Deus, em sua infinita bondade, me respondeu.

Na adolescência, após um acidente de ônibus, além dos traumas emocionais, senti dores severas, a ponto de sofrer desmaios recorrentes. Os médicos não conseguiam identificar o motivo das dores e prescreviam medicações que não faziam efeito. Depois de muitas tentativas, minha mãe, que trabalhava em um hospital, insistiu em que um dos médicos investigasse o caso.

Esse médico recém-formado se compadeceu de mim e deu início à investigação. Ele constatou que havia um enorme cisto no meu pâncreas em decorrência da compressão do sangue. Esse cisto pressionava minha coluna e meu estômago, de maneira que eu sentia fortes dores e não conseguia me alimentar.

Como esse médico era recém-formado, não poderia realizar o procedimento de que eu precisava. Em alguns momentos, eu pensava que não aguentaria mais aquela dor. Contudo, Deus cuidou de todos os detalhes. Encontramos um especialista de Curitiba e um casal de amigos se dispôs a nos levar para uma consulta.

Eu orava e clamava a Deus para que ele abrisse as portas necessárias. O médico me examinou e agendou a cirurgia para o dia seguinte. O procedimento foi bem-sucedido, de modo que não tive mais desmaios nem dores fortes. Hoje posso testemunhar que sou prova viva do poder da oração!

Para viver como uma mulher autêntica, precisamos cultivar uma vida de oração constante, a fim de que sejamos fortalecidas e renovadas. É desejo do Pai se revelar a você de maneira pessoal. Ele quer mostrar que, quando você coloca sua confiança nele por meio da oração, tudo muda, desde as circunstâncias ao redor até o seu coração.

Além desse milagre, houve diversos momentos em que a minha família e eu clamamos ao Senhor para que realizasse algo que, para nós, era impossível. E o nosso Deus, que nunca falha nem se atrasa, sempre demonstrou a sua fidelidade, bondade e graça para conosco. Como está escrito em Filipenses 4.19: "O meu Deus suprirá todas as necessidades de vocês, de acordo com as suas gloriosas riquezas em Cristo Jesus".

Essas experiências fortaleceram a minha fé e me mostraram que, quando colocamos tudo nas mãos de Deus em oração, ele trabalha de maneiras que não podemos nem sequer imaginar. Hoje vivo pela certeza de que meu Pai me ouve e deseja que eu me aproxime dele pela oração. A oração é a chave que abre as portas do impossível!

Como mulher autêntica, a sua força vem da sua intimidade com Deus. Quando você ora, Deus não apenas ouve, ele também age, transforma as circunstâncias e molda o seu coração à vontade dele. Por isso, decida priorizar a oração na sua vida. Seja constante, busque com fé e confie que Deus está em ação. Lembre-se: uma mulher de oração é uma mulher inabalável; ela caminha na presença do Deus que tudo pode!

“A mulher de oração experimenta o coração de Deus e vive milagres.”

Oração

Senhor, obrigada pelo privilégio de orar e estar na tua presença. Ensina-me a viver uma vida de oração constante, a buscar a tua vontade em tudo o que faço. Renova a minha fé e lembra-me de que nada é impossível para ti. Eu escolho confiar e experimentar os teus milagres diariamente. Em nome de Jesus, amém.

Aplicação prática

1. Escolha um local tranquilo.
   Tenha um espaço em sua casa para orar todos os dias. Esse lugar se tornará um símbolo do seu encontro com Deus.

2. Ore com expectativa.
   Apresente ao Senhor um pedido que parece impossível e confie que ele pode agir. Depois, observe como Deus responde e registre em um diário de oração.

3. Transforme momentos do dia em oportunidades de orar.
   Ao acordar, antes das refeições, enquanto realiza tarefas ou antes de dormir... todas essas são oportunidades para orar. A oração precisa fazer parte da sua rotina, parte de quem você é!

4. Valorize o que a Palavra diz.
   Escolha um versículo que fale ao seu coração e use-o como base para suas orações.

5. Ore pelos outros, não apenas por você.

Permita-se ser usada para interceder por outras pessoas. Se puder, envie uma mensagem para alguém e diga que está orando por essa pessoa.

DIA
19

A mulher auxiliadora — um plano divino

Deus criou a mulher com um propósito especial: ser uma auxiliadora, alguém que complementa, apoia e edifica. Isso não diminui a sua importância, mas exalta o valor único que Deus colocou na sua essência. Com sabedoria e força, a mulher contribui para a construção de lares, relacionamentos e comunidades segundo o plano divino. Não se trata de ser subserviente, como o mundo pensa, mas de cooperar e agir em parceria.

No mundo atual, tal ideia é interpretada como fraqueza. A sociedade ridiculariza mulheres que entendem o seu verdadeiro papel e responsabilidade. Para ela, a mulher é igual ou superior ao homem. No entanto, não é isso que Deus diz sobre nós.

Fomos criadas com habilidades específicas para edificar, incentivar e apoiar, para refletir o caráter amoroso e cuidadoso de Deus. Por isso, ser auxiliadora é, antes de tudo, um chamado espiritual. Quando atendemos a esse chamado, demonstramos entendimento de que os nossos dons e talentos devem ser utilizados para contribuir com aqueles ao nosso redor. Ao entender e se mover nisso, a mulher autêntica brilha e se destaca das que se amoldam aos padrões do mundo. O segredo está em abraçar quem Deus nos criou para ser.

Deus tem um plano divino para a mulher auxiliadora. Um chamado direto do seu coração, e é por isso que o mundo é tão ávido nas suas tentativas de distorcer o plano

Gênesis 2.18, NAA

O Senhor Deus disse ainda: — Não é bom que o homem esteja só; farei para ele uma auxiliadora que seja semelhante a ele.

original de Deus. Na minha experiência, houve um tempo que pensei que, por ser ajudadora, eu deveria somente ficar em segundo plano, trabalhando nos bastidores.

Por anos, fugi do meu chamado, porque pensava que estava além da minha capacidade e possibilidade. Já cheguei a pensar que, se não atrapalhasse o ministério do meu marido, seria o bastante! Contudo, Deus me chamou para mais do que isso.

Então, enquanto conciliava cuidados da casa e da família, exercia a minha função na igreja e trabalhava em uma empresa, o Senhor me despertou outra vez para o meu chamado. Decidi obedecer à voz de Deus e saí daquele emprego para me dedicar integralmente ao ministério.

Naquela época, o Junior viajava muito para pregar em outros lugares, além de passar por alguns problemas de saúde. Portanto, precisei assumir o pastoreio da igreja quando ele estava ausente. Ao usar as minhas palavras para edificar, a minha paciência para ensinar e o meu amor para servir, comecei a impactar aqueles que estavam ao meu redor de maneira positiva e a viver com mais propósito.

Aos poucos, entendi que sou, mais do que auxiliadora do meu marido, uma auxiliadora na obra de Deus. Ele é quem me capacita e desenvolve em mim as características necessárias para que eu possa desempenhar todos os meus papéis com sabedoria e diligência.

Ser uma auxiliadora não é uma fraqueza, até porque ninguém conta com a ajuda de alguém fraco ou incapaz. Pelo contrário, pedimos ajuda a pessoas de confiança,

"Uma mulher auxiliadora tem a força e a sabedoria de Deus, refletindo o amor do Pai em tudo o que faz."

dedicadas, habilidosas, sábias, pacientes, cuidadosas. Deus me mostrou que ser auxiliadora é um chamado elevado e essencial, pois reflete uma das facetas de quem ele mesmo é, o nosso maior auxiliador.

Vemos maior ênfase no uso desse versículo com relação ao papel da mulher no casamento, mas ele se estende a todas as áreas da nossa vida. Onde estivermos — na escola, no trabalho, na igreja, em casa, nos relacionamentos com amigos e familiares, no cuidado dos filhos, na execução das tarefas domésticas —, temos de exercer o nosso papel com convicção da nossa identidade e do nosso valor como filhas de Deus, criadas por ele com um propósito.

Por isso, eu a incentivo a abraçar seu papel com alegria e confiança. Como auxiliadora autêntica, você coopera com propósitos divinos. O Pai deseja que você faça parte de sua grandiosa obra. Escolha usar a sua força e sabedoria para refletir a glória de Deus e lembre-se de que a sua influência transforma lares, corações e gerações.

Oração

Senhor, eu te agradeço por me criar com um propósito único e por me permitir ser uma auxiliadora. Ajuda-me a viver esse chamado com autenticidade e graça, a refletir a tua essência em tudo o que faço. Dá-me sabedoria, paciência e amor para edificar as pessoas ao meu redor, em nome de Jesus. Amém.

Aplicação prática

1. Ore por sabedoria para apoiar aqueles ao seu redor. Dedique um tempo e ore pela sua família, amigos ou colegas de trabalho e peça a Deus que mostre como você pode ser uma influência positiva na vida deles.
2. Identifique os seus dons e talentos. O que Deus lhe deu para servir a outros? Escreva pelo menos três áreas em que você pode ser uma auxiliadora. Exemplo: lar, igreja e trabalho.
3. Seja uma boa ouvinte. A escuta ativa abençoa os corações aflitos e dá direcionamento para oferecer encorajamento e apoio prático.
4. Escolha usar palavras para incentivar e construir. Um bom exercício é elogiar alguém ao reconhecer seu esforço e/ou ajuda.
5. Contribua com o seu lar. Pergunte-se: "O que posso fazer hoje para trazer mais paz e harmonia ao meu lar?". Talvez seja organizar a casa, preparar uma refeição especial ou simplesmente se fazer presente.

DIA 20

O poder da influência feminina

Mateus 5.14

— Vocês são a luz do mundo. Não se pode esconder uma cidade construída sobre um monte.

Deus deu à mulher a capacidade de impactar vidas de maneira única; a influência feminina é um presente divino. Seja no lar, na igreja, no trabalho ou na sociedade, com as suas palavras e atitudes, uma mulher pode transformar ambientes e inspirar mudanças duradouras.

Desde os tempos bíblicos, vemos exemplos de mulheres que usaram a sua influência para cumprir o propósito de Deus. Ester, com coragem, salvou seu povo; Débora liderou com sabedoria e fé; Maria disse "Sim" ao chamado de trazer ao mundo o Salvador. Com diferentes personalidades e desafios a enfrentar, elas e milhares de outras foram usadas por Deus para impactar gerações.

Como mulheres autênticas, devemos reconhecer que a nossa influência não depende de posição social, riqueza ou beleza, mas da essência de Deus em nós. É ele quem nos capacita a ser luz em qualquer lugar, pois o nosso chamado maior é refletir o caráter de Cristo. Quando dizemos "Sim" a esse chamado e nos dedicamos a viver como Jesus, passamos a exalar o seu amor e graça.

Na adolescência, quando eu estava a caminho de um congresso da minha igreja com um grupo de adolescentes, o ônibus em que estávamos foi arremessado da ponte e ficou a poucos metros do rio embaixo dela. Por mais terrível que tenha sido esse momento, naquele dia comecei a viver o propósito de Deus na minha vida.

No momento, não senti dor alguma. Eu orava e sentia o agir do Espírito Santo na minha vida. Algo estava sendo transformado em mim. Com ousadia inspirada por Deus, eu intercedia por aqueles que estavam comigo e pedia à equipe de resgate que cuidasse deles.

No hospital, havia sangue por todo lado, muito tumulto e corredores lotados de macas. Eu passava de um lado para o outro, ajudando a quem podia, identificava os feridos, consolava os que estavam conscientes e fazia o que estava ao meu alcance naquele momento para contribuir. Aquela Michelle não era mais a Michelle tímida, mas uma que estava em função do Reino, segundo a sua identidade de filha de Deus.

Alguns dos que estavam conosco naquele ônibus — o motorista, a nossa pastora e mais quatro pessoas, Fabíola, Renato, Renata e Vanessa — faleceram. Muitos ficaram gravemente feridos. Eu, por exemplo, enfrentei algumas complicações, as quais Deus, em sua infinita graça e poder, curou. No entanto, aquele foi o dia em que a antiga Michelle ficou para trás, e eu abracei o meu chamado.

Em um momento de dor, aflição e angústia, pedi ao Espírito Santo que me direcionasse e ajudasse a superar a minha timidez e as minhas limitações. Eu não podia oferecer ajuda médica, mas podia oferecer a minha compaixão, e foi assim que exerci influência naquele cenário de desespero e tristeza.

“Quando uma mulher permite que Deus a direcione, sua influência transforma corações e impacta gerações.”

É isso que a nossa influência deve fazer. Ela deve ser sentida na maneira como você encoraja a sua família, lidera com integridade no trabalho ou demonstra bondade para com os outros. A influência feminina é uma ferramenta poderosa nas mãos de Deus!

Hoje, escolha viver de maneira intencional, permita que Deus use a sua vida para trazer luz e esperança aos que estão ao seu redor. Confie que, ao se entregar a ele, a sua influência se tornará um testemunho vivo do poder e amor do Pai.

Oração

Senhor, obrigada por me dar o privilégio de influenciar aqueles que estão ao meu redor. Ajuda-me a ser luz na escuridão e a refletir o teu amor. Dá-me sabedoria, humildade e coragem para impactar positivamente a minha família, os meus amigos e a minha comunidade. Usa a minha vida para glorificar o teu nome. Em nome de Jesus, amém.

Aplicação prática

1. Reflita sobre os ambientes.
   Os lugares que você frequenta e onde vive, como lar, trabalho, amizades ou igreja são importantes. Reconheça a sua área de influência e pense: “Como posso ser luz nesses lugares?”.

2. Use as suas palavras.
   Fale para encorajar, elogiar ou aconselhar alguém. A verdadeira influência edifica. A mulher autêntica sabe que palavras sábias podem mudar o dia (ou até a vida) de uma pessoa.

3. Seja um exemplo de fé e amor.
   Sempre procure oportunidades para demonstrar bondade e paciência, ainda que em momentos desafiadores. Deixe que a sua atitude inspire outras pessoas a buscarem Deus.

4. Escolha três pessoas.
   Observe ao seu redor, perceba quem é do seu convívio e ore por essas pessoas. Peça a Deus que use a sua vida para impactá-las positivamente.

5. Compartilhe uma experiência.
   Deus já trabalhou em vários pontos da sua vida. Seu testemunho pode ser o incentivo que alguém precisa para buscar a Deus hoje.

DIA 21

Não negligencie seu propósito

1Coríntios 16.14

Façam tudo com amor.

Houve um período da minha vida no qual eu me senti perdida e desmotivada em relação aos meus papéis no lar e na igreja. Parecia que eu estava apenas cumprindo tarefas e responsabilidades, mas não tinha alegria ou senso de propósito. Era preciso, portanto, redescobrir quem eu era e o meu papel.

Todas nós fomos criadas para um propósito divino e colocadas em posições estratégicas por Deus. Cada mulher veio a este mundo com um propósito único e precioso para a família, a sociedade e a comunidade cristã nas quais estamos inseridas. Deus sabe de todas as coisas; ele sabia que você e eu estaríamos aqui justamente onde estamos.

Muitas vezes, na correria do dia a dia ou diante das pressões do mundo, é fácil perder de vista tal entendimento. No entanto, as coisas não são como são por acaso, Deus não erra!

Vou dar exemplos práticos de como a minha visão mudou. O papel de uma mulher na família, por exemplo, é mais do que ser esposa, mãe ou filha. Você foi criada para ser um canal do amor e da graça de Deus, para promover um ambiente de paz, apoio e fé. No lar, a sua autenticidade brilha quando você cuida das pequenas e grandes coisas com propósito e pela certeza de que está servindo ao Senhor. Já na sociedade, você é uma luz que reflete valores que apontam para Cristo. Por fim, na igreja, o seu serviço e a sua dedicação são usados por Deus para edificar o corpo de Cristo.

Viu só como é importante não perder de vista o verdadeiro sentido das coisas? Ao cumprir seu papel com autenticidade e dedicação, você servirá ao Senhor e refletirá a glória dele. E pode ter certeza de que não há nada mais grandioso do que isso.

Cumpra o propósito de Deus para a sua vida sem se comparar com os outros nem buscar aprovação humana. Lembre-se: você é única, e Deus a chamou para fazer a diferença no lugar onde ele a colocou! Quando você age com intencionalidade e tem o coração voltado para ele, seu papel se torna mais do que apenas exercer tarefas, pois você faz delas atos de adoração.

Decidi mudar a minha perspectiva. Passei a executar as minhas tarefas e atuar nos meus papéis não por obrigação ou necessidade, mas motivada pelo amor e pela certeza de que Deus me colocou no lugar onde ele deseja que eu esteja. A partir dessa mudança de visão, comecei a descobrir, nas pequenas tarefas diárias e nas grandes responsabilidades, que, ao cumprir o meu papel com intenção e autenticidade, o Pai é glorificado.

Deus é quem nos capacita e direciona. Então, se você tiver dificuldade de entender o propósito por trás das suas funções, volte-se para ele e peça ajuda e discernimento. Lembre-se: nada do que você faz para o Senhor é em vão!

"Quando você vive o seu propósito com autenticidade, Deus opera na sua vida e por seu intermédio!"

Oração

Meu Deus, obrigada por confiar a mim papéis tão importantes na família, no lar, na sociedade e na igreja. Ajuda-me a não negligenciar o chamado que tu colocaste na minha vida. Dá-me sabedoria, força e humildade para cumprir o meu propósito com autenticidade e dedicação. Que a minha vida seja um reflexo do teu amor e graça em tudo o que eu fizer. Em nome de Jesus, amém.

Aplicação prática

1. Ore por sabedoria e direção.
   Peça a Deus que revele áreas específicas em que você pode cumprir melhor o papel que ele confiou a você.

2. Avalie as suas prioridades.
   Reflita a respeito de como você tem gastado o seu tempo, seja com a família, seja no trabalho, na igreja e até mesmo na sua vida com Deus. Pergunte-se: "A minha vida está alinhada com o propósito de Deus?".

3. Sirva com amor e intenção.
   Faça tudo, não importa onde e o que for, como se fosse para o Senhor (cf. Colossenses 3.23).

4. Invista na sua saúde espiritual.

Você não pode cumprir o seu papel com autenticidade se estiver enfraquecida espiritualmente. Portanto, não negligencie a oração e a leitura da Palavra.

Conclusão

Como mulheres, vivemos sob a constante pressão do mundo para que sigamos os seus padrões e tendências. Essa pressão gera comparação e muitas vezes prejudica nossa percepção de nós mesmas. Nós não fomos criadas para sermos iguais, mas para glorificar a Deus na nossa singularidade. Somos chamadas a abraçar nossa essência e nos mover em direção ao propósito de Deus para nós com autenticidade.

Ao longo da minha jornada de fé, passei por altos e baixos e posso afirmar que cada situação vivida contribuiu para que eu me tornasse quem sou. Enfrentei dores e obtive curas internas e externas, passei sofrimentos inimagináveis e recebi milagres inexplicáveis. Louvo a Deus por todas essas experiências e, sobretudo, por ele ter me conduzido a uma vida autêntica.

Por isso, ao longo deste livro, foram apresentadas ferramentas para ajudar você a resgatar a sua autenticidade como filha. Muitas vezes, levamos em consideração o que os outros dizem a nosso respeito e o que pensamos sobre nós mesmas, porém o que de fato importa é o que o Pai diz: ele nos chama de filhas, afirma que fomos criadas à sua imagem e semelhança, de modo assombroso e admirável (cf. Gênesis 1.27, Salmos 139.14).

Como Pai amoroso, ele nos chama a aprofundar o nosso relacionamento com ele para que possamos compreender quem somos e o que ele deseja. É na busca por um relacionamento mais íntimo com Deus que entendemos a nossa essência e somos capacitadas

a viver com autenticidade. Quando ele é nossa prioridade, todas as outras áreas da nossa vida se alinham.

Visto que a autodescoberta é um exercício constante, eu convido você a fazer estas reflexões de tempo em tempo:

- Eu tenho sido moldada por alguma tendência ou padrão mundano, ou, ainda, pelas circunstâncias que estou vivendo?
- Tenho sido fiel em refletir o caráter de Deus nas minhas ações e na maneira como me relaciono com as pessoas?
- As minhas prioridades têm sido ditadas pelo que os outros esperam de mim ou direcionadas pelo que Deus me chamou para fazer?
- O que Deus está me ensinando nesta estação?
- Como posso edificar as pessoas ao meu redor por meio do que Deus tem feito na minha vida?

Ao refletir sobre esses aspectos, veja o que precisa ser ajustado e corrigido. Muitas vezes, os papéis que desempenhamos, as demandas do cotidiano ou as circunstâncias adversas nos levam a negligenciar o relacionamento com Deus. O resultado é o adoecimento espiritual, que nos distancia de quem o Pai nos criou para ser. É importante que você continue a se dedicar a cada dia a aprofundar seu relacionamento com o Senhor.

Conectada a Deus, você compreenderá adequadamente quem é, o seu propósito neste mundo, a quais áreas precisa se dedicar mais e quais renúncias precisa fazer para viver conforme Deus a criou para ser. Para isso, é necessário que você esteja atenta ao Espírito Santo, nosso Conselheiro, para que tenha mais discernimento e sabedoria em cada uma de suas decisões.

O Pai criou você para viver segundo os seus perfeitos desígnios, e ele a capacitará a fazê-lo. Ainda que hoje você esteja passando por um momento difícil, quando tudo parece estar fora de lugar, volte os seus olhos para Deus e veja como ele pode usar essa situação para moldá-la conforme a vontade e os propósitos que ele tem para a sua vida.

O desejo do meu coração é que você tenha chegado ao fim desses 21 dias com a certeza de que a sua autenticidade não é fruto do que os outros dizem sobre você ou dos modelos impostos pelo mundo, mas da sua filiação. Você é filha de Deus, criada com intencionalidade por um Pai amoroso que deseja vê-la florescer no cumprimento daquilo para que foi criada. Abrace quem você é!

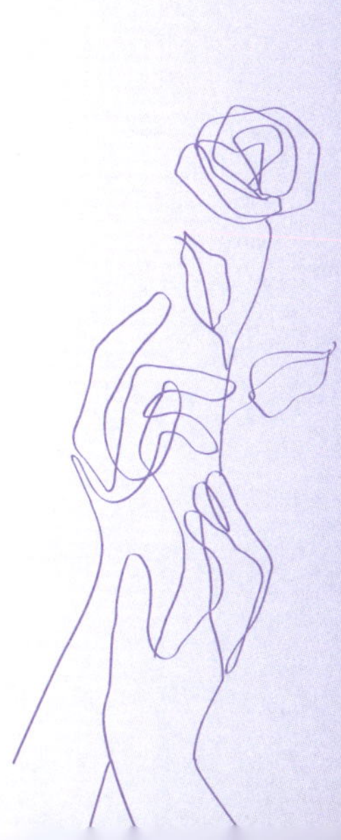

Leonard Mlodinow

Subliminar

Como o inconsciente influencia nossas vidas

Tradução:
Claudio Carina

2ª edição
2ª reimpressão

ZAHAR

Para Christof Koch, K-lab, e a todos os que têm dedicado suas carreiras à compreensão da mente humana

Tradução autorizada da primeira edição americana, publicada em 2012 por Pantheon Books, uma divisão de Random House, Inc., de Nova York, Estados Unidos

Grafia atualizada segundo o Acordo Ortográfico da Língua Portuguesa de 1990, que entrou em vigor no Brasil em 2009.

Título original
Subliminal: How Your Unconscious Mind Rules Your Behaviour

Capa
Sérgio Campante

Imagem de capa
leminuit/ iStock.com

Preparação
Angela Ramalho Vianna

Indexação
Gabriella Russano

Revisão
Vania Santiago

CIP-Brasil. Catalogação na publicação
Sindicato Nacional dos Editores de Livros, RJ

M681s
2.ed

Mlodinow, Leonard 1954-
Subliminar: como o inconsciente influencia nossas vidas / Leonard Mlodinow; tradução Claudio Carina. – 2ª ed – Rio de Janeiro: Zahar, 2018.
il.

Tradução de: Subliminal: How Your Unconscious Mind Rules Your Behaviour.
Inclui bibliografia e índice
ISBN 978-85-378-1811-4

1. Inconsciente (Psicologia). 2. Influência (Psicologia). I. Carina, Cláudio. II. Título.

18-51946
CDD: 154.2
CDU: 159.922

Vanessa Mafra Xavier Salgado – Bibliotecária – CRB-7/6644

[2021]

EDITORA SCHWARCZ S.A.
Praça Floriano, 19, sala 3001 — Cinelândia
20031-050 — Rio de Janeiro — RJ
Telefone: (21) 3993-7510
www.companhiadasletras.com.br
www.blogdacompanhia.com.br
facebook.com/editorazahar
instagram.com/editorazahar
twitter.com/editorazahar

Sumário

Prefácio

> Os aspectos subliminares de tudo o que acontece conosco podem parecer pouco importantes na vida cotidiana, ... [mas] são as raízes quase invisíveis de nossos pensamentos conscientes.
>
> CARL JUNG

EM JUNHO DE 1879, o filósofo e cientista americano Charles Sanders Peirce viajava num navio a vapor de Boston a Nova York quando seu relógio de ouro foi roubado da cabine.[1] Peirce notificou o furto e insistiu para que todos os integrantes da tripulação se apresentassem no convés. Falou com eles, mas sem resultado. Em seguida, depois de uma pequena caminhada, fez algo estranho. Resolveu adivinhar quem era o culpado, mesmo sem ter nada em que se basear, como um jogador de pôquer apostando tudo num par de dois. Assim que formulou seu palpite, Peirce percebeu que acreditava ter acertado quem era o culpado. "Dei uma pequena caminhada em círculos que não demorou nem um minuto", escreveria depois, "e, assim que me virei para olhar para eles, qualquer sombra de dúvida já havia se desvanecido."[2]

Peirce abordou o suspeito com firmeza, mas o homem encarou o blefe e negou a acusação. Sem provas ou uma razão lógica em apoio à sua afirmação, nada havia a fazer – até o navio atracar. Quando aportou, Peirce imediatamente pegou um táxi, foi até o escritório da agência local da Pinkerton e contratou um detetive para investigar o caso. O detetive encontrou o relógio numa casa de penhores, no dia seguinte. Peirce pediu que o proprietário da loja descrevesse o homem que tinha empenhado o relógio. Segundo Peirce, o homem do prego descreveu o suspeito "tão exatamente que não era possível haver dúvida de que se tratava do homem de quem eu desconfiara". Peirce conjecturou sobre a razão de ter adivinhado a identidade do gatuno e chegou à conclusão de que alguma espécie de percepção instintiva o guiara, algo que operava num nível abaixo de seu consciente.

Se essa história terminasse em mera especulação, um cientista consideraria a explicação de Peirce tão convincente quanto dizer "Um passarinho me contou". Porém, cinco anos depois, Peirce encontrou uma forma de traduzir suas ideias sobre a percepção inconsciente num experimento de laboratório, adaptando um procedimento realizado pela primeira vez pelo fisiologista E.H. Weber em 1834. Weber posicionou pequenos pesos de massas diferentes, um de cada vez, num ponto da pele de um voluntário para determinar a diferença de peso mínima detectada pelo sujeito.[3] No experimento realizado por Peirce e seu melhor aluno, Joseph Jastrow, as pessoas que se submeteram ao estudo recebiam pesos cuja diferença estava logo abaixo do limite mínimo detectável (na verdade, os participantes foram os próprios Peirce e Jastrow, um experimentando o outro). Em seguida, embora não conseguissem discriminar os pesos, pediam que o outro identificasse de qualquer forma o volume mais pesado e indicasse, numa escala de 0 a 3, o grau de confiança que tinham em cada palpite.

Naturalmente, em quase todas as tentativas, os homens escolheram zero. Apesar da falta de confiança, na verdade eles selecionaram o objeto correto em mais de 60% das tentativas, bem mais do que se poderia esperar numa tentativa ao acaso. Quando repetiram o experimento em outros contextos, como na avaliação de superfícies que diferiam levemente no brilho, Peirce e Jastrow obtiveram resultado similar – conseguiam adivinhar a resposta mesmo sem ter acesso consciente à informação que lhes permitiria chegar àquela conclusão. Essa foi a primeira demonstração científica de que a parte inconsciente da mente dispõe de conhecimentos que escapam da parte consciente.

Depois Peirce compararia a capacidade de captar pistas inconscientes com um considerável grau de precisão com "os poderes canoros e aeronáuticos de um pássaro; ... elas são, para nós, como para eles, o mais sutil dos nossos poderes meramente instintivos". Em outras palavras, o trabalho feito pelo inconsciente é uma parcela crucial do nosso mecanismo evolutivo de sobrevivência.[4] Há mais de um século, psicólogos clínicos e pesquisadores já conhecem o fato de que dispomos de uma vida inconsciente rica e ativa, que funciona em paralelo a nossos pensamentos e sentimentos conscientes, e exerce poderoso efeito sobre eles, de uma forma que apenas agora começamos a medir com algum grau de precisão.

Carl Jung escreveu: "Há certos eventos que não percebemos de modo consciente; eles permanecem, por assim dizer, abaixo do limite da consciência. Eles aconteceram, mas foram absorvidos de maneira subliminar."[5] A palavra "subliminar" vem do latim e significa "abaixo do limite". Os psicólogos a empregam para se referir ao que está abaixo do limite da consciência. Este livro é sobre efeitos subliminares nesse sentido mais amplo – os processos da parte inconsciente da mente e como eles nos influenciam. Para entender verdadeiramente a experiência humana, precisamos compreender tanto nosso consciente quanto nosso inconsciente e como os dois interagem. Nosso cérebro subliminar é invisível para nós, porém influencia nossa experiência consciente do mundo de um modo fundamental – a maneira como nos vemos e aos outros, o significado que atribuímos aos eventos da nossa vida cotidiana, nossa capacidade de fazer julgamentos rápidos e tomar decisões que às vezes significam a diferença entre a vida e a morte, as ações que adotamos como resultado de todas essas experiências instintivas.

Embora os aspectos inconscientes do comportamento humano tenham sido investigados por Jung, Freud e muitos outros no século XX, os métodos que empregaram – introspecção, observação do comportamento aparente, estudo de pessoas com deficiências cerebrais, implante de eletrodos no cérebro de animais – propiciaram apenas um conhecimento difuso e indireto. Enquanto isso, as verdadeiras origens do comportamento humano continuaram obscuras. Hoje as coisas são diferentes. Novas e sofisticadas tecnologias revolucionaram nosso entendimento da parte do cérebro que funciona num nível abaixo da consciência – o que estou chamando aqui de mundo subliminar. Essas tecnologias tornaram possível, pela primeira vez na história da humanidade, uma verdadeira ciência do inconsciente. Essa nova ciência é o tema deste livro.

Antes do século XX, a física descrevia com muito sucesso o mundo material tal como o percebemos pela experiência humana cotidiana. As pessoas notaram que o que subia costumava cair, e afinal conseguiram medir com que velocidade ocorriam essa ida e volta. Em 1687, Isaac Newton expôs seu trabalho a respeito da compreensão da realidade do dia a dia sob a forma matemática no livro *Philosophiae Naturalis Principia Mathematica*, que em latim quer dizer "Princípios matemáticos da filosofia natural". As leis formuladas por Newton eram tão poderosas que foram usadas para calcular com precisão as órbitas da Lua e de planetas distantes. Mas, por volta de 1900, esse ponto de vista límpido e confortável foi abalado. Os cientistas descobriram que, subjacente à imagem cotidiana de Newton, existe uma realidade diferente, uma verdade mais profunda, que agora chamamos de teoria quântica e da relatividade.

Os cientistas formulam teorias acerca do mundo físico; nós todos, como seres sociais, formulamos "teorias" pessoais a respeito do nosso mundo social. Essas teorias fazem parte da aventura de participar da sociedade humana. Levam-nos a interpretar o comportamento dos outros, a antever suas ações, tentar prever como conseguir o que desejamos deles e decidir, em última análise, como nos sentimos em relação a eles. Será que podemos confiar neles quanto a dinheiro, saúde, carreira, filhos – e ao nosso coração? Assim como no mundo físico, também no universo social há uma realidade muito diversa, subjacente àquela que ingenuamente percebemos. A revolução na física ocorreu quando, na virada do século XIX para o XX, novas tecnologias expuseram o comportamento exótico dos átomos e das novas partículas subatômicas então descobertas, como fóton e elétron; de modo análogo, as novas tecnologias da neurociência hoje possibilitam que os cientistas exponham uma realidade mental mais profunda, que esteve escondida durante toda a história prévia da humanidade.

A ciência da mente foi reformulada por uma nova tecnologia específica, surgida nos anos 1990. Chama-se ressonância magnética funcional, ou fMRI (da sigla em inglês para funccional Magnetic Resonance Image). A fMRI está relacionada à ressonância magnética normal (MRI, Magnetic Resonance Image) usada pelo seu médico, só que ela mapeia a atividade de diferentes estruturas do cérebro, ao detectar o fluxo de sangue que aumenta e diminuiu muito levemente com a variação da atividade. Nos dias atuais, a fMRI proporciona imagens em três dimensões do funcionamento do cérebro, no interior e no exterior, mapeando, com uma resolução de cerca de 1mm, o nível de atividade geral. Para se ter uma ideia do que uma fMRI pode fazer, considere o seguinte: os cientistas podem agora usar os dados colhidos de seu cérebro para reconstruir uma imagem do que você estava vendo.[6]

Dê uma olhada nas imagens da Figura 1. Em cada um dos casos, a imagem da esquerda é a real, que o sujeito estava observando, e a da direita é a reconstrução feita por computador. A reconstrução foi criada a partir de leituras eletromagnéticas de fMRI da atividade cerebral, sem qualquer referência à verdadeira imagem observada. Isso foi realizado combinando dados de áreas do cérebro que respondem a regiões específicas do campo visual de uma pessoa aos dados de outras partes do cérebro que respondem a diferentes temas. Depois um computador fez uma seleção entre um banco de dados de 6 milhões de imagens e escolheu a que melhor correspondia a essas leituras.

O resultado de aplicações como essa é uma transformação tão radical quanto a da revolução quântica: uma nova compreensão de como o cérebro funciona e do que somos como seres humanos. Essa revolução tem um nome – pelo menos o novo campo gerado por ela. É chamada neurociência. O primeiro congresso oficial dedicado a esse campo teve lugar em abril de 2001.[7]

Carl Jung acreditava que, para aprender sobre a experiência humana, era importante estudar os sonhos e as mitologias. A história é o relato de eventos que se desenrolam na civilização, mas sonhos e mitos são expressões do coração humano. Os temas e arquétipos de nossos sonhos e mitos, observou Jung, transcendem o tempo e a cultura. Surgem a partir de instintos inconscientes que governaram nosso comportamento muito antes de serem recobertos e obscurecidos, e portanto nos ensinam o significado de ser humano no nível mais profundo. Hoje, quando montamos as peças de como o cérebro funciona, somos capazes de estudar diretamente os instintos humanos e observar suas origens fisiológicas no cérebro. Ao descobrir o funcionamento do

Imagem real | Interpretação do computador

FIGURA 1

inconsciente, podemos entender melhor como nos relacionamos com outras espécies e o que nos torna especificamente homens.

Os capítulos a seguir são uma pesquisa sobre nossa herança evolutiva, sobre forças exóticas e surpreendentes que atuam abaixo da superfície de nossa mente, e o impacto desses instintos inconscientes no que em geral se considera um comportamento racional e voluntário – impacto muito mais forte do que acreditávamos. Se você quer entender o mundo social, se quer mesmo entender a si e os outros, e além disso deseja ser capaz de superar muitos obstáculos que o impedem de viver uma vida plena e mais rica, você precisa entender a influência do mundo subliminar que se esconde em cada um de nós.

PARTE I

O cérebro duplo

1. O novo inconsciente

> O coração tem razões que a própria razão desconhece.
>
> BLAISE PASCAL

AOS 85 ANOS, minha mãe herdou do meu filho uma tartaruga russa chamada Miss Dinnerman. Ela vivia no quintal, num grande cercado abrangendo um gramado e arbustos, limitado por uma cerca de arame. Os joelhos de minha mãe estavam começando a falhar, por isso ela teve de desistir de suas tradicionais caminhadas de duas horas pela vizinhança. Estava procurando um novo amigo, que pudesse abordar com facilidade, e a tartaruga ganhou a vaga. Ela decorou o cercado com pedras e pedaços de madeira e visitava a tartaruga todos os dias, da mesma forma que costumava visitar caixas de banco e guichês do magazine Big Lots. Às vezes chegava a levar flores, por achar que enfeitavam o cercado, mas a tartaruga as tratava como se fossem uma entrega da Pizza Hut local.

Minha mãe não se importava quando a tartaruga comia os buquês. Achava uma gracinha. "Olha como ela gosta", dizia. Mas, apesar do ambiente aconchegante, do espaço amplo, da alimentação e das flores recém-colhidas, parecia que o principal objetivo de Miss Dinnerman na vida era fugir. Sempre que não estava comendo ou dormindo, Miss Dinnerman percorria o perímetro em busca de um buraco na cerca de arame. Tentava inclusive escalar o alambrado, desajeitada como um patinador tentando subir uma escada em espiral.

Minha mãe via esse comportamento em termos humanos. Para ela, era um esforço heroico, como o prisioneiro de guerra Steve

McQueen planejando sua evasão no filme *Fugindo do inferno*. "Todas as criaturas desejam a liberdade", minha mãe dizia. "Mesmo passando bem aqui, ela não gosta de ficar confinada." Minha mãe acreditava que Miss Dinnerman a compreendia. "Você está interpretando demais o comportamento dela", eu observava. "Tartarugas são criaturas primitivas." Eu chegava a tentar demonstrar meu ponto de vista agitando as mãos e gritando como um louco para mostrar que a tartaruga simplesmente me ignorava. "E daí?", minha mãe perguntava. "Seus filhos também o ignoram, mas você não diz que eles são criaturas primitivas."

Pode ser difícil distinguir um comportamento voluntário e consciente de outro habitual ou automático. Na verdade, como seres humanos, nossa tendência em acreditar nos comportamentos conscientes e motivados é tão forte que vemos consciência não só no nosso comportamento como também no reino animal. Fazemos isso com nossos bichos de estimação, claro. O fenômeno chama-se antropomorfismo. A tartaruga é corajosa como um prisioneiro de guerra dos nazistas, o gato fez xixi na mala porque ficou bravo por termos saído de casa, o cachorro deve ter tido boas razões para morder o carteiro.

Organismos mais simples também parecem se comportar segundo a reflexão e a intencionalidade humanas. A mosca-das-frutas, por exemplo, passa por um elaborado ritual de acasalamento, iniciado pelo macho ao tocar na fêmea com a pata dianteira e vibrar as asas a fim de atraí-la para o namoro.[1] Se aceitar o avanço, a fêmea não faz nada, e o macho continua a partir daquele ponto. Se não se mostrar sexualmente receptiva, bate nele com as patas ou as asas e foge. Embora eu já tenha provocado reações semelhantes em fêmeas *humanas*, esse ritual voador de acasalamento da mosca-das-frutas é totalmente pré-programado. As moscas não se preocupam com questões como o rumo que o relacionamento está tomando, apenas exercem uma rotina já embutida nelas. Na verdade, suas ações estão tão diretamente relacionadas à sua constituição biológica que os cientistas descobriram uma substância química que, quando aplicada num macho da espécie, em poucas horas converte uma mosca-das-frutas heterossexual em um exemplar gay.[2]

Mesmo o verme tubícula *C. elegans* – criatura formada por cerca de mil células – parece agir com intenção consciente. Por exemplo, ele pode deslizar ao largo de uma porção de bactéria perfeitamente digestível em direção a outro pedaço, em outro lugar da placa de Petri. Alguém talvez se sinta tentado a concluir que o tubícula está exercendo seu livre-arbítrio, como fazemos quando rejeitamos um legume não apetitoso ou uma sobremesa muito calórica. Mas o tubícula não fala consigo mesmo "Preciso cuidar da minha cintura", ele apenas se dirige ao nutriente da forma com que foi pré-programado.[3]

Animais como a mosca-das-frutas e a tartaruga estão no nível mais baixo na escala de potência cerebral, mas o papel do processamento automático não se limita a essas criaturas primitivas. Os seres humanos também desempenham inúmeros comportamentos automáticos, inconscientes, mas tendem a não perceber isso porque a interação entre nossa mente inconsciente e a consciente é muito complexa. Essa complexidade tem raiz na fisiologia do nosso cérebro. Como mamíferos, possuímos outras camadas de córtex erigidas sobre a base do cérebro reptiliano mais primitivo; e, como homens, temos ainda mais matéria cerebral por cima. Possuímos uma mente inconsciente e, superposta a ela, um cérebro consciente. Quantos de nossos sentimentos, juízos e comportamentos se devem a cada uma dessas estruturas, isso é muito difícil de saber, pois estamos sempre alternando entre as duas.

Numa manhã qualquer, por exemplo, queremos parar no posto do correio a caminho do trabalho, mas, na encruzilhada, viramos à direita, em direção ao escritório, porque estamos atuando no piloto automático – ou seja, agindo de modo inconsciente. Depois, ao tentar explicar ao guarda de trânsito por que viramos numa esquina proibida, nossa mente consciente calcula a melhor desculpa, enquanto o piloto automático inconsciente cuida do uso adequado dos gerúndios, subjuntivos e artigos indefinidos para que nosso discurso seja expresso em boa forma gramatical. Se nos pedir para sair do carro, instintivamente nos posicionamos a cerca de 1m do guarda; porém, se estivermos conversando com amigos, automaticamente ajustamos a separação para 0,5m. (A maioria de nós segue essas regras não explícitas de distância interpessoal sem jamais pensar a respeito, e nos sentimos desconfortáveis quando elas são violadas.)

Quando prestamos atenção, é fácil aceitar muitos de nossos comportamentos mais simples (como o de virar à direita) como algo automático. A grande questão é até que ponto comportamentos mais complexos e substantivos, com grande potencial de impacto sobre nossa vida, são também automáticos – mesmo quando temos certeza de que são racionais e muito bem avaliados. De que forma nosso inconsciente afeta nossa atitude em questões como: "Qual casa devo comprar? Que ações devo vender? Será que devo contratar essa pessoa para cuidar do meu filho? Será que esses olhos azuis brilhantes que não consigo deixar de olhar são base suficiente para uma relação de amor duradoura?"

Se já é difícil reconhecer comportamentos automáticos nos animais, imagine reconhecer atitudes habituais em nós mesmos. Quando estava na faculdade, muito antes do episódio de minha mãe com a tartaruga, eu costumava telefonar para ela por volta das oito da noite, todas as quintas-feiras. De repente, numa dessas quintas-feiras eu não liguei. A maioria dos pais teria concluído que eu me esqueci, ou talvez que finalmente tivesse "arranjado um programa melhor", ou estivesse fora naquela noite. Mas minha mãe interpretou de outra forma. A partir das nove, ela começou a ligar perguntando por mim. Parece que minha colega de apartamento não se incomodou com as primeiras quatro ou cinco ligações, mas depois, como descobri na manhã seguinte, sua reserva de boa vontade secou. Principalmente quando minha mãe começou a acusá-la de esconder o fato de eu estar gravemente ferido e não ter ligado para ela por estar sedado no hospital da cidade. À meia-noite, a imaginação de minha mãe já havia ampliado bastante o cenário – agora ela acusava minha colega de esconder meu falecimento. "Por que mentir a respeito?", perguntava minha mãe. "Eu vou descobrir de qualquer jeito."

A maioria dos filhos se sentiria constrangida pelo fato de a mãe, que toda a vida o conheceu tão bem, achar mais plausível acreditar que ele morreu do que pensar que saiu com alguém. Mas eu já tinha visto minha mãe exibir esse tipo de comportamento. Para alguém de fora, ela parecia um indivíduo normal, com exceção de algumas peculiaridades, como acreditar em espíritos do mal e gostar de acordeão. São coisas que fazem sentido, como reminiscências da cultura em que cresceu na Polônia. Mas a mente da minha mãe funcionava de maneira diferente da de qualquer outra pessoa que eu conhecia. Hoje entendo por quê, mesmo que ela própria não reconheça: décadas atrás, sua psique foi reestruturada diante de situações inseridas num contexto que a maior parte de nós jamais poderia imaginar.

Tudo começou em 1939, quando ela tinha dezesseis anos. A mãe dela morrera de câncer abdominal depois de sofrer um ano inteiro com dores dilacerantes. Um dia, pouco depois, minha mãe voltou da escola e ficou sabendo que o pai tinha sido levado pelos nazistas. Minha mãe e a irmã, Sabina, logo também foram levadas a um campo de trabalhos forçados, ao qual a irmã não sobreviveu. Praticamente da noite para o dia a vida de minha mãe foi transformada: a adolescente amada e bem-tratada por uma família de classe média se tornou uma desprezada órfã trabalhando e passando fome num campo de escravos. Quando foi libertada, minha mãe emigrou, se casou e se estabeleceu num bairro tranquilo de Chicago, levando uma existência estável e segura, numa família de classe média baixa. Ela não tinha mais motivos racionais para ter medo de uma perda súbita de tudo o que amava, mas esse temor interferiu em sua interpretação dos eventos cotidianos pelo resto da vida.

Minha mãe interpretava o significado das ações a partir de um dicionário diferente daquele utilizado pela maioria de nós e com regras de gramática específicas. As interpretações se tornaram para ela automáticas, não conscientes. Assim como todos entendemos a linguagem falada sem qualquer aplicação consciente das regras de linguística, minha mãe entendia as mensagens do mundo sem qualquer consciência de que suas experiências anteriores tinham moldado suas expectativas para sempre. Ela nunca reconheceu que sua percepção fora distorcida pelo temor sempre presente de que a qualquer momento a justiça, a normalidade e a lógica deixariam de ter força ou significado. Sempre que eu mencionava esse fato, ela descartava a ideia de consultar um psicólogo e negava que seu passado tivesse qualquer efeito negativo em sua visão do presente. "Ah, é?", eu retrucava. "Então por que nenhum dos pais dos meus amigos acusou seus colegas de apartamento de conspirar para ocultar que eles estavam mortos?"

Todos nós temos nossos pontos de referência implícitos – com sorte, menos radicais – que produzem comportamentos e pensamentos rotineiros. Nossas experiências e ações sempre parecem se basear em raciocínios conscientes; assim como minha mãe, podemos achar difícil aceitar que haja forças ocultas nos bastidores. Mas, embora possam ser invisíveis, ainda assim essas forças exercem uma forte influência. No passado, havia muita especulação sobre a mente inconsciente, mas o cérebro era como uma caixa-preta, com seu funcionamento inacessível à nossa compreensão. A revolução atual na maneira de pensar sobre o inconsciente surgiu porque, com instrumentos modernos, podemos observar como diferentes estruturas e subestruturas no cérebro geram sentimentos e emoções; medir a potência de saída elétrica de neurônios individuais; mapear a atividade neural que forma os pensamentos de uma pessoa. Hoje os cientistas podem fazer mais do que conversar com minha mãe e perscrutar como as experiências a afetaram. Agora eles podem identificar as alterações no cérebro resultantes de experiências traumáticas anteriores, como as dela, e entender como essas experiências provocam alterações físicas em regiões do cérebro sensíveis ao estresse.[4]

O moderno conceito de inconsciente, baseado nesses estudos e medições, costuma ser chamado de "novo inconsciente", para diferenciá-lo da ideia do inconsciente popularizado por um neurologista transformado em clínico chamado Sigmund Freud. Originalmente, Freud deu contribuições notáveis aos campos da neurologia, neuropatologia e anestesia.[5] Por exemplo, ele introduziu o uso de cloreto de ouro para tingir tecido nervoso, empregando essa técnica para estudar as interconexões neurais entre a medula oblonga, no talo cerebral, e o cerebelo.

Nesse aspecto, Freud estava bem adiante de seu tempo, pois levaria ainda muitas décadas até os cientistas entenderem a importância da conectividade cerebral e desenvolverem as ferramentas de que precisávamos para estudar o processo em algum nível de profundidade. Mas o próprio Freud não continuou sua pesquisa por muito tempo. Preferiu se interessar pela prática clínica. No tratamento de seus pacientes, chegou à conclusão correta de que boa parte do comportamento deles era regida por processos mentais que não percebiam. Na falta de instrumentos técnicos com que explorar essa ideia de modo científico, ele simplesmente conversava com os pacientes, tentava extrair o que acontecia nas profundezas de sua mente, observava-os e fazia as inferências que considerava válidas. Porém, como veremos, esses métodos não são confiáveis, e há muitos processos inconscientes que não podem *jamais* ser revelados diretamente por esse tipo de autorreflexão estimulada pela terapia, pois ocorrem em áreas do cérebro não abertas à consciência. Por isso, Freud estava um pouco fora dos trilhos.

O COMPORTAMENTO HUMANO é produto de um interminável fluxo de percepções, sentimentos e pensamentos, tanto no plano consciente quanto no inconsciente. A noção de que não estamos cientes da causa de boa parte do nosso comportamento pode ser difícil de aceitar. Embora Freud e seus seguidores acreditassem nisso, entre os psicólogos pesquisadores – os cientistas do ramo –, até há pouco, a ideia de que o inconsciente é importante para nosso comportamento era descartada como psicologia popular.

Como escreveu um pesquisador: "Muitos psicólogos relutavam em usar a palavra 'inconsciente' por medo de que seus colegas pensassem que eles estavam de miolo mole."[6] John Bargh, psicólogo de Yale, relata que quando começou a estudar na Universidade de Michigan, no final dos anos 1970, pressupunha-se quase universalmente que não apenas nossos julgamentos e percepções sociais eram conscientes e deliberados, mas também nosso comportamento.[7] Qualquer coisa que ameaçasse essa suposição era vista com escárnio, como quando Bargh contou a um parente próximo, profissional bem-sucedido, sobre alguns dos primeiros estudos mostrando que as pessoas faziam coisas por motivos que desconheciam. Usando sua própria experiência como prova de que os estudos estavam errados, o parente de Bargh insistiu em que desconhecia qualquer instância na qual fizesse alguma coisa por motivos que desconhecesse.[8] Diz Bargh:

> Todos nós prezamos muito a ideia de que somos o governante da nossa alma, que estamos no comando, e é um sentimento assustador pensar que não estamos. Na verdade, isso é a psicose: a sensação de afastamento da realidade, de não estar no controle; e é um sentimento assustador para qualquer um.

Ainda que a ciência psicológica tenha agora reconhecido a importância do inconsciente, as forças internas do novo inconsciente têm pouco a ver com as motivações inatas descritas por Freud, como o desejo dos garotos de matar o pai para se casar com a mãe, ou a inveja das mulheres do órgão sexual masculino.[9] Decerto devemos dar crédito a Freud por ter compreendido o imenso poder do inconsciente – foi uma grande descoberta –, mas precisamos também reconhecer que a ciência lançou sérias dúvidas quanto à existência de muitos dos fatores inconscientes específicos, emocionais e motivacionais, que Freud identificou como agentes formadores do inconsciente.[10] Como escreveu o psicólogo social Daniel Gilbert, "o sabor sobrenatural do *Unbewusst* [inconsciente] de Freud tornava o conceito não palatável, de modo geral".[11]

O inconsciente divisado por Freud, nas palavras de um grupo de neurocientistas, era "quente e úmido; fervilhava de ira e luxúria; era alucinatório, primitivo e irracional", enquanto o novo inconsciente é "mais delicado e gentil que isso, e está mais ligado à realidade".[12] Nessa nova visão, os processos mentais são considerados inconscientes porque há parcelas da mente inacessíveis ao consciente por causa da arquitetura do cérebro, não por estarem sujeitas a formas motivacionais, como a repressão. A inacessibilidade do novo inconsciente não é vista como um mecanismo de defesa ou como algo não saudável. É considerada normal.

Se às vezes um fenômeno que eu apresentar parecer vagamente freudiano, a compreensão moderna e as causas desse fenômeno não o serão. O novo inconsciente tem um papel muito mais importante do que nos proteger de desejos sexuais impróprios (por nossas mães ou pais) ou de memórias dolorosas. Trata-se de um legado da evolução crucial para nossa sobrevivência como espécie. O pensamento consciente é de grande valia para projetar um automóvel ou decifrar as leis matemáticas na natureza, mas só a velocidade e a eficiência do inconsciente podem nos salvar na hora de evitar picadas de cobra, carros que entram no nosso caminho ou pessoas que nos fazem mal. Como veremos, para garantir nosso perfeito funcionamento, tanto no mundo físico quanto no social, a natureza determinou que muitos processos de percepção, memória, atenção, aprendizado e julgamento fossem delegados a estruturas cerebrais separadas da percepção consciente.

VAMOS SUPOR QUE SUA FAMÍLIA tenha viajado para a Disneylândia no último verão. Observando em retrospecto, você poderia questionar a racionalidade de enfrentar multidões e um calor de 35°C para ver sua filhinha girar numa xícara de chá gigante. Mas depois talvez se lembre de que, ao planejar a viagem, você avaliou todas as possibilidades e concluiu que o grande sorriso de sua filha seria toda a compensação de que você precisava. Em geral temos confiança em que conhecemos as causas do nosso comportamento. E às vezes essa confiança é garantida. Porém, se forças exteriores à consciência desempenham um grande papel nos nossos julgamentos e comportamentos, é porque não nos conhecemos tão bem quanto pensamos. "Aceitei o emprego porque desejava um novo desafio. Gostei daquele sujeito porque ele tem um grande senso de humor. Confio na minha gastroenterologista porque ela vive e respira o que faz." Todos os dias formulamos e respondemos muitas perguntas sobre nossos sentimentos e nossas escolhas. Nossas respostas em geral parecem fazer sentido, mas ainda assim às vezes elas estão erradas.

"Como eu te amo?" Elizabeth Barrett Browning achava que poderia enumerar as maneiras, porém o mais provável é que não conseguisse relacionar as razões. Hoje começamos a fazer isso, como você vai ver quando der uma olhada na Figura 2, que mostra quem tem se casado com quem em três estados do sudoeste dos Estados Unidos.[13] Podemos pensar que as duas partes se casam por amor, e deve ser isso mesmo. Mas qual é a fonte do amor? Pode ser um sorriso, generosidade, graça, charme e sensibilidade do amado ou amada – ou o tamanho do bíceps. Há éons a fonte do amor tem sido pensada por amantes, poetas e filósofos, porém o mais seguro é dizer que nenhum chegou a ser muito eloquente sobre o seguinte fator: o nome da pessoa. Mas os dados da Figura parecem mostrar que o nome de uma pessoa pode influenciar nosso coração – se o nome combinar com o nosso.

Relacionados ao longo dos eixos horizontal e vertical estão os cinco sobrenomes mais comuns nos Estados Unidos. Os números na tabela representam quantos casamentos ocorreram entre noiva e noivo com nomes correspondentes. Note que de longe os maiores números ocorrem na diagonal – ou seja, os Smith se casam com outros Smith com uma frequência de três a cinco vezes maior que os Johnson, Williams, Jones ou Brown. Na verdade, os Smith se casam com outros Smith na mesma proporção com que se casam com outros nomes. E os Johnson, Williams,

Jones e Brown se comportam da mesma forma. O que torna o efeito mais chocante é que esses são os números absolutos – isto é, como há quase duas vezes mais Smith que Brown, se as outras variáveis continuarem inalteradas, seria de se esperar que os Brown se casassem com os onipresentes Smith com mais frequência do que se casam com os mais raros Brown – no entanto, os Brown se casam muito mais com outros Brown.

SOBRENOME DO NOIVO

NOME DE SOLTEIRA DA NOIVA	Smith	Johnson	Williams	Jones	Brown	Total
Smith	**198**	55	43	62	44	402
Johnson	55	**91**	49	49	31	275
Williams	64	54	**99**	63	43	323
Jones	48	40	57	**125**	25	295
Brown	55	24	29	29	**82**	219
Total	420	264	277	328	225	**1.514**

FIGURA 2

O que isso nos diz? As pessoas têm um desejo básico de se sentir bem consigo mesmas. Por isso, tendemos a desenvolver vieses inconscientes em favor de características semelhantes às nossas, até as que parecem insignificantes, como os sobrenomes. Como veremos, na verdade, os cientistas já identificaram que uma área discreta do cérebro, chamada estriado dorsal, é a estrutura que faz boa parte da mediação desse viés.[14]

As pesquisas indicam que, quando chegamos a compreender nossos sentimentos, nós seres humanos mostramos uma estranha mistura de pouca habilidade e alta confiança. Você pode ter certeza de que aceitou um emprego por representar um desafio, mas na verdade talvez estivesse interessado em mais prestígio. Poderia jurar que gosta daquele amigo por causa do senso de humor, mas talvez goste por causa do sorriso, que lembra o de sua mãe. Acha que confia em sua gastroenterologista por ser uma grande especialista no assunto, mas talvez ela seja mesmo uma boa ouvinte. A maioria de nós está satisfeita com suas próprias teorias sobre si mesma e as aceita com confiança, mas raras vezes vemos essas teorias testadas. Mas agora os cientistas conseguem verificar essas teorias no laboratório, e elas vêm se mostrando surpreendentemente imprecisas.

Um exemplo: imagine que você está a caminho de um cinema e uma pessoa que parece ser funcionária do estabelecimento o aborda e pergunta se você poderia responder algumas perguntas sobre o cinema e suas concessionárias em troca de um saco de pipoca e um refrigerante. O que a pessoa não diz é que há dois tamanhos de saco de pipoca, mas os dois são tão grandes que é impossível comer todo o conteúdo; e que há dois "sabores", um que os participantes definiram depois como "bom" ou de "alta qualidade", e outro definido como "rançoso", "empapado" ou "terrível". Também não diria que, na verdade, você está participando de um estudo científico para medir o quanto vai comer de pipoca e por quê.

Agora, aqui vai a questão que os cientistas estavam estudando: o que teria mais influência no quanto você come de pipoca, o sabor ou a quantidade? Para abordar essa questão, eles distribuíram quatro diferentes combinações de pipoca e de embalagem. Alguns espectadores receberam pipocas boas num saco menor, outros ganharam pipocas boas num saco maior, pipocas ruins num saco menor ou pipocas ruins num saco maior. O resultado? As pessoas parecem "decidir" o quanto comem baseadas tanto no tamanho da embalagem quanto no sabor. Outros estudos apoiam o resultado mostrando que dobrar o tamanho de uma embalagem de salgadinho aumenta de 30 a 40% o seu consumo.[15]

Usei aspas na palavra "decidir" porque ela costuma conotar uma ação consciente. É improvável que tais decisões se enquadrem nessa definição. Os sujeitos não disseram a si mesmos: "Esta pipoca está com um gosto horrível, mas é muita, então eu vou me empanturrar." Na verdade, pesquisas como essa confirmam o que os publicitários há muito já desconfiavam – que "fatores ambientais", como formato da embalagem, tamanho, porção e descrições no menu nos influenciam de modo inconsciente. O que mais surpreende é a magnitude do efeito – e da resistência das pessoas à ideia de que podem ter sido manipuladas. Mesmo reconhecendo às vezes que tais fatores podem influenciar outras pessoas, preferimos acreditar – erradamente – que eles não podem *nos* afetar.[16]

Na verdade, esses elementos ambientais têm uma influência poderosa – e inconsciente – não só no quanto escolhemos comer, mas também no sabor da comida. Por exemplo, vamos supor que você não coma só no cinema, mas também vá a restaurantes, às vezes a restaurantes que oferecem mais do que um menu com vários tipos de hambúrgueres. Esses restaurantes mais elegantes costumam escrever no menu termos como "pepino crocante", "purê de batatas aveludado" e "beterrabas grelhadas sobre leito de rúcula", como se nos outros restaurantes o pepino fosse troncho, o purê de batatas tivesse textura de algodão e as beterrabas viessem nadando em óleo. Será que um pepino crocante fica mais crocante com outro nome? Será que um cheeseburger com bacon se torna comida mexicana se for apresentado em espanhol? Será que uma descrição poética pode fazer com que um macarrão com queijo deixe de ser uma quadrinha para se transformar num haicai?

Estudos mostram que descrições floreadas não apenas levam as pessoas a pedir comidas descritas poeticamente como também as levam a classificar esses pratos como *mais gostosos* que pratos *idênticos*, mas com uma descrição genérica.[17] Se alguém lhe perguntasse sobre sua preferência quanto a um bom jantar e você respondesse que gosta de pratos descritos com adjetivos vívidos, é provável que recebesse olhares estranhos, mas a descrição de um prato representa importante fator no seu paladar. Por isso, da próxima vez que convidar amigos para jantar, não sirva uma salada com produtos do mercado da esquina, parta para o efeito subliminar e sirva uma *mélange* de verduras locais.

Vamos dar um passo além. O que você acharia mais gostoso, um purê de batatas aveludado ou um *purê de batatas aveludado*? Ninguém ainda pesquisou o efeito de diferentes fontes de letra sobre o gosto de um purê de batatas, mas já se realizou um estudo sobre os efeitos de uma letra nas atitudes em relação ao *preparo* de um prato. Nessa pesquisa, os participantes liam a receita de um prato japonês e depois tinham de avaliar a quantidade, o esforço e a habilidade que a receita exigiria, bem como a possibilidade de preparar o prato em casa. Os que tiveram de ler a receita numa letra difícil de decifrar consideraram a receita mais difícil e disseram que seria pouco provável preparar o prato em casa. Os pesquisadores repetiram o experimento, mostrando a outros sujeitos uma página descrevendo um exercício de rotina, em lugar de uma receita, e encontraram resultados similares: os sujeitos consideravam o exercício mais difícil e diziam que tinham menos probabilidade de acertar se as instruções estivessem impressas numa fonte difícil de ler. Os psicólogos chamam isso de "efeito fluência". Se a *forma* for difícil de assimilar, isso afeta nosso julgamento quanto à *substância* da informação.[18]

A ciência do novo inconsciente está cheia de relatos de fenômenos como esses, idiossincrasias nos nossos julgamentos e na percepção de eventos e pessoas, artefatos que surgem das formas (em geral benéficas) com que nosso cérebro processa a informação de modo automático. A questão é que nós não somos como os computadores, que processam dados de uma forma relativamente direta e calculam o resultado. Em vez disso, nosso cérebro compreende uma coleção de módulos que funcionam em paralelo, como interações complexas, a maioria das quais operando fora da consciência. Por isso, as verdadeiras razões por trás de nossos juízos, sentimentos e atitudes podem nos surpreender.

Se até há pouco tempo os psicólogos acadêmicos relutavam em aceitar o poder do inconsciente, o mesmo aconteceu nas ciências sociais. Os economistas, por exemplo, constroem suas teorias de livros-texto baseados na suposição de que as pessoas tomam decisões segundo seus próprios interesses, pesando os fatores relevantes de forma consciente. Se o novo inconsciente for tão poderoso quanto os psicólogos e neurocientistas contemporâneos acreditam, os economistas vão ter de reavaliar essa hipótese.

Aliás, nos últimos anos, uma crescente minoria de economistas importantes tem se saído bem ao questionar as teorias de seus colegas mais tradicionais. Hoje, economistas comportamentais como Antonio Rangel, do Instituto de Tecnologia da Califórnia (Caltech, na sigla em inglês), estão mudando a maneira de pensar das pessoas de sua área, ao apresentar fortes evidências de que as teorias dos livros-texto estão furadas.

Rangel não tem nada a ver com a imagem normal que se faz dos economistas – teóricos que suam em cima de dados para construir complexos modelos de computador a fim de descrever a dinâmica do mercado. Espanhol corpulento e grande apreciador das boas coisas da vida, Rangel trabalha com gente de verdade, em geral estudantes voluntários que ele arrasta até seu laboratório para estudar enquanto tomam vinho ou olham cobiçosos para barras de chocolate depois de ter jejuado a manhã toda. Num experimento recente, ele e seus colegas mostraram que as pessoas são capazes de pagar 40 a 61% a mais por um item de junk food se estiverem diante do verdadeiro artigo, e não de sua representação em texto ou imagem.[19] O estudo também descobriu que, se o item for apresentado atrás de uma vitrine, sem estar disponível ao toque, o desejo de pagar se equipara aos níveis da exposição de texto ou imagem.

Parece estranho? Que tal avaliar se um detergente é superior a outro porque vem numa caixa azul e amarela? Ou comprar um vinho alemão em lugar de um francês por causa de uma música de cervejaria alemã tocando no mercado enquanto você anda pelas prateleiras? Você avaliaria melhor a qualidade de um par de meias de seda se gostasse do cheiro delas?

Em todos esses estudos, as pessoas foram fortemente influenciadas por fatores irrelevantes – que falam aos nossos desejos e motivações inconscientes – que os economistas ignoram. Mais ainda: quando interrogados sobre as razões de suas decisões, os sujeitos se mostraram alheios a esses fatores. Por exemplo, no estudo relacionado aos detergentes, os participantes receberam três diferentes caixas de detergente; foi pedido que experimentassem todos por algumas semanas e depois dissessem de qual tinham gostado mais e por quê. Uma das caixas era predominantemente amarela, outra azul, a terceira azul salpicada de amarelo. Em suas respostas, os sujeitos mostraram grande preferência pelo detergente na caixa de duas cores. As razões incluíram muitos méritos relativos dos detergentes, mas ninguém mencionou a caixa. Por que mencionariam? Uma embalagem mais bonita não faz com que o detergente funcione melhor. Mas na verdade a diferença estava na *caixa* – pois os produtos eram idênticos.[20] Nós julgamos produtos pela caixa, livros pela capa e até balanços anuais de corporações pelo melhor acabamento em papel brilhante. Por isso os médicos instintivamente se "embrulham" em belas camisas e gravatas; pela mesma razão, não é aconselhável que advogados se reúnam com os clientes trajando camisetas com logotipos de cerveja.

No estudo sobre os vinhos, foram colocados quatro vinhos franceses e quatro alemães, dos mesmos tipos e com os mesmos preços, nas prateleiras de um supermercado na Inglaterra. Em dias alternados, tocavam-se canções francesas ou alemãs num aparelho de som no alto da prateleira onde estavam dispostas as garrafas. Nos dias em que tocava a música francesa, 77% dos vinhos comprados eram franceses, enquanto nos dias da música alemã, 73% dos vinhos eram alemães. Nitidamente, a música foi um fator crucial no tipo de vinho que os consumidores escolheram comprar. Mas, quando indagados se a música tinha influenciado sua escolha, só um comprador em cada sete respondeu que sim.[21]

No estudo sobre as meias, os sujeitos examinaram quatro pares de meias de seda que, sem que soubessem, eram absolutamente idênticos, com a única diferença de terem sido levemente perfumados com aromas diferentes. Os sujeitos "não tiveram dificuldade em dizer por que um par era o melhor", e afirmaram ter percebido diferenças de textura, trama, tato, brilho e peso. As meias com um aroma específico foram preferidas às outras, mas os sujeitos negaram ter usado o aroma como critério, e apenas seis dos 250 testados chegaram a notar que as meias estavam perfumadas.[22]

"As pessoas pensam que apreciam um produto com base nas qualidades, mas sua vivência também se baseia no marketing do produto", explica Rangel. "Por exemplo, a mesma cerveja, descrita de maneiras diferentes, rotulada com diferentes marcas ou com preços diferentes, pode ter gosto bem diferente. O mesmo se aplica ao vinho, embora as pessoas prefiram acreditar que tudo está nas uvas e na perícia do vinicultor." Estudos já mostraram que, quando vinhos são degustados às cegas, existe pouca ou nenhuma correlação entre o gosto e o preço, mas que há uma correlação quando não são degustados às cegas.[23]

Como em geral as pessoas esperam que um vinho mais caro seja melhor, Rangel não se surpreendeu quando voluntários recrutados por ele para degustar uma série de vinhos com preços nos rótulos consideraram uma garrafa de US$ 90 melhor que outro vinho da série, rotulado com o preço de US$ 10.[24] Mas Rangel tinha roubado no jogo: os dois vinhos, percebidos como diferentes, eram na verdade idênticos – os dois custavam US$ 90. O que é mais importante, o estudo teve outro componente: a degustação foi conduzida enquanto os cérebros dos participantes eram analisados por um aparelho de fMRI. As imagens resultantes mostraram que o preço do vinho aumentava a atividade em uma área do cérebro atrás dos olhos chamada córtex orbitofrontal que tem sido associada à experiência do prazer.[25] Assim, embora os dois vinhos fossem idênticos, a sensação do sabor foi verdadeira – ou pelo menos o aumento subjetivo de prazer com o sabor.

Como pode um cérebro concluir que uma bebida tem gosto melhor que outra quando as duas são fisicamente a mesma? A visão ingênua é de que os sinais sensoriais, como o paladar, viajam do órgão sensorial para a região do cérebro onde os sinais são vivenciados de uma forma mais ou menos direta. Mas, como já vimos, a arquitetura do cérebro não é tão simples. Mesmo sem saber disso, quando você experimenta um vinho com a língua, não sente só o gosto de sua composição química, sente também o gosto do preço.

O mesmo efeito foi demonstrado nas guerras entre a Coca-cola e a Pepsi, só que relacionado à marca. Esse efeito há muito ganhou o nome de "paradoxo Pepsi", referindo-se ao fato de que a Pepsi quase sempre vence a Coca-cola em testes às cegas, ainda que as pessoas pareçam preferir a Coca-cola quando sabem o que estão tomando. Ao longo dos anos, diversas teorias foram propostas para explicar esse fato. Uma justificativa óbvia é o efeito do nome da marca. Contudo, se você perguntar às pessoas se elas não estão saboreando todos esses animados comerciais da Coca-cola que veem durante anos ao degustar o refrigerante, quase sempre vão negar.

No início dos anos 2000, novos estudos de imagens do cérebro encontraram evidências de que uma área vizinha ao córtex orbitofrontal, chamada córtex pré-frontal ventromedial, ou VMPC (na sigla em inglês), é a sede das sensações cálidas e aconchegantes como as que vivenciamos ao ver um produto de marca conhecida.[26] Em 2007, pesquisadores recrutaram um grupo de participantes cujos exames cerebrais revelaram lesões importantes no VMPC, e também um grupo com VMPC saudável. Como se esperava, tanto o grupo normal quanto o dos que tinham lesão preferiram Pepsi à Coca-cola quando não sabiam o que estavam bebendo. E, também como esperado, os que tinham o cérebro saudável mudaram de preferência quando *souberam* o que estavam bebendo. Mas os que tinham lesões no VMPC – o módulo cerebral de "apreciação da marca" – *não* mudaram suas preferências. Eles gostaram mais da Pepsi, soubessem ou não o que estavam bebendo. Sem essa capacidade de vivenciar inconscientemente uma sensação cálida e aconchegante em relação ao nome de uma marca, não existe o paradoxo Pepsi.

Todas essas lições não têm nada a ver com Pepsi ou com vinhos. Significam que o que vale para bebidas e marcas também é verdade para as maneiras como vivenciamos o mundo. Tanto os aspectos explícitos da vida (neste caso, a bebida) quanto os aspectos implícitos indiretos (a marca) conspiram para criar nossa experiência mental (o gosto). A palavra-chave aqui é "criar". Nosso cérebro não está apenas gravando um sabor ou qualquer outra experiência, ele está *criando* a experiência. Essa é uma questão à qual iremos voltar inúmeras vezes.

Gostaríamos de pensar que, quando escolhemos um guacamole em detrimento de outro, é porque fizemos uma opção consciente, baseada em paladar, conteúdo calórico, nosso estado de espírito, no princípio de que o guacamole não pode levar maionese ou qualquer um de centenas de outros fatores sob nosso controle. Acreditamos entender os principais elementos que nos influenciaram quando escolhemos um laptop ou um detergente para a máquina de lavar, planejamos as férias, compramos uma ação, aceitamos um emprego, encontramos uma celebridade esportiva, fazemos um amigo, julgamos um estranho ou até quando nos apaixonamos. Em geral, nada poderia estar mais longe da verdade. Como consequência, muitas de nossas suposições mais básicas sobre nós mesmos, e sobre a sociedade, são falsas.

Se a influência do inconsciente é tão grande, ela não deveria se revelar apenas em situações isoladas da nossa vida particular, mas ter efeitos coletivos demonstráveis na nossa sociedade como um todo. E é o que acontece. Por exemplo, no mundo das finanças. Como dinheiro é muito importante para nós, todos os indivíduos deveriam ser motivados a tomar decisões financeiras baseados exclusivamente em deliberações conscientes e racionais. Essa é a razão pela qual os fundamentos da economia clássica se esteiam na ideia de que as pessoas fazem exatamente isso – comportam-se de maneira racional, de acordo com o princípio orientador de seus próprios interesses. Embora ninguém ainda tenha conseguido construir uma teoria econômica geral que leve em conta o fato de as pessoas não agirem "racionalmente", muitos estudos econômicos têm demonstrado as implicações societárias dos nossos desvios coletivos em relação aos cálculos frios da mente consciente.

Vamos considerar o efeito fluência que mencionei antes. Se você estiver pensando em investir em ações, seria óbvio sopesar as condições da indústria, o clima dos negócios e os detalhes financeiros da empresa antes de decidir onde aplicar o dinheiro. Provavelmente todos nós concordaríamos que nenhuma pessoa racional apontaria a facilidade de pronunciar o nome da empresa como um fator importante. Se você deixar uma coisa *dessas* afetar suas decisões de investimentos, é provável que já tenha parentes tramando para assumir o controle de sua cesta de ovos com base em sua incompetência mental. Mas, como já vimos no caso da tipologia, a facilidade com que uma pessoa consegue processar a informação – como o nome de uma ação – realmente exerce um efeito *inconsciente* na maneira como ela irá avaliar a informação. Ainda que possamos considerar plausível a ideia de que a fluência da informação afeta a avaliação da receita de um prato japonês, como poderia influenciar uma decisão tão importante como a escolha de um investimento? Será que empresas com nomes fluentes se saem melhor que companhias com nomes que dão nó na língua?

Vamos considerar uma empresa que esteja lançando uma oferta pública de ações (OPA). Seus líderes vão destacar as maravilhosas perspectivas futuras da companhia, sempre apoiando tudo isso em dados. Mas em geral essas companhias são muito menos conhecidas dos investidores em potencial do que empresas que já estão na bolsa; e, como ainda não dispõem de um longo histórico público, vai haver ainda mais adivinhações que o normal envolvendo esse tipo de investimento.

Para saber se os grandes e astutos investidores de Wall Street nutrem algum preconceito inconsciente contra companhias com nomes difíceis de pronunciar, os pesquisadores consultaram dados relativos a operações de OPA. Como indica a Figura 3, eles descobriram que os investidores tendem a aplicar mais em ofertas públicas iniciais de empresas cujo nome ou sigla são mais fáceis de pronunciar que em companhias com nomes ou siglas complicados. Note que o efeito diminui com o tempo, o que é de se esperar, pois com o passar do tempo a empresa desenvolve um histórico e uma reputação. (Nesse caso o efeito também se aplica a livros e autores. Por favor veja como é fácil pronunciar o meu nome: Mi-lo-di-nov.)

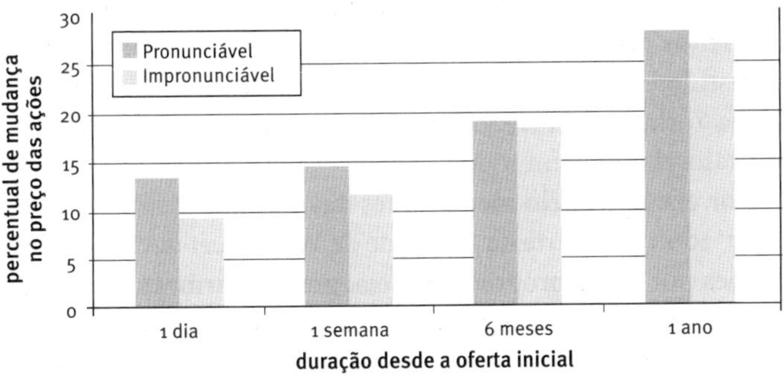

FIGURA 3. Desempenho de ações com nomes ou siglas pronunciáveis e impronunciáveis na Bolsa de Valores de Nova York, um dia, uma semana, seis meses e um ano depois da entrada no mercado, entre 1990 e 2004. Efeito semelhante foi encontrado referente à OPA na American Exchange.

Os pesquisadores encontraram outros fatores irrelevantes em termos financeiros (mas relevantes para a psique humana) que afetam o comportamento das ações. A luz do sol, por exemplo. Há muito os psicólogos sabem que a luz do sol exerce sutis efeitos positivos no comportamento humano. Por exemplo, um pesquisador recrutou seis garçonetes do restaurante de um shopping de Chicago para estudar a relação entre as gorjetas recebidas e o clima durante treze dias da primavera escolhidos de forma aleatória. Provavelmente os clientes não sabiam que o clima os estava influenciando, mas, quando fazia sol, eles se mostravam bem mais generosos.[27] Outro estudo produziu resultado semelhante a respeito das caixinhas recebidas por um atendente de serviço de quarto num cassino de Atlantic City.[28]

Será que o mesmo efeito que induz clientes a dar um dólar a mais para uma garçonete por ter lhes trazido batatas fritas também se aplica a sofisticados investidores avaliando as perspectivas de ganhos da General Motors? Mais uma vez, a ideia pode ser verificada. Com certeza muitos negócios de Wall Street são feitos por pessoas que não moram em Nova York, com os investidores espalhados pelo país; mas os agentes da cidade de Nova York têm um efeito significativo no desempenho da Bolsa de Valores como um todo.

Por exemplo, pelo menos antes da crise financeira global de 2007-2008, boa parte da atividade de Wall Street devia-se a transações por conta própria – ou seja, grandes firmas negociando suas próprias contas. Como resultado, havia um bocado de dinheiro transacionado por pessoas que sabiam se o sol estava brilhando em Nova York – pois moravam na cidade. Por essa razão, um professor de finanças da Universidade de Massachusetts resolveu analisar a relação entre o clima na cidade de Nova York e as alterações diárias nos índices de ações negociadas em Wall Street.[29] Estudando os dados entre 1927 e 1990, ele descobriu que tanto o clima muito ensolarado quanto o totalmente nublado influenciam o preço das ações.

Você teria razões para se mostrar cético quanto a isso. Há perigos inerentes no que é chamado de pesquisa de dados, o peneiramento de informações no atacado para descobrir padrões ainda não reconhecidos. De acordo com as leis da probabilidade, se você olhar bem ao redor, está sujeito a encontrar alguma coisa interessante. Essa "coisa interessante" pode ser um artefato do acaso ou uma tendência real, e identificar a diferença entre os dois exige um bocado de perícia. O ouro dos tolos da pesquisa de dados são as correlações estatísticas que parecem surpreendentes e profundas, apesar de insignificantes.

No caso do estudo da luz do sol, se a relação entre o preço das ações e o clima fosse uma coincidência, provavelmente ninguém encontraria essas correlações nos dados a respeito de bolsas de valores em outras cidades. Por isso, outra dupla de pesquisadores repetiu esse estudo analisando o mercado de ações de 26 países entre 1982 e 1997.[30] Eles confirmaram a correlação. Segundo suas estatísticas, se um ano incluísse apenas dias perfeitamente ensolarados, o retorno da Bolsa de Valores de Nova York teria chegado a uma média de 24,8%, enquanto em um ano com dias completamente nublados teria chegado à média de apenas 8,7%. (Infelizmente, eles descobriram também que há pouco ou nada a ganhar com a compra e venda de acordo com essa observação, pois o grande volume de negócios exigido para acompanhar a mudança do clima erodiria os lucros nos custos transacionais.)

Todos nós tomamos decisões pessoais, financeiras e de negócios confiantes de que pesamos de forma apropriada todos os fatores importantes e agimos de acordo com eles – e que sabemos como chegamos a essas decisões. Mas conhecemos apenas as nossas influências conscientes, e por isso temos apenas uma visão parcial delas. Como resultado, nossa visão de nós mesmos e de nossas motivações, e da sociedade, é como um quebra-cabeça em que falta a maior parte das peças. Nós preenchemos os espaços em branco e fazemos adivinhações, mas a verdade sobre nós é muito mais complexa e sutil do que aquilo que pode ser entendido como um cálculo direto de mentes conscientes e racionais.

Nós percebemos, lembramos nossas experiências, fazemos julgamentos e agimos – mas em todas essas atitudes somos influenciados por fatores dos quais não temos consciência. A verdade é que nossa mente inconsciente está ativa, é independente e tem um propósito. Essa mente pode estar oculta, mas seus efeitos são muito visíveis, pois têm um papel crítico na formação da maneira como nossa mente consciente vivencia e responde ao mundo.

Para dar início à nossa turnê pelas áreas ocultas da mente, vamos considerar a maneira como recebemos a informação sensorial, os caminhos conscientes e inconscientes pelos quais absorvemos informações sobre o mundo físico.

2. Sentidos + mente = realidade

> O olho que vê não é um mero órgão físico, mas uma forma de percepção condicionada pela tradição na qual seu possuidor foi criado.
>
> Ruth Benedict

A distinção entre o consciente e o inconsciente, de uma forma ou de outra, vem sendo feita desde a antiga Grécia.[1] Um dos mais influentes pensadores a tratar da psicologia do inconsciente foi o filósofo alemão Immanuel Kant, no século XVIII. Em sua época, a psicologia não era um tema independente, mas uma área abrangente que filósofos e fisiologistas debatiam quando especulavam sobre a mente.[2] Suas leis a respeito dos processos humanos de pensamento não eram leis científicas, mas enunciados filosóficos. Como exigiam pouca base empírica para sua teorização, cada pensador era livre para favorecer sua própria teoria especulativa diante da teoria especulativa de seu rival.

A teoria de Kant era de que nós construímos ativamente uma imagem do mundo, não apenas documentamos eventos objetivos; nossa percepção não se baseia apenas no que existe, mas é de alguma forma criada – e restringida – pelos aspectos gerais da mente. Essa proposta estava muito próxima da perspectiva moderna, embora os estudiosos atuais tenham uma visão mais abrangente que Kant acerca dos aspectos gerais da mente, em especial em relação a vieses ligados a nossos desejos, necessidades, convicções e experiências passadas. Hoje acreditamos que, quando olhamos para a nossa sogra, a imagem que vemos não se baseia só em suas qualidades ópticas, mas também no que se passa em nossa cabeça, como nossos pensamentos sobre suas bizarras práticas de educação das crianças e nossas dúvidas a respeito de se foi mesmo uma boa ideia concordar em morar tão perto dela.

Kant achava que a psicologia empírica não se tornaria uma ciência porque não é possível pesar ou medir o evento que ocorre no nosso cérebro. Contudo, no século XIX, os cientistas passaram a se dedicar ao problema. Um dos primeiros praticantes foi o fisiologista E.H. Weber, o homem que em 1834 realizou o experimento simples sobre o sentido do toque que envolvia situar um pequeno peso de referência num ponto da pele de seu sujeito e depois perguntar se achava que o segundo objeto era mais pesado ou mais leve que o primeiro.[3] Uma coisa interessante descoberta por Weber foi que a menor diferença detectável por uma pessoa era proporcional à magnitude do peso de referência. Por exemplo, se você mal conseguisse sentir que um peso de 6g era mais pesado que um objeto de referência que pesasse 5g, nesse caso, 1g seria a menor diferença detectável. Mas, se o peso de referência fosse dez vezes maior, a menor diferença que se poderia notar não seria de 1g, mas sim dez vezes maior que o peso de referência – nesse caso, 10g. Não parece um resultado tão espetacular, mas foi crucial para o desenvolvimento da psicologia, por estabelecer uma questão: é *possível* descobrir leis matemáticas e científicas do processo mental por meio de experimentos.

Em 1879, outro psicólogo alemão, Wilhelm Wundt, pediu dinheiro ao Real Ministério Saxônico de Educação para fundar o primeiro laboratório de psicologia do mundo.[4] Embora o pedido tenha sido negado, ele montou o laboratório numa pequena sala de aula que já vinha usando informalmente desde 1875. No mesmo ano, um médico e professor de Harvard chamado

William James, que ensinava anatomia e fisiologia comparadas, começou a dar um curso, chamado "Relações entre fisiologia e psicologia", e montou também um laboratório informal de psicologia em duas salas no porão da faculdade. Em 1891, o lugar ganhou status oficial como Laboratório de Psicologia de Harvard.

Em reconhecimento aos inovadores esforços do fisiologista alemão, um jornal de Berlim definiu Wundt como "o papa da psicologia do Velho Mundo", e James como "o papa da psicologia do Novo Mundo".[5] Foi com o trabalho experimental desses dois homens, bem como de outros inspirados por Weber, que a psicologia afinal galgou o patamar científico. O campo daí surgido foi chamado Nova Psicologia. Durante um tempo, esse foi o campo mais quente da ciência.[6]

Todos os pioneiros da Nova Psicologia tinham seus próprios pontos de vista sobre a função e a importância do inconsciente. O fisiologista e psicólogo britânico William Carpenter foi um dos mais visionários. Em seu livro *Principles of Mental Physiology*, de 1874, ele escreveu que "dois trens distintos de ação mental operam simultaneamente, um de forma consciente, outro de forma inconsciente"; quanto mais examinamos os mecanismos da mente, mais claro se torna "que não apenas uma ação automática, mas também inconsciente, desempenha grande papel em todos os processos".[7] Essa foi uma grande sacada, com a qual continuamos a trabalhar até hoje.

Apesar de todas as ideias provocadoras que fermentavam nos círculos intelectuais da Europa depois da publicação do livro de Carpenter, o grande passo seguinte na compreensão do cérebro segundo as diretrizes do conceito de dois movimentos de Carpenter veio do outro lado do oceano, do filósofo e cientista americano Charles Sanders Peirce – o homem que realizou estudos sobre a capacidade da mente de detectar o que deveriam ser diferenças imperceptíveis em termos de peso e luminosidade. Amigo de

William James em Harvard, Peirce foi o fundador da doutrina filosófica do pragmatismo (mas foi James quem trabalhou com a ideia e a tornou famosa). O nome era inspirado pela convicção de que ideias ou teorias filosóficas deveriam ser vistas como instrumentos, não como verdades absolutas, e que sua validade tinha de ser julgada pelas consequências práticas em nossa vida.

Peirce foi uma criança prodígio.[8] Escreveu uma história da química aos onze anos de idade. Aos doze já tinha seu próprio laboratório. Aos treze, estudava lógica formal no livro-texto do irmão mais velho. Conseguia escrever com as duas mãos e gostava de inventar truques com cartas. Depois tornou-se usuário regular de ópio, receitado para aliviar uma dolorosa disfunção neurológica. Mesmo assim, conseguiu produzir 12 mil páginas de trabalhos publicados sobre temas que iam de ciências físicas a ciências sociais. Sua descoberta de que a mente inconsciente desenvolve conhecimentos que a mente consciente ignora – com improvável origem no incidente em que conseguiu ter um palpite preciso sobre a identidade do homem que roubou seu relógio de ouro – foi precursora de muitos outros experimentos do mesmo tipo.

O processo de chegar aparentemente por acaso a uma resposta correta que não temos consciência de conhecer é agora chamado de experimento de "escolha forçada", e tornou-se uma ferramenta-padrão na sondagem da mente inconsciente. Embora Freud seja o herói cultural associado à popularização do inconsciente, na verdade, podemos identificar as raízes do pensamento e da metodologia modernos sobre a mente inconsciente em pioneiros como Wundt, Carpenter, Peirce, Jastrow e William James.

Hoje sabemos que os "dois trens distintos de ação mental" de Carpenter na verdade estão mais para dois sistemas, como os de uma ferrovia. Para atualizar a metáfora de Carpenter, diríamos que cada um dos trilhos do consciente e do inconsciente compreende uma miríade de linhas densamente interconectadas, e que os dois sistemas são também conectados entre si em vários pontos. Assim, o sistema mental humano é muito mais complexo que a imagem original de Carpenter, mas estamos fazendo progressos para decifrar as estações e o mapeamento das rotas.

Mas ficou muito claro que, dentro desse sistema duplo, o ramo do inconsciente é o mais fundamental. O inconsciente desenvolveu-se cedo na evolução, sentindo e respondendo com segurança ao mundo externo. É a infraestrutura-padrão no cérebro de todos os vertebrados, enquanto o consciente pode ser considerado um aspecto opcional. Aliás, enquanto a maioria das espécies não humanas pode sobreviver com pouca ou nenhuma capacidade de pensamento consciente, nenhum animal pode existir sem um inconsciente.

De acordo com um livro-texto sobre fisiologia humana, o sistema sensorial do homem envia ao cérebro cerca de 11 milhões de bits de informação por segundo.[9] Porém, qualquer pessoa que um dia tenha tomado conta de algumas crianças que falam ao mesmo tempo pode testemunhar como nossa mente consciente não consegue processar algo próximo desse número. A verdadeira quantidade de informação com que podemos lidar foi estimada em algo entre dezesseis e cinquenta bits por segundo. Portanto, se nossa mente consciente tentasse processar toda essa informação enviada pelo sistema sensorial, nosso cérebro travaria, como um computador sobrecarregado. Além do mais, mesmo sem perceber, tomamos muitas decisões por segundo. Será que eu deveria cuspir esse bocado de comida por ter detectado um odor estranho? Como devo ajustar meus músculos para continuar de pé sem me inclinar? Qual é o significado das palavras que aquela pessoa está murmurando do outro lado da mesa? Aliás, que tipo de pessoa ela é?

A evolução nos deu uma mente inconsciente porque é ela que permite nossa sobrevivência num mundo que exige assimilação e processamento de energia tão maciços. Percepção sensorial, capacidade de memória, julgamentos, decisões e atividades do dia a dia parecem não exigir esforço – mas isso só porque o esforço demandado é imposto sobretudo a partes do cérebro que funcionam fora do plano da consciência.

Considere a fala, por exemplo. A maioria das pessoas que leem a sentença "O professor de culinária disse que as crianças cozinharam bem" atribui automaticamente um significado ao verbo "cozinhar". Mas, se você ler "O canibal disse que as crianças cozinharam bem", automaticamente, "cozinhar" ganha um sentido mais alarmante. Mesmo se acharmos fácil estabelecer essas diferenças, a dificuldade que há em entender até uma fala simples é muito importante para cientistas da computação que tentam criar máquinas que respondam à linguagem natural.

Essa dificuldade é ilustrada pela história apócrifa de um dos primeiros computadores, que recebeu a tarefa de traduzir a homilia "The spirit is willing but the flesh is weak" para o russo e depois para o inglês de novo. Segundo a história, a tradução saiu: "A vodca é forte mas a carne é podre." Felizmente, nosso inconsciente faz um trabalho bem melhor ao lidar com linguagem, percepção sensorial e uma fervilhante multidão de outras tarefas com grande velocidade e precisão, deixando tempo para nossa mente consciente deliberativa se concentrar em coisas mais importantes, como reclamar para a pessoa que programou o aplicativo de tradução. Alguns cientistas estimam que só temos consciência de cerca de 5% de nossa função cognitiva. Os outros 95% vão para além da nossa consciência e exercem enorme influência em nossa vida – começando por torná-la possível.

Um dos sinais de que existem muitas atividades de que não temos conhecimento no nosso cérebro transparece com uma simples análise do consumo de energia.[10] Imagine-se deitado no sofá, assistindo a um programa na televisão e sujeito a poucas exigências do corpo, tanto físicas quanto mentais. Depois se imagine fazendo alguma coisa que exija fisicamente de seu corpo, como correr por uma rua. Quando você corre, o consumo de energia dos seus músculos é multiplicado por um fator de cem, quando comparado com a energia gasta pelo corpo em repouso no sofá. Isso porque, apesar do que você possa usar como desculpa, seu corpo está trabalhando muito mais – cem vezes mais – quando corre do que quando se deita.

Vamos comparar esse multiplicador de energia com o multiplicador aplicado na comparação de duas formas de energia mental: na inércia, quando sua mente consciente encontra-se ociosa, e jogando xadrez. Supondo que você seja um bom jogador, com grande conhecimento de todos os movimentos e estratégias possíveis, e que esteja bem concentrado, será que esse pensamento consciente força a mente consciente no mesmo grau que a corrida exige dos músculos? Não. Nem chega perto. Uma concentração profunda faz com que o consumo de energia do seu cérebro aumente mais ou menos 1%. Independentemente do que estiver fazendo com a sua mente consciente, é o inconsciente que domina sua atividade mental – e portanto usa a maior parte da energia consumida pelo cérebro. Sua mente consciente pode estar ociosa ou engajada, mas sua mente inconsciente está trabalhando duro no equivalente mental de flexões, agachamentos e corridas.

Uma das mais importantes funções do nosso inconsciente é o processamento de dados enviados pelos nossos olhos. Isso porque, seja caçando ou coletando, um animal que vê melhor come melhor e evita o perigo com mais eficácia, portanto vive mais. Como resultado, a evolução cuidou para que cerca de ⅓ do nosso cérebro se dedique ao processamento da visão – para interpretar cores, detectar situações e movimentos, perceber profundidade e distância, decidir a identidade de objetos, reconhecer rostos e muitas outras tarefas. Pense nisso – ⅓ do seu cérebro está ocupado fazendo todas essas coisas, mas você sabe muito pouco disso e tem pouco acesso ao processo.

Todo esse trabalho difícil acontece fora de sua consciência, e só depois o resultado é apresentado à sua mente consciente num relatório minucioso, com os dados digeridos e interpretados. Em consequência, você não precisa se aborrecer tentando entender o que significa quando os cones e bastonetes na sua retina absorvem este ou aquele número de fótons, nem traduzir os dados do nervo óptico numa distribuição espacial de intensidades e frequências de luz e depois de formas, posições espaciais e significados. Pois, enquanto sua mente inconsciente está trabalhando de maneira febril para fazer todas essas coisas, você pode relaxar na cama interpretando, aparentemente sem esforço, o movimento das luzes no teto – ou as palavras deste livro. Nosso sistema visual não é só um dos mais importantes sistemas no nosso cérebro, ele está também entre as áreas mais estudadas na neurociência. A compreensão de seu funcionamento pode esclarecer muito sobre como funcionam as características duplas da mente humana – juntas e separadas.

Um dos estudos mais fascinantes que os neurocientistas fizeram acerca do sistema visual envolveu um negro africano de 52 anos, referido na literatura como TN. Homem alto e forte, TN deu seu primeiro passo no caminho da dor e da fama certo dia, em 2004, quando morava na Suíça e sofreu um derrame que avariou o lado esquerdo de uma parcela do cérebro chamada córtex visual.

A parte principal do cérebro humano é dividida em dois hemisférios que são quase imagens especulares um do outro.

Cada hemisfério é dividido em quatro lobos ou lóbulos, secção originada pelos ossos do crânio que os revestem. Por sua vez, os lobos são recobertos por uma camada exterior convoluta, mais ou menos da espessura de um guardanapo, chamada neocórtex. Nos seres humanos, o neocórtex forma a maior parte do cérebro. Ele consiste em seis camadas, cinco das quais contêm células nervosas e as projeções que ligam as camadas umas às outras. Há também conexões de entrada e saída entre o neocórtex e outras partes do cérebro e do sistema nervoso. Apesar de fino, o neocórtex é dobrado de forma a abrigar quase 19dm^2 de tecido neural – mais ou menos o tamanho de uma pizza grande – empacotados dentro do crânio.[11] Diferentes partes do neocórtex desempenham diferentes funções. O lobo occipital está localizado atrás da nossa cabeça, e seu córtex – o córtex visual – contém o principal centro de processamento visual do cérebro.

Muito do que sabemos sobre a função do lobo occipital vem de criaturas em que ele foi lesionado. Você pode olhar com

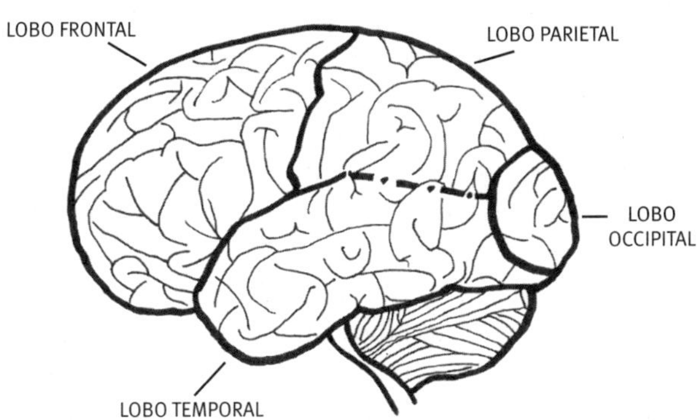

FIGURA 4

desconfiança alguém que tenta entender a função do freio de um automóvel dirigindo um carro sem freio – mas os cientistas destroem seletivamente partes de cérebros de animais, alegando que é possível aprender o que fazem essas partes ao estudar animais nos quais elas não mais funcionam. Como os comitês de ética universitários não aprovam a eliminação de partes do cérebro de seres humanos, os pesquisadores também vasculham hospitais em busca de pessoas infelizes cuja natureza ou algum acidente as tenha tornado adequadas aos estudos. Isso pode ser uma pesquisa tediosa, pois a mãe natureza não se importa com a utilidade científica dos danos que inflige.

O derrame de TN foi notável por ter danificado exatamente e apenas o córtex visual de seu cérebro. A única desvantagem – do ponto de vista da pesquisa – é que afetou só o lado esquerdo, o que fazia com que TN conseguisse enxergar em metade de seu campo de visão. Infelizmente para ele, essa situação durou apenas 36 dias, antes que outra hemorragia trágica destruísse o que era quase a imagem especular da primeira região.

Depois do segundo derrame, os médicos fizeram testes para ver se TN estava totalmente cego, pois alguns cegos mantêm pequenas partes de visão residual. Podem ver luz e escuridão, por exemplo, ou ler uma palavra que cubra uma parede inteira. Mas TN não conseguia nem enxergar a parede. Os médicos que o examinaram depois do segundo derrame notaram que ele não podia discernir formas, detectar cores ou movimentos, nem a presença de uma intensa fonte de luz. Um exame confirmou que as áreas visuais em seu lobo occipital não funcionavam. Embora a parte óptica do sistema visual de TN continuasse funcional, o que significava que seus olhos ainda podiam captar e registrar a luz, seu córtex visual não era capaz de processar a informação enviada pela retina. Por causa desse estado de coisas – um sistema óptico intacto e um córtex visual totalmente destruído –,

TN tornou-se um sujeito tentador para experimentos científicos, e por isso foi recrutado por um grupo de médicos e pesquisadores enquanto ainda estava no hospital.

Há muitos experimentos a se realizar com um sujeito cego como TN. Pode-se buscar alguma ampliação do sentido da audição, por exemplo, ou da memória de experiências visuais passadas. Mas, de todos os experimentos possíveis, um que provavelmente não estaria na sua lista seria verificar se um homem cego consegue detectar o estado de espírito de alguém olhando para o seu rosto. Pois foi esse experimento que os pesquisadores realizaram.[12]

Começaram posicionando um laptop alguns centímetros à frente de TN e mostrando uma série de formas pretas – círculos ou quadrados – contra um fundo branco. Em seguida, na tradição de Charles Sanders Peirce, apresentaram uma escolha forçada: quando cada uma das figuras aparecia, eles pediam que ele a identificasse. Dê um palpite, pediam os pesquisadores. TN obedeceu. E acertou em cerca de metade das vezes, o que seria o esperado se ele não tivesse ideia alguma do que estava vendo. Agora vem a parte interessante. Os cientistas apresentaram uma nova série de imagens – desta vez uma sequência de rostos zangados e felizes. O jogo era essencialmente o mesmo: adivinhar, ao ser indagado, se o rosto na tela estava zangado ou feliz. A identificação de uma expressão facial é uma tarefa bem diferente de perceber uma forma geométrica, pois rostos são muito mais importantes para nós que figuras pretas.

Os rostos têm um papel especial no comportamento humano.[13] É por isso que, apesar da preocupação geral dos homens, dizia-se que Helena de Troia tinha "um rosto que lançava mil navios", não "uns seios que lançavam mil navios". E é por isso que, quando você diz aos seus convidados que o saboroso prato que estão comendo no jantar é pâncreas de vaca, você presta atenção aos seus rostos, não aos cotovelos – ou às palavras – para obter uma rápida e acurada ideia da preferência deles em relação a miúdos.

Ao observarmos os rostos, podemos logo julgar se alguém está feliz ou triste, contente ou insatisfeito, se é amigável ou perigoso. E nossas honestas reações a eventos são refletidas em expressões faciais controladas em grande parte pela nossa mente inconsciente. Expressões, como veremos no Capítulo 5, são uma chave da forma como nos comunicamos e são difíceis de suprimir ou disfarçar, por isso é difícil encontrar grandes atores. A importância das expressões reflete-se no fato de que, não importa o quanto os homens se sintam atraídos pelas formas femininas, ou as mulheres pelo físico dos homens, não existe uma parte do cérebro humano dedicada à análise das nuances de bíceps intumescidos ou de curvas firmes de seios ou traseiros. Mas há uma parte discreta no cérebro usada para analisar rostos. É a chamada área fusiforme da face. Para ilustrar o tratamento especial que o cérebro dedica aos rostos, observe as fotos do presidente Barack Obama na Figura 5.[14]

A foto da esquerda do par, em posição normal, parece horrivelmente distorcida, enquanto a foto da esquerda do par que está de cabeça para baixo não parece tão incomum. Na verdade as duas fotos de baixo são idênticas às duas de cima, só que as de cima foram rebatidas. Sei disso porque fui eu quem as rebati. Mas se você não confia em mim, pode girar o livro 180° e vai ver que o par que agora está em cima parece o da foto ruim, e que as duas fotos de baixo vão parecer boas.

Seu cérebro dedica muito mais atenção (e um verdadeiro estado neural) a rostos que a muitos outros tipos de fenômenos visuais porque eles são mais importantes – mas não rostos de cabeça para baixo, já que raramente os vemos, a não ser quando praticamos ioga de ponta-cabeça numa academia. É por essa razão que somos melhores em detectar a distorção de um rosto em posição normal do que virado de cabeça para baixo.

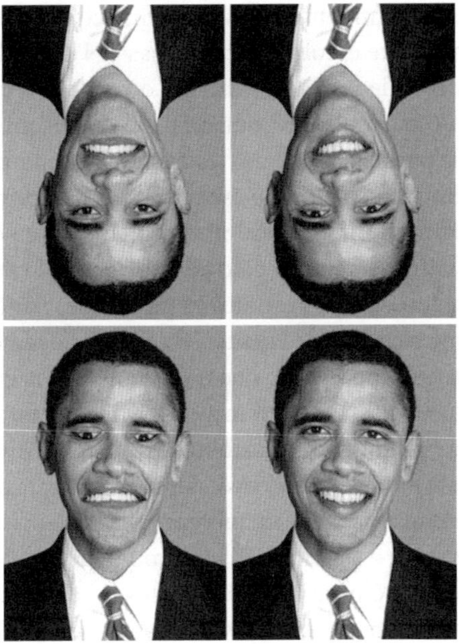

FIGURA 5

Os pesquisadores que estudaram TN escolheram rostos como a segunda série de imagens apresentada na esperança de que a concentração especial e inconsciente do cérebro em rostos pudesse fazer com que TN melhorasse seu desempenho, mesmo que não tivesse consciência de ver alguma coisa. O fato de olhar para rostos, formas geométricas ou pêssegos maduros não deveria fazer diferença, já que TN estava cego. Porém, nos testes, TN identificou os rostos como felizes ou zangados corretamente quase duas vezes em cada três. Embora a parte de seu cérebro responsável pela sensação consciente da visão estivesse destruída, a área fusiforme da face, que é parte do inconsciente, recebia as imagens e estava influenciando as escolhas conscientes que fazia no experimento de escolha forçada, mas TN não sabia disso.

Alguns meses depois, ao ouvir falar do primeiro experimento envolvendo o paciente TN, outro grupo de pesquisadores perguntou se ele participaria de um teste diferente. Interpretar rostos pode ser um talento humano especial, mas não cair de cara no chão é ainda mais importante. Se você de repente perceber que está prestes a tropeçar num gato adormecido, não vai ponderar conscientemente sobre as estratégias para se desviar do caminho, simplesmente se desvia.[15] Essa reação é comandada pelo inconsciente, e era essa capacidade que os pesquisadores queriam verificar em TN. Eles se propuseram a observar enquanto ele andava sem bengala por um corredor atulhado de coisas.[16] Era uma ideia entusiasmante para todos os envolvidos, menos para a pessoa que não sabia se conseguiria permanecer na vertical.

TN se recusou a participar.[17] Mesmo depois de ter se saído mais ou menos bem no teste dos rostos, que pessoa cega concordaria em percorrer uma pista de obstáculos? Os pesquisadores imploraram para que ele concordasse, oferecendo um acompanhante para segui-lo, impedindo-o de cair. Depois de alguma insistência, ele mudou de ideia. Então, para surpresa de todos, inclusive dele próprio, TN ziguezagueou perfeitamente pelo corredor, desviando-se de uma lata de lixo, de um cesto de papel e de várias caixas. Não tropeçou nem uma vez, não colidiu com qualquer objeto. Quando lhe perguntaram como tinha feito aquilo, TN não conseguiu explicar, e presume-se que tenha pedido a bengala de volta.

O fenômeno exibido por TN (em que indivíduos com olhos intactos não têm a sensação consciente de enxergar, mas conseguem de alguma forma responder ao que os olhos registram) é chamado "visão às cegas". Essa foi uma descoberta importante, que "provocou descrença e uivos de escárnio" quando foi relatada pela primeira vez, e só há pouco tempo foi aceita.[18] Mas, em certo sentido, não deveria surpreender: faz sentido o surgimento da visão às cegas quando o sistema visual consciente deixa de funcionar, já que os olhos da pessoa e o sistema inconsciente continuam intactos. A visão às cegas é uma síndrome estranha – mais um exemplo, especialmente dramático, das características duplas do cérebro que funcionam de maneira independente.

A PRIMEIRA INDICAÇÃO FÍSICA de que a visão se dá por múltiplos caminhos veio de um médico do Exército inglês chamado George Riddoch, em 1917.[19] No final do século XIX, os cientistas já tinham começado a estudar a importância do lobo occipital na visão produzindo lesões em cães e macacos. Mas dados sobre seres humanos eram escassos.

Então veio a Primeira Guerra Mundial. De repente, num ritmo alarmante, os alemães começaram a transformar os soldados britânicos em promissores sujeitos de pesquisa, em parte porque os capacetes britânicos não se fixavam bem, o que podia estar na moda, mas não os protegia muito, em especial a parte de trás da cabeça. E também porque um padrão naquele conflito foi a guerra de trincheiras, em que o trabalho de um soldado era manter o corpo protegido pela terra compacta, menos a cabeça, pois tinha ordens de pôr a cabeça para fora na linha de fogo. Como resultado, 25% de todos os ferimentos de penetração sofridos pelos soldados britânicos eram na cabeça, em especial no lobo occipital inferior e na área vizinha, o cerebelo.

Hoje, se percorresse o mesmo caminho, uma bala penetrante transformaria uma enorme porção do cérebro em carne de salsicha e certamente mataria a vítima. Mas naqueles dias as balas eram mais lentas e discretas em seus efeitos. Tendiam a fazer túneis bem demarcados na massa cinzenta, sem perturbar muito os tecidos ao redor. Isso deixava as vítimas vivas e em melhores condições do que se poderia imaginar, embora as cabeças apresentassem a topologia de uma rosquinha. Um médico japonês que trabalhou sob condições semelhantes na guerra entre a Rússia e o Japão viu tantos pacientes feridos dessa forma que divisou um método para mapear os ferimentos internos do cérebro – e as deficiências esperadas – baseado na relação entre o buraco de bala e vários marcos externos no crânio. (Seu trabalho oficial era determinar o valor da pensão devida a soldados com lesões cerebrais.)[20]

O paciente mais interessante do dr. Riddoch foi o tenente-coronel T., que teve o lobo occipital direito perfurado por uma bala enquanto liderava seus homens em batalha. Depois de atingido, ele se recuperou bravamente e continuou a comandar o batalhão. Quando lhe perguntaram como se sentia, ele disse estar zonzo, mas, fora isso, tudo bem. Estava enganado. Quinze minutos depois, ele desmaiou. E só acordou onze dias depois, num hospital na Índia.

Embora tivesse recobrado a consciência, um dos primeiros sinais de que estava faltando alguma coisa aconteceu no jantar, quando o tenente-coronel T. percebeu que tinha dificuldade para enxergar os pedaços de carne do lado esquerdo do prato. Nos seres humanos, os olhos estão ligados ao cérebro de tal modo que a informação visual do lado esquerdo do campo de visão é transmitida para o lado direito do cérebro, e vice-versa, não importa de que olho venha a informação. Em outras palavras, se você olhar direto para a frente, tudo à sua esquerda é transmitido ao hemisfério direito de seu cérebro, região na qual o tenente-coronel foi baleado.

Quando foi transferido para um hospital na Inglaterra, estabeleceu-se que o tenente-coronel T. estava totalmente cego no lado esquerdo de seu campo visual, com uma bizarra exceção: ele conseguia detectar movimentos. Isto é, ele não podia enxergar no sentido comum – as "coisas em movimento" não tinham forma nem cor –, mas sabia que alguma coisa se movia. Era uma informação parcial, de pouca utilidade. Aquilo o incomodava, em especial durante viagens de trem, quando conseguia sentir coisas se movendo à esquerda, mas não podia enxergar nada daquele lado.

Como o tenente-coronel T. estava consciente do movimento que detectava, seu caso não era realmente de visão às cegas, como a do paciente TN, mas ainda assim foi revelador, por indicar que a visão é o efeito cumulativo da informação percorrendo múltiplos caminhos, tanto conscientes quanto inconscientes. George Riddoch publicou um trabalho sobre o tenente-coronel T. e outros como ele, mas infelizmente outro médico do Exército inglês, bem mais conhecido, ridicularizou a pesquisa de Riddoch. Com isso, ele praticamente desapareceu da literatura médica, para só ressurgir muitas décadas depois.

Até pouco tempo atrás, era difícil estudar a visão inconsciente porque os pacientes com visão às cegas são muito raros.[21] Mas em 2005 um colega e parceiro de trabalho de Antonio Rangel no Caltech, Christof Koch, surgiu com uma nova maneira de pesquisar a visão inconsciente em sujeitos saudáveis. Koch chegou à sua descoberta sobre o inconsciente por causa de seu interesse pelo outro lado da moeda – o significado da consciência. Se até recentemente o estudo do inconsciente não era uma boa escolha de carreira, Koch diz que, pelo menos até os anos 1990, o estudo da consciência era "considerado um sinal de declínio cognitivo".

Hoje os cientistas estudam esses dois assuntos ao mesmo tempo. Uma das vantagens de pesquisar o sistema visual é o fato de ser mais simples do que, digamos, a memória ou a percepção social. A técnica descoberta pelo grupo de Koch explora um fenômeno visual chamado rivalidade binocular. Sob certas circunstâncias, se uma imagem é apresentada ao olho esquerdo enquanto uma imagem diferente é apresentada ao olho direito, a pessoa só vê uma das duas. Depois de um tempo, vê a outra imagem, e depois a primeira outra vez. As duas imagens se alternam dessa forma, indefinidamente.

Mas o grupo de Koch descobriu que, se conseguisse apresentar uma imagem *mudando* a um olho e uma imagem estática ao outro, as pessoas *só* viam a imagem mudando, nunca a estática.[22] Em outras palavras, se seu olho direito for exposto a um filme com dois macacos jogando pingue-pongue, e seu olho esquerdo a uma foto de uma nota de US$ 100, você não vai perceber a foto estática, ainda que o olho esquerdo tenha registrado a informação e a transmitido ao cérebro. Em certo sentido, essa técnica propicia um poderoso instrumento para criar uma visão às cegas artificial – uma nova forma de estudar a visão inconsciente sem destruir qualquer parte do cérebro.

Utilizando essa nova técnica, outro grupo de cientistas fez um experimento em pessoas normais análogo ao das expressões faciais realizado pelos pesquisadores no paciente TN.[23] Eles expuseram o olho direito dos sujeitos a uma imagem de mosaico, colorida e em mudança rápida, e mostraram ao olho esquerdo a fotografia estática de um objeto. Esse objeto era posicionado perto da borda direita ou esquerda da foto, e os sujeitos tinham de adivinhar onde o objeto estava, embora não percebessem conscientemente a foto estática. Os pesquisadores imaginaram que, assim como no caso do paciente TN, as pistas inconscientes seriam poderosas se o objeto retratado fosse de interesse vital para o cérebro humano.

Existe um candidato óbvio a figurar nesse caso. Assim, quando realizou o experimento, o grupo selecionou como uma das imagens estáticas, sim, isso mesmo, pornografia – ou, no jargão científico, uma "imagem de estímulo altamente erótico". É possível encontrar erotismo em qualquer banca de jornal, mas onde podemos encontrar erotismo cientificamente controlado? Acontece que os psicólogos dispõem de um banco de dados para isso. Ele se chama International Affective Picture System (Sistema Internacional de Imagens Afetivas), uma coleção de 480 imagens variando de material sexualmente explícito a agradáveis imagens de crianças e vida selvagem, passando por corpos mutilados, tudo classificado de acordo com o nível de estímulo que produz.

Como os pesquisadores esperavam, quando diante de imagens estáticas e não provocantes, e indagados se o objeto estava no lado esquerdo ou direito da foto, os sujeitos adivinharam corretamente em metade das vezes, o que é o esperado em adivinhações aleatórias e desinformadas, proporção comparável à de TN ao escolher entre círculos e quadrados. Mas quando a imagem de uma mulher nua era mostrada a homens heterossexuais, eles adquiriam uma significativa capacidade de discernir em que lado da imagem ela estava; o mesmo acontecia com mulheres diante de imagens de homens nus. Não foi o que aconteceu quando se exibiram homens nus para os homens, nem mulheres nuas para as mulheres – com uma exceção, claro. Quando o experimento foi repetido com homossexuais, os resultados se inverteram da maneira esperável. Eles refletiam as preferências sexuais dos sujeitos.

Apesar do resultado, quando foram depois indagados sobre o que tinham visto, todos descreveram apenas a tediosa progressão de imagens mosaicas em rápida mudança que os pesquisadores apresentaram ao olho direito. Eles não faziam ideia de que, enquanto suas mentes conscientes olhavam para uma série de distrações, suas mentes inconscientes se esbaldavam com garotas (ou rapazes) peladas (ou pelados). Isso significa que, mesmo que o processamento das imagens eróticas não tenha chegado à consciência, tudo foi registrado no inconsciente a ponto de gerar uma consciência subliminar da ocorrência.

Voltamos mais uma vez à lição aprendida por Peirce: nós não percebemos conscientemente tudo que o nosso cérebro registra, por isso nossa mente inconsciente pode perceber coisas que a consciente não percebe. Quando isso acontece, temos um estranho pressentimento a respeito do nosso parceiro de negócios, ou um palpite acerca de um estranho; e, assim como Peirce, não sabemos qual é a fonte.

Há muito tempo aprendi que, de maneira geral, é melhor seguir esses palpites. Eu tinha vinte anos, estava em Israel depois da Guerra do Yom Kippur quando fui visitar as colinas de Golan, na Síria ocupada por Israel. Enquanto caminhava por uma estrada deserta, avistei um pássaro interessante no campo de um fazendeiro. Como sou um observador de pássaros, resolvi olhar mais de perto. O campo estava isolado por uma cerca, o que normalmente não detém observadores de pássaros, mas aquela cerca tinha uma placa estranha. Imaginei o que poderia dizer. Estava em hebraico, e meu hebraico não era suficiente para decifrar o aviso. A mensagem usual seria "não invadir", mas, por alguma razão, aquele aviso parecia diferente. Seria melhor ficar de fora? Algo me disse que "sim", e era uma coisa que imagino ser muito parecida com o que indicou a Peirce o ladrão do relógio. Mas meu intelecto, minha mente consciente e deliberativa, disse: "Vá em frente. Mas seja rápido." Por isso, galguei a cerca, entrei no campo e andei em direção ao pássaro. Pouco depois ouvi alguém gritando em hebraico; quando me virei, vi um homem num trator, fazendo gestos muito animados na minha direção. Voltei à estrada. Era difícil entender a gritaria desconexa do homem, porém, com meu parco hebraico e os gestos de mão, logo percebi qual era a questão. Virei para o sinal e percebi que tinha reconhecido aquelas palavras. O aviso dizia: "Perigo, campo minado!"

Meu inconsciente tinha entendido a mensagem, mas deixei que meu consciente a ignorasse.

Confiar nos instintos sem ter uma base lógica e concreta para eles costumava ser difícil para mim, mas a experiência me curou. Todos nós somos um pouco como o paciente TN, cegos para certas coisas, mas alertados pelo nosso inconsciente para desviar para a esquerda e a direita. Esses conselhos podem nos salvar, se estivermos dispostos a nos abrir para a informação.

HÁ SÉCULOS OS FILÓSOFOS debatem sobre a natureza da "realidade", se o mundo que percebemos é real ou uma ilusão. Mas a neurociência moderna nos ensina que, de certa forma, todas as nossas percepções devem ser consideradas ilusões. Isso porque só percebemos o mundo de forma indireta, processando e interpretando os dados brutos dos nossos sentidos. É isso que nosso inconsciente processa para nós – criando assim um modelo do mundo. Ou, como dizia Kant, há *Das Ding an sich*, as coisas como elas são, e *Das Ding für uns*, as coisas como as conhecemos.

Por exemplo, quando olhamos ao redor, temos a sensação de estar vendo um espaço tridimensional. Mas não percebemos diretamente essas três dimensões. O cérebro vê um conjunto de dados planos e bidimensionais na retina e cria a sensação de três dimensões. Nossa mente inconsciente é tão boa em processamento de imagens que, se você começasse a usar óculos que invertessem a imagem nos seus olhos de cabeça para baixo, depois de pouco tempo estaria vendo as coisas na posição normal outra vez. Quando os óculos fossem removidos, você veria o mundo de cabeça para baixo, mas só por algum tempo.[24] Graças a todo esse processamento, quando falamos "Eu vejo uma cadeira", o que na verdade dizemos é que o nosso cérebro criou o modelo mental de uma cadeira.

Nosso inconsciente não só interpreta os dados sensoriais, ele os realça. E isso é necessário, pois os dados que nossos sentidos transmitem são de qualidade muito baixa e precisam ser consertados para ser úteis. Por exemplo, o chamado "ponto cego" é uma lacuna nos dados que nossos olhos fornecem, um ponto atrás do globo ocular onde se encontra a ligação entre a retina e o cérebro. Isso cria uma região morta no campo de visão dos olhos. Em geral nem percebemos isso, pois nosso cérebro completa a imagem baseado nos dados obtidos da área ao redor. Mas é possível arquitetar uma situação artificial em que essa lacuna se torna visível. Por exemplo, feche o olho direito, olhe para o número "1" do lado direito da linha na Figura 6, depois aproxime (ou afaste) o livro até a carinha triste desaparecer. Este será o ponto cego. Mantendo a cabeça imóvel, olhe agora para o 2, o 3 e assim por diante, sempre com o olho esquerdo. A carinha triste vai reaparecer provavelmente por volta do número 4.

☹ 9 8 7 6 5 4 3 2 1

FIGURA 6

Para ajudar a compensar o ponto cego, nossos olhos mudam um pouquinho de posição várias vezes por segundo. Esses movimentos rápidos se chamam microssacadas, e são diferentes das sacadas normais, os movimentos maiores e mais rápidos que os olhos seguem sem cessar ao observar uma cena. Aliás, esses são os movimentos mais rápidos executados pelo corpo humano, tão céleres que só podem ser observados com instrumentos especiais. Por exemplo, enquanto você lê este texto, seus olhos estão fazendo uma série de sacadas ao longo das linhas. Se eu estivesse falando com você, seu olhar estaria percorrendo o meu rosto, em especial no ponto próximo aos olhos. Os seis músculos que controlam o globo ocular se movem mais ou menos 100 mil vezes por dia, quase o mesmo número de batidas do coração.

Se nossos olhos fossem uma simples câmera de vídeo, todos esses movimentos tornariam o vídeo impossível de assistir. Mas nosso cérebro compensa isso editando e cortando os períodos em que os olhos estão em trânsito, preenchendo tudo com nossa percepção, de forma que não notamos. É possível ilustrar essa edição de forma bem radical, mas é preciso aliciar um bom amigo como parceiro, ou talvez um conhecido que tenha tomado algumas taças de vinho.

Você tem de fazer o seguinte: fique encarando o seu parceiro, deixando mais ou menos 10cm de distância entre as pontas dos dois narizes, e peça para ele fixar o olhar no meio dos seus olhos. Depois diga ao seu parceiro para olhar para a sua orelha esquerda e voltar. Repita isso algumas vezes. Enquanto isso, o seu trabalho será observar os olhos dele ou dela e perceber que não há dificuldade em ver que se movem de um lado para o outro. A pergunta é: se pudesse ficar nariz a nariz consigo mesmo e repetir esse procedimento, você veria os *seus* olhos se movendo? Se for verdade que o cérebro edita e corta informações visuais recebidas durante os movimentos dos olhos, você não veria.

Como se pode fazer esse teste? Fique diante de um espelho, com o nariz a 5cm da superfície (isso corresponde aos 10cm de distância de uma pessoa real). Primeiro olhe para o ponto entre os seus olhos, depois para a orelha esquerda, depois de volta. Repita isso algumas vezes. Como que por milagre, você vai ter as duas visões, mas nunca verá os seus olhos se movendo entre elas.

Outra lacuna nos dados brutos transmitidos pelos nossos olhos tem a ver com a visão periférica, que é muito fraca. Na verdade, se você erguer o braço em posição horizontal e olhar para a unha do polegar, vai perceber que a única região do seu campo de visão com boa resolução é a área interna na unha, ou talvez só um contorno. Mesmo que você tenha uma visão 20-20, sua acuidade visual fora da região central será mais ou menos comparável à visão de uma pessoa que precisa de óculos de lentes grossas e não está com eles.

Você pode experimentar isso se olhar para esta página a alguns centímetros de distância e fixar no asterisco central da primeira linha na Figura 7. As letras F da linha estão a um pouco mais de uma unha de distância. Você provavelmente vai ver o A e o F muito bem, o E com um pouco de dificuldade, e quase nenhuma outra letra. Agora desça até a segunda linha. Aqui o aumento do tamanho das letras ajuda um pouco. Mas, se você for como eu, não vai ser capaz de enxergar bem todas as letras da terceira linha. O grau de aumento exigido para conseguirmos ver as letras na periferia é uma indicação da baixa qualidade da nossa visão periférica.

P Z L E F A * A F E Q C A

G C D E F A * A F E Z P O

P G L E F A * A F E D C R

FIGURA 7

O ponto cego, sacadas, visão periférica fraca – tudo isso são questões que podem causar graves problemas. Quando você olha para o seu chefe, por exemplo, a imagem real na sua retina seria a de uma pessoa embaçada e trêmula com um buraco negro no meio do rosto. Por mais emocionalmente apropriado que possa parecer, não é a imagem que você vai ver, porque seu cérebro processa automaticamente os dados, combina a informação dos dois olhos, remove os efeitos dos movimentos rápidos e preenche as lacunas baseado na suposição de que as propriedades visuais das regiões vizinhas sejam semelhantes.

A Figura 8 ilustra alguns dos processos realizados pelo nosso cérebro para nós. À esquerda está a cena tal como registrada por uma câmera. À direita está a mesma imagem, como ficaria se fosse gravada por uma retina humana, sem processamento adicional. Felizmente para nós, esse processamento é feito no inconsciente, tornando as imagens tão bem-acabadas e refinadas quanto as registradas pela câmera.

FIGURA 8. À esquerda, imagem original, feita por uma câmera. À direita, a mesma imagem vista por uma retina (olho direito, fixado no X).

A audição funciona de forma semelhante. Por exemplo, nós preenchemos lacunas de informação auditiva de modo inconsciente. Para demonstrar isso em experimento, foi gravada a sentença "Os governadores de estado se reuniram com suas respectivas legislaturas convocadas na capital"; depois, foram apagados os 120 milissegundos até o primeiro "s" de "legislaturas" e substituídos por um tossido. Disseram a vinte participantes da experiência que eles ouviriam uma gravação contendo um tossido, e forneceram cópias impressas para que marcassem com um círculo a posição exata logo depois do tossido. Foi pedido também que dissessem se o tossido tinha mascarado algum som assinalado. Todos os voluntários relataram ter ouvido o tossido, mas dezenove dos vinte disseram que o tossido não tinha encoberto nenhum texto. O único a relatar que o tossido encobriu alguns fonemas indicou o fonema errado.[25]

Ainda mais: num trabalho de acompanhamento, os pesquisadores descobriram que nem mesmo experientes ouvintes conseguiam identificar o som que faltava. Nenhum conseguiu localizar o ponto exato do tossido – ninguém nem chegou perto. O tossido não pareceu ocorrer num momento nítido na sentença, mas coexistir com os sons do discurso sem afetar sua inteligibilidade. Mesmo quando toda a sílaba "gis" de "legislatura" foi encoberta pelo tossido, os participantes não conseguiram identificar o som que faltava.[26]

Esse efeito é chamado restauração fonêmica, conceitualmente análogo ao preenchimento que o cérebro faz quando edita o ponto cego da retina, melhora a baixa resolução da nossa visão periférica – ou preenche lacunas no seu conhecimento do caráter de alguém utilizando pistas baseadas na aparência, no grupo étnico ou no fato de a pessoa fazer lembrar o tio Jerry. (Trata-se de uma taquigrafia perceptual muito eficaz – a não ser quando não é, pois às vezes pode levar a graves erros de julgamento. Falaremos sobre isso mais adiante.)

A restauração fonêmica tem uma propriedade impressionante: por se basear no contexto em que você ouviu as palavras, o que você pensa ter ouvido no começo de uma sentença pode ser afetado pelas palavras que vêm *no final*. Por exemplo, fazendo com que um asterisco denote o tossido, os ouvintes de outro famoso estudo relataram ter escutado a palavra "wheel" ("roda") na sentença "It was found that the *eel was on the axle" ("Acharam que a *da estava no eixo"). Mas ouviram "heel" ("salto de sapato") ao escutarem a sentença "It was found that the *eel was on the shoe" ("Acharam que o salto estava no sapato"). Da mesma forma, quando a palavra final na sentença era "orange" ("laranja"), eles ouviam "peel" ("casca"), e quando era "table" ("mesa") eles ouviam "meal" ("refeição").[27]

Em todos os casos, a informação fornecida a cada cérebro dos sujeitos incluía o mesmo som, "*eel". Cada cérebro pacientemente reteve a informação, esperando mais pistas sobre o contexto. Então, depois de ouvir as palavras "axle", "shoe", "orange" ou "table", o cérebro preencheu com a consoante apropriada. Só nesse momento chegou à mente consciente do sujeito, que, embora não conhecesse a alteração, ficava bastante confiante de ter ouvido bem a palavra que o tossido encobrira parcialmente.

Na física, os cientistas inventam modelos ou teorias para descrever e prever os dados que observamos sobre o Universo. A teoria da gravidade de Newton é um exemplo, a teoria da gravidade de Einstein é outro. Embora descrevam o mesmo fenômeno, essas teorias constituem versões muito diferentes da realidade. Newton, por exemplo, imaginava que as massas afetavam-se umas às outras exercendo uma força, enquanto na teoria de Einstein os efeitos ocorrem por meio de uma curvatura do espaço e do tempo, e não existe um conceito de força na gravidade. As duas teorias podem ser utilizadas para descrever a queda de uma maçã com grande precisão, mas, nesse caso, a de Newton seria muito mais fácil de usar. Em outro caso, como nos cálculos necessários para os sistemas de posicionamento global (GPS) que ajudam a nos orientar enquanto dirigimos, a teoria de Newton forneceria a resposta errada, e por isso é preciso usar a de Einstein. Hoje sabemos que na verdade as duas teorias estão erradas, no sentido de que ambas são apenas aproximações do que realmente acontece na natureza. Mas também estão corretas, pois fornecem uma descrição muito precisa e útil da natureza nas situações em que se aplicam.

De certa forma, todas as mentes humanas são como um cientista, criando um modelo do mundo ao redor, o mundo cotidiano que nosso cérebro detecta pelos sentidos. Assim como as teorias da gravidade, nosso modelo do mundo dos sentidos é uma aproximação, baseado em conceitos inventados pela mente. Assim como as teorias da gravidade, ainda que nossos modelos mentais acerca do entorno não sejam perfeitos, eles em geral funcionam muito bem.

O mundo que percebemos é um ambiente artificialmente construído, cujas características e propriedades são ao mesmo tempo produto dos nossos processos mentais inconscientes dos dados reais. A natureza nos ajuda a preencher as lacunas de informação nos dotando de um cérebro que suaviza essas imperfeições, num nível inconsciente, antes mesmo de estarmos conscientes de qualquer percepção. Nosso cérebro faz tudo isso sem um esforço consciente, enquanto nos sentamos numa poltrona saboreando um copo de suco de pera ou bebericando uma cerveja. Aceitamos as visões urdidas pela nossa mente inconsciente sem questionar, sem perceber que são apenas uma interpretação elaborada para maximizar nossa chance de sobrevivência, mas que, em todos os casos, são a imagem mais acurada possível.

Isso suscita uma questão à qual voltaremos inúmeras vezes, em contextos que variam da visão à memória e à maneira como julgamos as pessoas que conhecemos: se uma das funções centrais do inconsciente é preencher as lacunas diante da informação incompleta, a fim de construir uma imagem da realidade que nos possa ser útil, o quanto dessa imagem é realmente acurada? Por exemplo, vamos supor que você conheceu alguém. Você tem uma conversa rápida com essa pessoa e, baseado em aparência, maneira de vestir, etnia, sotaque e gestos – e talvez em um pouco de pensamento positivo de sua parte –, forma uma avaliação sobre esse indivíduo. Mas quanto você pode confiar que sua imagem é verdadeira?

Neste capítulo, me concentrei no domínio da percepção visual para ilustrar o sistema duplo de processamento de dados do cérebro e nas maneiras como ele fornece informações que não vêm dos dados brutos presentes. Mas a percepção visual é apenas uma das muitas arenas de processamento mental, em que partes do cérebro que funcionam no nível inconsciente fazem truques para preencher a informação que falta. A memória é outra, pois a mente inconsciente se envolve ativamente na tarefa de moldar nossa memória. Como vamos ver a seguir, os truques inconscientes que nosso cérebro emprega para criar memórias de eventos – feitos da imaginação, na verdade – são tão drásticos quanto as alterações que operam nos dados brutos recebidos por nossos olhos e ouvidos. A forma como esses truques conjurados pela nossa imaginação completa os rudimentos da memória podem ter efeitos abrangentes e nem sempre positivos.

3. Lembrança e esquecimento

> Um homem se impõe a tarefa de retratar o mundo. Ao longo dos anos ele povoa um espaço com imagens de províncias, reinos, montanhas, baías, navios, ilhas, peixes, salas, instrumentos, estrelas, cavalos e pessoas. Pouco antes de sua morte, ele descobre que aquele paciente labirinto de linhas traça a imagem de seu rosto.
>
> JORGE LUIS BORGES

AO SUL DO RIO HAW, no centro da Carolina do Norte, localiza-se a antiga cidade fabril de Burlington. Essa é uma parte do país conhecida por ter garças azuis, tabaco e noites de verão quentes e úmidas. O Brookwood Garden Apartments é um complexo típico de Burlington. Agradável edifício de um andar construído em tijolos cinzentos, está situado poucos quilômetros a leste do Elon College, faculdade particular que, com a decadência dos moinhos, acabou dominando a cidade. Numa dessas noites quentes de julho, em 1984, uma estudante da Elon, de 22 anos, chamada Jennifer Thompson, estava na cama dormindo quando um homem esgueirou-se pela porta de trás.[1]

Eram três da madrugada. Como o ar-condicionado zunia e rateava, o homem pôde cortar a linha telefônica, quebrar o fio da lâmpada do lado de fora da porta e invadir a residência. O ruído não acordou Jennifer, mas os passos do homem dentro da casa a despertaram. Ela abriu os olhos e divisou a figura de alguém se movendo no escuro ao seu lado. Um instante depois o homem saltou sobre ela, encostou uma faca em sua garganta e ameaçou matá-la se ela resistisse. Depois, enquanto o estranho a estuprava, ela examinou o rosto dele, concentrando-se para identificá-lo caso sobrevivesse.

Jennifer acabou convencendo o estuprador a deixar que ela acendesse uma luz para lhe preparar uma bebida, e nesse momento saiu correndo, nua, pela porta dos fundos. Esmurrou freneticamente a porta do apartamento vizinho. Os ocupantes adormecidos não ouviram nada, mas o estuprador ouviu e foi atrás dela. Jennifer correu pelo gramado até uma casa de tijolos com a luz acesa. O estuprador desistiu e entrou em outro prédio próximo, onde invadiu outro apartamento e estuprou outra mulher. Enquanto isso, Jennifer foi levada ao Memorial Hospital, onde a polícia recolheu amostras de seu cabelo e de fluidos vaginais. Em seguida levaram-na para a delegacia, onde ela relatou sua análise do rosto do estuprador para o desenhista dos retratos falados da polícia.

No dia seguinte as pistas começaram a dar frutos. Uma delas levou a um homem chamado Ronald Cotton, de 22 anos, que trabalhava num restaurante perto do apartamento de Jennifer. Cotton tinha ficha na polícia, já fora declarado culpado por invasão de domicílio e, ainda adolescente, por agressão sexual. Três dias depois do incidente, o detetive Mike Gauldin convocou Jennifer para examinar seis fotos que alinhou sobre uma mesa. De acordo com o relatório da polícia, Jennifer estudou as fotos por cinco minutos. "Eu me lembro de ter me sentido num teste de múltipla escolha", ela disse. Uma das fotos era de Cotton. Jennifer o reconheceu.

Alguns dias depois, Gauldin levou Jennifer para observar cinco homens. Cada um deles foi orientado a dar um passo adiante, falar alguma coisa e retroceder. A princípio insegura, sem saber se o estuprador era o número quatro ou cinco, Jennifer acabou escolhendo o número cinco. Mais uma vez era Cotton.

Segundo Jennifer, quando foi informada de que era o mesmo homem que havia identificado na lista de fotografias, ela pensou consigo mesma: "Na mosca, eu escolhi certo." No tribunal, Jennifer apontou o dedo para Cotton mais uma vez, identificando-o como seu agressor. O júri chegou a um veredicto em quarenta minutos, e o juiz condenou Cotton a prisão perpétua e mais cinquenta anos. Jennifer disse que foi o dia mais feliz de sua vida e comemorou com champanhe.

O primeiro sinal de que havia algo errado, além da negação do réu, aconteceu quando Cotton, trabalhando na cozinha da prisão, conheceu um homem chamado Bobby Poole. Ele era parecido com Cotton, portanto, com o rosto do retrato falado da polícia baseado na descrição de Jennifer. Mais ainda: Poole estava na prisão pelo mesmo crime, estupro. Cotton confrontou Poole com o caso de Jennifer, mas ele negou qualquer envolvimento. Para sorte de Cotton, Bobby Poole gabou-se para outro prisioneiro de ter realmente estuprado Jennifer e a outra mulher. Ronald Cotton tinha encontrado o estuprador por mero acaso. Em decorrência da confissão na prisão, Cotton foi julgado de novo.

No segundo julgamento, perguntaram outra vez a Jennifer Thompson se ela poderia identificar seu agressor. Ela ficou a 5m de distância de Poole e Cotton e examinou os dois. Em seguida apontou para Cotton e reafirmou que ele era o estuprador. Poole era parecido com Cotton, mas, devido às experiências que Jennifer tivera no tempo transcorrido *depois* do estupro – a identificação de Cotton numa foto, depois numa fila de reconhecimento e em seguida no tribunal –, aquele era o rosto que ficaria em sua memória para sempre desde aquela noite. Em vez de ganhar a liberdade, Cotton saiu do segundo julgamento com uma punição ainda mais dura: duas sentenças de prisão perpétua.

Mais sete anos se passaram. O que restou das provas do antigo crime de dez anos antes, inclusive o fragmento de um único espermatozoide do perpetrador, ficou esquecido numa prateleira do Departamento de Polícia de Burlington. Enquanto isso, a nova tecnologia de exames de DNA ganhava as manchetes, graças ao julgamento por duplo homicídio de O.J. Simpson. Cotton convenceu seu advogado a exigir que o fragmento de espermatozoide fosse examinado. Afinal, o advogado conseguiu que o teste se realizasse. O resultado provou que Bobby Pole fora o estuprador de Jennifer Thompson, e não Ronald Cotton.

No caso de Jennifer, só sabemos que a vítima confundiu seu agressor. Nunca saberemos com que precisão ou falta de precisão Jennifer se lembrava de outros detalhes do ataque, pois não havia nenhum registro objetivo do crime. Mas é difícil imaginar uma testemunha mais confiável que Jennifer Thompson. Era uma moça inteligente. Ficou relativamente calma durante o ataque. Estudou o rosto do agressor. Concentrou-se para se lembrar dele. Não conhecia e nem tinha qualquer prevenção contra Cotton. Mas apontou o homem errado. Isso é perturbador, pois, se Jennifer Thompson se enganou em sua identificação, talvez nenhuma testemunha seja confiável para apontar com precisão um agressor desconhecido. Há muitas indicações – algumas delas das próprias pessoas que organizam filas de reconhecimento como a que resultou na prisão de Cotton – que sugerem que este seja o caso.

Cerca de 75 mil exames de reconhecimento acontecem todos os anos na polícia dos Estados Unidos, e as estatísticas a respeito mostram que em 20 a 25% das vezes as testemunhas fazem uma escolha que a polícia *sabe* ser incorreta. E sabem disso porque as testemunhas escolhem um dos "inocentes conhecidos", ou "figurantes", que a polícia insere para completar a fila.[2] Em geral são detetives da própria polícia ou detentos escolhidos na cadeia local. Essas falsas identificações não põem ninguém em perigo, mas considere as implicações: a polícia sabe que, de ⅕ a

¼ das vezes, a testemunha identifica um indivíduo que comprovadamente não cometeu o crime; mas quando uma testemunha aponta a pessoa que é um *suspeito*, a polícia – e os tribunais – acreditam que *aquela* identificação é confiável. Como revelam as estatísticas, não é.

Na verdade, estudos experimentais nos quais pessoas são expostas a falsos crimes sugerem que, quando o verdadeiro culpado não está presente, mais da metade das testemunhas faz exatamente o que fez Jennifer Thompson: escolhem alguém de qualquer forma, selecionando a pessoa que mais se aproxima da lembrança que têm do criminoso.[3] Como resultado dessas questões, identificações falsas de testemunhas parecem ser a principal causa de condenações indevidas. Uma organização chamada Innocence Project, por exemplo, descobriu que, das centenas de pessoas isentadas de culpa com base em testes de DNA depois da condenação, 75% haviam sido presas com base em identificações imprecisas de testemunhas.[4]

Você poderia pensar que essas descobertas resultariam numa revisão radical do processo de identificação de testemunhas. Infelizmente, o sistema legal é resistente a mudanças, em especial quando elas são fundamentais – mas inconvenientes. Em decorrência disso, até hoje a magnitude e a probabilidade de erros de memória continuam a ser desconsiderados. Às vezes a lei até chega a aceitar o fato de que as testemunhas podem se enganar, mas a maior parte da polícia continua confiando muito em exames de reconhecimento, sendo possível condenar alguém num tribunal apenas com o testemunho ocular de um estranho. Aliás, os juízes costumam proibir a defesa de apresentar peritos que apontem pesquisas científicas sobre os furos da identificação por testemunhas. "Os juízes dizem que é complicado demais, ou abstrato, para os jurados entenderem, e outras vezes dizem que é simplista demais", diz Brandon Garrett, autor do livro *Convicting the Innocent*.[5]

Os tribunais chegam a desencorajar jurados que usam transcrições do julgamento para ajudar a lembrar os testemunhos que ouviram no tribunal. O estado da Califórnia, por exemplo, recomenda que os juízes informem aos jurados que "suas lembranças devem prevalecer sobre as transcrições por escrito".[6] Os advogados nos dirão que há razões práticas para essa política, que as deliberações levariam tempo demais se os jurados se debruçassem sobre as transcrições do julgamento. Para mim isso é uma afronta, como dizer que devemos acreditar no testemunho de alguém sobre um incidente, e não num filme que registrasse o próprio incidente. Jamais concordaríamos com esse tipo de pensamento em outras áreas da vida. Imagine a Associação Médica Americana dizendo aos médicos para não confiar nas fichas dos pacientes. "Sopro no coração? Não me lembro de nenhum sopro no coração. Vamos eliminar esse remédio do seu tratamento."

É RARO HAVER PROVAS do que realmente aconteceu, por isso, na maioria dos casos, nunca saberemos o quanto nossas lembranças são realmente precisas. Mas há exceções. Na verdade, existe um exemplo que propiciou aos estudiosos de distorções da memória um registro que não poderia ter sido superado nem se eles mesmos tivessem orquestrado o incidente. Estou me referindo ao escândalo de Watergate, nos anos 1970.

Watergate envolveu o arrombamento, por parte de agentes republicanos, do quartel-general do Comitê Nacional do Partido Democrata e o subsequente encobrimento do ato pela administração do presidente Richard Nixon. Um camarada chamado John Dean, conselheiro de Nixon na Casa Branca, estava muito envolvido no acobertamento que acabou levando à renúncia de Nixon. Dizia-se que Dean tinha uma memória extraordinária, e ele testemunhou em audiências organizadas pelo Senado dos

Estados Unidos, enquanto milhões ao redor do mundo o viam ao vivo pela televisão.

Em seu depoimento, Dean lembrou-se de conversas incriminadoras com Nixon e outros figurões com tantos detalhes que ele ficou conhecido como "gravador humano". O que confere importância científica ao depoimento de Dean é o fato de o Comitê do Senado ter descoberto depois que havia também um gravador de verdade na escuta, e que o presidente Nixon gravava secretamente suas conversas para uso futuro. Dessa forma, o gravador humano pôde ser conferido com a realidade.

O psicólogo Ulric Neisser fez a verificação. Pacientemente, comparou o testemunho de Dean com as verdadeiras transcrições e catalogou suas descobertas.[7] Acontece que John Dean estava mais para romancista histórico do que para gravador humano. Não acertou quase nada em suas recordações do conteúdo das conversas. Aliás, nem chegou perto.

Por exemplo, em 15 de setembro de 1972 – antes de o escândalo envolver a Casa Branca –, a Suprema Corte concluiu sua investigação e indiciou sete homens. Estes incluíam os cinco arrombadores de Watergate, mas só duas das pessoas envolvidas no planejamento do crime, e ainda assim eram "peixes pequenos": Howard Hunt e Gordon Liddy. O Departamento de Justiça alegou não dispor de provas para indiciar ninguém mais alto na hierarquia. Parecia uma vitória para Nixon. Em seu depoimento, Dean disse o seguinte a respeito da reação do presidente:

> Naquela tarde, eu recebi uma ligação me chamando ao Salão Oval do presidente. Quando cheguei, vi Haldeman [chefe de Gabinete de Nixon] e o presidente. O presidente disse para eu me sentar. Os dois pareciam muito animados e me receberam com afeto e cordialidade. O presidente me disse então que Bob – referindo-se a Haldeman – o havia informado sobre a maneira como eu es-

> tava cuidando do caso Watergate. O presidente falou que eu tinha feito um bom trabalho e que reconhecia que a tarefa era difícil; e que estava satisfeito com o fato de o caso ter parado em Liddy. Respondi que não merecia aqueles créditos porque outros tinham feito coisas mais difíceis que eu. Enquanto o presidente debatia o estado da situação, eu lhe disse que só tinha conseguido conter o caso e ajudado a manter aquilo afastado da Casa Branca. Disse também que havia um longo caminho a percorrer antes de o caso terminar, e que não poderia dar garantias de que, um dia, a questão não fosse revelada.

Ao comparar esse meticuloso relato do encontro com a transcrição, Neisser descobriu que quase nada era verdade. Nixon não fez nenhuma das declarações que Dean atribuiu a ele. Não convidou Dean a se sentar; não disse que Haldeman o havia mantido informado; não disse que Dean tinha feito um bom trabalho; e não disse nada sobre Liddy ou os indiciamentos. Tampouco Dean disse as coisas que alegou ter falado. Na verdade, Dean não disse que "não poderia dar garantias" de que a questão não fosse revelada; ele disse o contrário: assegurou a Nixon que "nada vai desmoronar por causa disso".

Claro que o depoimento de Dean é a seu favor, que ele pode ter mentido de propósito quanto ao seu papel. Mas, se estava mentindo, fez um péssimo trabalho, porque, em geral, seu depoimento no Senado o incrimina tanto quanto (embora de modo muito diferente) as conversações reveladas pelas transcrições. De qualquer forma, o mais interessante são os pequenos detalhes, nem incriminadores nem de isenção, sobre os quais Dean parecia estar tão certo – e estava tão errado.

Você pode estar pensando que as distorções de memória tão frequentes nas lembranças de pessoas que foram vítimas de crimes graves (ou, como Dean, que estejam tentando acobertar tais crimes) não têm muito a ver com a vida cotidiana, com a maneira pela qual nos lembramos dos detalhes de nossas interações pessoais. Mas distorções de memória ocorrem na vida de todo mundo. Pense, por exemplo, num acordo comercial. As diversas partes da negociação avançam e recuam durante alguns dias, e você tem certeza de lembrar o que você e os outros disseram. No entanto, na construção da sua memória, há o que você disse, mas também há o que comunicou, o que os outros participantes do processo interpretaram como sua mensagem; e, finalmente, o que eles lembram dessas interpretações. É um encadeamento e tanto. Por isso, as pessoas costumam discordar radicalmente a respeito de suas lembranças do evento.

Essa é a mesma razão pela qual os advogados tomam nota quando estão envolvidos em importantes conversas. Embora isso não elimine o potencial de lapsos de memória, sem dúvida o reduz. Infelizmente, se você passar a vida fazendo anotações a respeito de todas as suas interações pessoais, o mais provável é que acabe ficando sem interações.

Casos como os de John Dean e Jennifer Thompson indicam questões surgidas em milhares de outros processos jurídicos, durante muitos anos, já documentados em vários graus. O que acontece com o funcionamento da memória humana para produzir tantas distorções; quanto podemos confiar nas nossas memórias do dia a dia?

A VISÃO TRADICIONAL DA MEMÓRIA, que persiste na maioria de nós, é que ela é como um arquivo de filmes no disco rígido de um computador. Esse conceito de memória é semelhante à analogia de uma simples câmera de vídeo com o modelo de visão que descrevi no capítulo anterior, e tão equivocado quanto. Na visão tradicional, o cérebro grava um registro preciso e completo de eventos; se você não lembra, é porque não consegue (ou não quer) encontrar o arquivo do filme certo ou porque o disco rígido foi corrompido de alguma forma.

Em 1991, numa pesquisa realizada pela psicóloga Elizabeth Loftus, a maior parte das pessoas, inclusive a grande maioria dos psicólogos, ainda se apegava a essa visão tradicional da memória: acessível ou reprimida, nítida ou difusa, nossa memória seria um registro literal de eventos.[8] Mas, se as memórias fossem mesmo o que uma câmera registra, elas poderiam ser esquecidas ou esmaecer, de forma que deixassem de ser claras e vívidas; porém seria difícil explicar como algumas pessoas – como Thompson e Dean – poderiam ter lembranças que são claras e vívidas, mas também são erradas.

Um dos primeiros cientistas a perceber que a visão tradicional não descreve com precisão a maneira como a memória humana funciona teve sua epifania depois de um caso de falso testemunho – o dele mesmo. Hugo Münsterberg era um psicólogo alemão.[9] Ele não tinha intenção de pesquisar a mente humana; mas, quando ainda era estudante na Universidade de Leipzig, assistiu a uma série de palestras de Wilhelm Wundt. Isso foi em 1883, poucos anos depois de Wundt ter fundado seu famoso laboratório de psicologia. As palestras de Wundt não só impressionaram Münsterberg como mudaram sua vida.

Dois anos depois, Münsterberg concluiu seu doutorado em psicologia fisiológica sob orientação de Wundt, e em 1891 foi nomeado professor assistente em Freiburg. No mesmo ano, ao comparecer ao I Congresso Internacional de Paris, Münsterberg conheceu William James, que ficara impressionado com seu trabalho. James na época era o diretor oficial do novo Laboratório de Psicologia de Harvard, mas queria abandonar o cargo para concentrar seus interesses em filosofia. Ele conseguiu atrair Münsterberg para Harvard, do outro lado do Atlântico, a fim de ocupar seu lugar, embora, quando chegou lá, Münsterberg só conseguisse ler em inglês, mas não falar a língua.

O incidente que inspirou o interesse específico de Münsterberg pela memória tinha acontecido uma década e meia depois, em 1907.[10] Enquanto estava de férias com a família na praia, sua casa na cidade foi assaltada. Quando foi informado pela polícia, Münsterberg voltou depressa e fez uma avaliação das condições em que se encontrava a residência. Depois foi chamado para testemunhar sob juramento a respeito do que tinha visto. Ele prestou um detalhado relato de sua avaliação ao tribunal, inclusive sobre o rastro de cera de vela que viu no segundo andar, um grande relógio de parede que o assaltante chegou a embrulhar para levar, mas deixou na mesa da sala de jantar, e indícios de que o assaltante tinha entrado por uma janela no porão.

O depoimento de Münsterberg foi feito com muita convicção, pois, como cientista e psicólogo, ele tinha prática em observações cuidadosas, além de ser conhecido pela boa memória, ao menos a respeito de fatos intelectuais objetivos. "Durante os últimos dezoito anos eu realizei cerca de 3 mil palestras em universidades", escreveu certa vez Münsterberg. "Nessas 3 mil palestras, nem uma vez levei uma só linha escrita. ... Minha memória me presta um serviço bem generoso." Mas aquilo não era uma conferência numa universidade. Nesse caso, todas as declarações que ele prestou se mostraram falsas. Seu confiante depoimento, assim como o de Dean, estava cheio de erros.

Os erros deixaram Münsterberg alarmado. Se *sua* memória podia enganá-lo, outros deveriam ter o mesmo problema. Talvez seus erros não fossem incomuns, mas a norma. Ele começou a estudar resmas de relatos de testemunhas oculares, bem como os primeiros e pioneiros estudos da memória, para investigar de forma mais geral como funcionava a memória humana.

Em um dos casos estudados por Münsterberg, depois de uma palestra sobre criminologia em Berlim, um estudante lançou um desafio ao distinto palestrante, o professor Franz von Liszt, primo do compositor Franz Liszt. Outro estudante levantou-se para defender Von Liszt. Surgiu uma discussão. O primeiro estudante puxou uma arma. O outro engalfinhou-se com ele. Depois Von Liszt entrou na contenda. Em meio ao caos, a arma disparou. A sala inteira virou um tumulto. Afinal Von Liszt gritou pedindo ordem no recinto, dizendo que era tudo uma encenação. Os dois raivosos estudantes não eram estudantes, mas atores seguindo um roteiro. A altercação era parte de um grande experimento. O propósito? Verificar os poderes de observação e memória de todos.

Depois do ocorrido, Von Liszt dividiu a plateia em quatro grupos. Pediu que um dos grupos escrevesse um relato do que tinha visto; outros foram acareados de imediato; outros deveriam escrever os relatos um pouco mais tarde. Para quantificar a precisão dos relatos, Von Liszt dividiu a apresentação em catorze componentes, alguns referentes às ações das pessoas, outros ao que haviam dito. Ele levou em conta erros, omissões, alterações e acréscimos. Os erros dos estudantes variaram de 26 a 80%. Comportamentos que não haviam acontecido foram atribuídos aos atores. Outras importantes ações não tinham sido notadas. Foram postas palavras na boca dos estudantes que discutiram, e mesmo na boca de estudantes que nada disseram.

Como se pode imaginar, o incidente teve boa publicidade. Logo os conflitos representados se tornaram voga entre psicólogos em toda a Alemanha. Em geral envolviam um revólver, como o primeiro. Certa vez, um palhaço entrou correndo num concorrido encontro científico, seguido por outro homem empunhando uma arma. O homem e o palhaço discutiram, depois lutaram; quando a arma disparou, os dois foram embora do recinto – tudo em menos de vinte segundos. Não é incomum a presença de palhaços em congressos científicos, mas raramente eles usam roupas de palhaço, por isso é lícito supor que a plateia sabia que o incidente era representado e por quê.

Mas, apesar de saber que um interrogatório seria feito a seguir, os relatos foram grosseiramente imprecisos. Entre as invenções surgidas nos relatos dos observadores destacaram-se uma grande variedade de trajes diferentes atribuídos ao palhaço e muitos detalhes descrevendo o belo chapéu na cabeça do homem armado. Usar chapéu era comum naquela época, mas o pistoleiro não estava de chapéu.

A partir da natureza desses erros de memória, além de muitos outros incidentes documentados que estudou, Münsterberg elaborou uma teoria da memória. Ele acreditava que nenhum de nós pode reter na memória a vasta quantidade de detalhes com que nos confrontamos em qualquer momento da vida, e que nossos erros de memória têm uma origem comum – todos são artefatos das técnicas que nossa mente usa para preencher as inevitáveis lacunas. Essas técnicas incluem confiar em nossas expectativas, nos nossos sistemas de valores, de forma geral, e em nossos conhecimentos prévios. Como resultado, quando nossas expectativas, nossos valores e conhecimento prévio estão às turras com os acontecimentos reais, nosso cérebro pode ser enganado.

Em seu caso específico, por exemplo, Münsterberg tinha entreouvido conversas da polícia comentando que o assaltante entrara pela janela do porão; sem perceber, ele incorporou essa informação à sua lembrança do local do crime. Mas a prova não existia, pois a polícia descobriu mais tarde que aquela especulação inicial estava errada. Na verdade o assaltante entrou retirando a fechadura da porta da frente. O relógio que Münsterberg lembrava ter visto embrulhado em papel estava enrolado numa toalha de mesa. Mas, como escreveu Münsterberg, sua "imaginação aos poucos trocou pelo método comum de embrulhar em papel". Quanto à cera da vela, que ele se lembrava tão bem de ter visto no segundo andar, ela estava no sótão. No momento em que a avistou, ele não sabia ainda de sua importância; quando a questão surgiu, ele estava concentrado na bagunça de papéis e outras desordens no segundo andar, o que o fez se lembrar de ter visto a parafina ali.

Münsterberg publicou suas ideias sobre a memória num livro que se tornou campeão de vendas, *On the Witness Stand: Essays on Psychology and Crime*.[11] Aí, ele elaborava inúmeros conceitos-chave que muitos pesquisadores agora acreditam corresponder à maneira como a memória realmente funciona: primeiro, as pessoas têm uma boa lembrança dos aspectos principais dos eventos, mas uma má lembrança dos detalhes; segundo, quando pressionadas pelos detalhes não lembrados, mesmo pessoas bem-intencionadas, fazendo sinceros esforços para ser precisas, e sem querer, preenchem os detalhes inventando coisas; terceiro, as pessoas acreditam nas lembranças que inventam.

Hugo Münsterberg morreu em 17 de dezembro de 1917, aos 53 anos, depois de sofrer uma hemorragia cerebral e desmaiar durante uma palestra que proferia em Radcliffe.[12] Suas ideias sobre a memória e seu trabalho pioneiro na aplicação da psicologia ao direito, à educação e aos negócios o tornaram famoso durante um tempo, e ele teve amigos notáveis, como o presidente Theodore Roosevelt e o filósofo Bertrand Russell. Mas uma pessoa que Münsterberg não considerava amiga nos últimos anos de sua vida já tinha sido seu patrocinador e mentor: William James.[13] Uma das razões do afastamento foi James ter se deixado fascinar por mediunidade, comunicação com os mortos e outras atividades místicas, que Münsterberg e muitos outros consideravam puro charlatanismo. Outra foi que, embora não convertido à psicanálise, James seguia o trabalho de Freud com interesse e achava que tinha valor. Münsterberg, por outro lado, era cético em relação ao inconsciente, tendo escrito: "A história do subconsciente pode ser contada em três palavras: ela não existe."[14] De fato, quando Freud foi a Boston em 1909 para fazer uma palestra em Harvard – em alemão –, Münsterberg mostrou desaprovação com sua evidente ausência.

Os dois, Freud e Münsterberg, criaram teorias da mente e da memória que foram de grande importância, mas, infelizmente, um exerceu pouco impacto sobre o outro; Freud entendia muito melhor que Münsterberg o imenso poder do inconsciente, mas achava que a repressão, e não um ato dinâmico de criação por parte do inconsciente, era a razão das lacunas e imprecisões da nossa memória; Münsterberg entendia muito mais que Freud os mecanismos e as razões das perdas e distorções da memória – contudo, não fazia ideia de todos os processos inconscientes que os criavam.

Como um sistema de memória que descarta tanto da nossa experiência pode ter sobrevivido aos rigores da evolução? Embora a memória humana esteja sujeita a distorções na reconstrução de lembranças, se essas distorções subliminares se mostrassem graves para a sobrevivência de nossos ancestrais, nosso sistema de memória, ou talvez a nossa espécie, não teria sobrevivido. Ainda que o sistema de memória esteja longe da perfeição, na maior parte das situações funciona exatamente como exige a evolução: é o suficiente.

Na verdade, numa visão mais ampla, a memória humana é maravilhosamente eficiente e precisa – ela bastava para fazer com que nossos ancestrais reconhecessem as criaturas que deveriam evitar e as que deveriam caçar, onde estavam os riachos com mais trutas e o caminho mais seguro para voltar ao acampamento. Nos tempos modernos, o ponto de partida para a compreensão de como a memória funciona é a percepção de Münsterberg, de que a mente é continuamente bombardeada por uma quantidade de dados tão grande que não consegue lidar com tudo – os cerca de 11 milhões de bits por segundo que mencionei no capítulo anterior. Foi por isso que trocamos uma lembrança perfeita pela capacidade de assimilar e processar essa assustadora quantidade de informação.

Quando organizamos uma festa para nosso filho pequeno no parque, vivenciamos duas horas intensas de sons e imagens. Se puséssemos tudo isso na memória, logo teríamos um enorme depósito de sorrisos, bigodes de leite e fraldas com cocô. Importantes aspectos da experiência seriam armazenados no meio de lixo irrelevante, como o estampado da blusa de cada mãe, as conversas fiadas de cada pai, os gritos e choros de todas as crianças presentes e o número cada vez maior de formigas na mesa do piquenique. A verdade é que não nos concentramos nas formigas e nas conversas fiadas, nem queremos nos lembrar de tudo. O desafio enfrentado pela mente, e que corresponde ao inconsciente, é ser capaz de filtrar esse inventário de dados a fim de reter as partes que realmente nos interessam. Sem a filtragem, nós simplesmente nos perderíamos no lixo de dados. Nós vemos as árvores, mas não a floresta.

Aliás, existe uma famosa pesquisa que ilustra o lado negativo de uma memória sem filtros, o estudo de caso de um indivíduo que dispunha de uma memória desse tipo. A pesquisa foi feita ao longo de trinta anos, a partir dos anos 1920, pelo psicólogo russo A.R. Luria.[15] O homem que não conseguia esquecer era um famoso mnemônico chamado Solomon Shereshevsky. Aparentemente, ele conseguia se lembrar com grandes detalhes de tudo o que lhe havia acontecido. Certa vez Luria pediu a Shereshevsky que descrevesse o primeiro encontro entre os dois.

Shereshevsky lembrou que eles estavam no apartamento de Luria, descreveu exatamente como eram os móveis e o que Luria estava vestindo. Depois recitou sem nenhum erro a lista de setenta palavras – quinze anos depois – que Luria havia lido em voz alta e pedido que repetisse.

O lado negativo da impecável memória de Shereshevsky era que os detalhes costumavam atrapalhar sua compreensão. Por exemplo, ele tinha uma grande dificuldade de reconhecer fisionomias. A maioria de nós guarda na memória a fisionomia geral dos rostos de que nos lembramos; quando vemos alguém que conhecemos, identificamos a pessoa comparando o rosto que estamos vendo com um dos rostos desse catálogo limitado. Mas a memória de Shereshevsky guardava muitas versões de cada rosto que já tinha visto. Para ele, cada vez que um rosto mudava de expressão, ou fosse visto sob luz diferente, era um novo rosto, e ele se lembrava de todos. Assim, para ele as pessoas não tinham um só rosto, mas dezenas; quando encontrava alguém que conhecia, comparar o rosto daquela pessoa com aqueles que guardava na memória significava a busca em um vasto inventário de imagens para tentar encontrar o equivalente exato do que estava vendo.

Shereshevsky tinha problemas semelhantes com a linguagem. Se você falasse com ele, ainda que conseguisse sempre repetir suas palavras exatas, ele tinha problemas para entender o raciocínio. A comparação com a linguagem é cabível, pois se trata de um problema semelhante ao das árvores e da floresta. Os linguistas reconhecem dois tipos de estrutura de linguagem – a superficial e a profunda. A estrutura superficial refere-se à maneira específica pela qual uma ideia é exposta, como as palavras que usamos e sua ordem. A estrutura profunda diz respeito ao ponto principal da ideia.[16] A maioria de nós evita os problemas de acúmulo de entulho retendo o ponto principal e descartando detalhes; assim, embora consigamos reter a estrutura profunda –

o significado do que foi dito – por longos períodos de tempo, só nos lembramos com precisão da estrutura superficial – as palavras com que foi enunciado – só por oito a dez segundos.[17]

Parece que Shereshevsky tinha uma memória exata e duradoura de todos os detalhes da estrutura superficial, mas esses detalhes interferiam em sua capacidade de entender a estrutura profunda, a fim de extrair a essência do que estava sendo dito. Sua incapacidade de esquecer o irrelevante tornou-se tão frustrante que às vezes ele escrevia coisas num pedaço de papel e depois o queimava, na esperança de que sua lembrança também se queimasse nas chamas. Não funcionava.

Leia a seguinte lista de palavras e, por favor, preste muita atenção: pirulito, azedo, açúcar, amargo, bom, sabor, dente, agradável, mel, soda, chocolate, coração, bolo, comer e torta. Se você leu as primeiras palavras cuidadosamente e depois passou pelo resto por falta de paciência ou por se sentir tolo por cumprir ordens dadas por um livro, por favor reconsidere – é importante. Por favor, leia a lista toda. Estude-a por meio minuto. Agora cubra a lista para não ver as palavras e mantenha-a coberta enquanto lê o próximo parágrafo.

Se você for alguém como Shereshevsky, não vai ter problema para se lembrar de todas as palavras da lista, mas o mais provável é que sua memória funcione de um modo um pouco diferente. Na verdade, venho aplicando esse pequeno exercício em diversos grupos ao longo dos anos, e o resultado é sempre o mesmo. Vou contar qual é a conclusão depois de apresentar o exercício, que é simples: identifique qual das três palavras seguintes estava na lista acima: sabor, ponto, doce. Pode ser mais que uma palavra. Talvez todas elas? Ou nenhuma delas? Por favor pense um pouco. Avalie cada palavra com cuidado. Você imagina tê-la visto na lista? Tem certeza? Não escolha uma palavra que esteja na lista a não ser que tenha certeza, e que possa imaginá-la na lista. Por favor formule a sua resposta. Agora pode descobrir a lista do parágrafo anterior e ver como você se saiu.

A grande maioria das pessoas se lembra com muita certeza de que "ponto" não estava na lista. A maioria também lembra que "sabor" estava. A conclusão do exercício tem a ver com a outra palavra – "doce". Se você se lembra de ter visto essa palavra, trata-se de um exemplo do fato de que sua memória é baseada em sua recordação da *essência* da lista que viu, e não da lista *real*. A palavra "doce" *não* estava na lista, mas a maioria das palavras da lista está *relacionada* tematicamente ao conceito de doçura.

Daniel Schacter, que pesquisa a memória, escreveu que aplicou testes como esse em muitas plateias, e que a grande maioria afirma que "doce" estava na lista, embora não estivesse.[18] Eu também já apliquei o teste a muitos grupos grandes, e ainda que não tenha constatado que a grande maioria lembra que "doce" estava na lista, em geral metade das minhas plateias afirmava que estava – aproximadamente o mesmo número que se lembrou corretamente de que "sabor" figurava na lista. Esse resultado foi mais ou menos coerente em muitas cidades e países. A diferença entre esses resultados e o de Schacter pode ser a forma como faço a formulação – pois sempre enfatizo que as pessoas só devem designar uma palavra se tiverem certeza, se conseguirem visualizar a lista e ver com nitidez que a palavra em questão constava nela.

Pode-se dizer que nossos processos de memória são análogos à forma como os computadores armazenam imagens, só que nossas lembranças têm a complexidade de fazer com que os dados da memória que armazenamos mudem com o tempo – nós vamos falar sobre isso adiante. Nos computadores, para salvar espaço de armazenamento, as imagens costumam ser altamente "compactadas", o que significa que apenas alguns atributos-chave da imagem original são guardados, o que pode reduzir o tamanho do arquivo de megabites a quilobites. Quando a imagem é analisada, o computador prevê como era a imagem original a partir da limitada informação no arquivo compactado. Quando vemos uma imagem reduzida a um pequeno *thumbnail* formado a partir de um arquivo altamente comprimido, de maneira geral ela é bem parecida com a original. Mas, se ampliarmos a imagem e observarmos os detalhes, veremos muitos erros – blocos e faixas de cores chapadas, onde o aplicativo adivinhou errado e os detalhes que faltavam foram preenchidos de maneira incorreta.

Foi assim que Jennifer Thompson e John Dean se enganaram, e em resumo é o processo que Münsterberg desvendou: lembrar a essência, preencher os detalhes, acreditar no resultado. Jennifer se lembrava da "essência" do rosto de seu estuprador; quando viu um homem na fila de reconhecimento que se encaixava nos parâmetros gerais do que se lembrava, ela preencheu os detalhes de sua lembrança com o rosto do homem à sua frente, baseada na expectativa de que a polícia só mostraria uma série de fotografias se tivesse razão para acreditar que o estuprador estava entre elas (embora, como vimos, ele não estivesse).

Da mesma forma, Dean lembrava-se de poucos detalhes de suas conversas individuais, mas, quando foi pressionado, sua mente preencheu os detalhes com base em suas expectativas sobre o que Nixon teria dito. Nem Jennifer nem Dean estavam cientes dessas invenções. Os dois foram pressionados pelos repetidos pedidos de que se lembrassem dos eventos, pois, quando nos pedem muito para recriar uma lembrança, nós a reforçamos a cada vez, de modo que nos lembraremos da memória, não do evento.

É fácil perceber como isso acontece na sua vida. O seu cérebro, por exemplo, pode ter registrado em seus neurônios a sensação de constrangimento ao ser provocado por um garoto da 6ª série por você ter levado o ursinho de pelúcia à escola. Provavelmente você não reteve a imagem do ursinho nem do garoto, nem a expressão no rosto dele quando lhe jogou na cara seu sanduíche de patê (ou era de queijo com presunto?). Mas vamos supor que, anos depois, você tenha alguma razão para reviver aquele momento. Esses detalhes poderão surgir na sua mente, preenchidos pelo seu inconsciente. Se por alguma razão você voltar ao incidente muitas vezes – talvez porque em retrospecto tenha se tornado uma história engraçada sobre sua infância, que as pessoas parecem gostar de ouvir –, é provável que já tenha criado uma imagem vívida, clara e indelével do incidente para si mesmo, passando a acreditar na exatidão de todos os detalhes.

Se for esse o caso, você pode estar se perguntando por que nunca notou seus lapsos de memória. O problema é que raramente nos encontramos na posição em que estava John Dean – a de dispor de um registro preciso de eventos que alegamos lembrar. Por isso não temos razões para duvidar deles. Mas os que se dedicam a investigar a memória de uma forma séria podem apresentar muitas razões para dúvida. Por exemplo, o psicólogo Dan Simons – sempre um cientista – ficou tão curioso com seus próprios erros de memória que escolheu um episódio de sua vida (sua experiência no dia 11 de setembro de 2001) e fez algo em que poucos de nós se empenhariam.[19] Dez anos depois, ele investigou o que tinha na verdade acontecido. Suas lembranças daquele dia pareciam muito claras.

Ele estava em seu laboratório em Harvard, com três alunos de graduação, todos chamados Steve, quando ouviu a notícia, e todos passaram o resto do dia juntos, assistindo à cobertura do evento. Mas sua investigação revelou que só um dos Steve estava presente – outro estava fora da cidade com amigos e o terceiro fazia uma palestra em outro lugar do campus. Como Münsterberg poderia ter previsto, a cena que Simons lembrava era aquela que ele esperava acontecer, baseado em experiências prévias, quando aqueles três estudantes estavam no laboratório – mas não foi um retrato preciso do que aconteceu.

Com seu amor por estudos de caso e interações da vida real, Hugo Münsterberg ampliou as fronteiras da nossa compreensão de como armazenamos e recuperamos nossas memórias. Mas o trabalho de Münsterberg deixou uma grande questão em aberto: como a memória muda com o tempo? Como se viu, mais ou menos no mesmo período em que Münsterberg estava escrevendo seu livro, outro pioneiro, um cientista de laboratório que, como ele, nadava contra a maré freudiana, estudava a evolução da memória. Filho de um sapateiro da pequena cidade de Stow-on-the-Wold, na Inglaterra, Frederic Bartlett teve de cuidar da própria educação, pois o equivalente ao curso médio da cidade havia fechado.[20] Isso foi em 1900. Ele fez tão bem seu trabalho que acabou parando na Universidade de Cambridge, onde se formou como o primeiro professor no novo campo de psicologia experimental. Assim como Münsterberg, não entrou na faculdade para estudar a memória, mas se interessava por antropologia.

Bartlett estava curioso quanto à maneira como a cultura muda ao ser transmitida de um indivíduo a outro e ao longo das gerações. O processo, segundo imaginou, deveria ser semelhante à evolução das memórias pessoais dos indivíduos. Por exemplo, você pode se lembrar de um importante jogo de basquete no colégio, no qual você marcou quatro pontos, mas, anos depois, talvez se lembre de que o número era catorze. Enquanto isso, sua irmã poderia jurar que você passou o jogo vestido de castor, como mascote do time. Bartlett estudou como o passar do tempo e as interações sociais entre as pessoas com diferentes recordações de eventos mudam a memória desses eventos. Com esse trabalho, ele esperava compreender como se desenvolve a "memória grupal", ou a cultura.

Bartlett imaginou que tanto a evolução da cultura quanto as memórias pessoais se assemelham ao jogo do telefone sem fio. Você deve se lembrar do processo: a primeira pessoa de uma corrente sussurra uma sentença ou duas para a segunda pessoa da corrente, que cochicha para a pessoa seguinte, e assim por diante. No fim, as palavras guardam pouca semelhança ao que foi dito no início. Bartlett usou o paradigma do jogo do telefone sem fio para estudar como as histórias evoluem ao passar de uma pessoa para outra.

Sua grande descoberta, contudo, foi a ideia de adaptar o procedimento para estudar como a história pode evoluir com o passar do tempo na memória de um indivíduo. Em essência, ele fazia seus sujeitos jogarem o jogo do telefone sem fio consigo mesmos. Em seu trabalho mais famoso, Bartlett leu para os sujeitos da experiência a história do folclore ameríndio "The War of Ghosts" (A guerra dos fantasmas). A história é sobre dois garotos que saem de sua aldeia para caçar focas no rio. Cinco homens numa canoa aproximam-se e pedem que os garotos os acompanhem no ataque a um povo num vilarejo rio acima. Um dos garotos vai e, durante o ataque, ouve um dos guerreiros observar que ele – o garoto – foi atingido. Mas o garoto não sente nada, e conclui que os guerreiros são fantasmas. O garoto volta à sua aldeia e relata a aventura. No dia seguinte, assim que o sol aparece, ele cai morto.

Depois de ler a história para os participantes, Bartlett pediu que se lembrassem dela quinze minutos mais tarde, e mais outras vezes depois, em intervalos regulares, até após um período de semanas ou meses. Baseado na maneira como os sujeitos recontavam a história com o passar do tempo, Bartlett notou uma importante tendência na evolução da memória: não havia só memórias perdidas, havia também memórias acrescentadas. Ou seja, à medida que a leitura original da história esmaecia no passado, novos dados de memória eram produzidos, e essa produção seguia certos princípios gerais.

Os sujeitos mantinham o formato geral da história, mas descartavam alguns detalhes e alteravam outros. A história ficou mais curta e mais simples. Com o tempo, os elementos sobrenaturais foram eliminados. Outros fatores foram acrescidos ou reinterpretados de forma que, "sempre que alguma coisa parecia incompreensível, era omitida ou explicada" pelo conteúdo adicionado.[21] Sem perceber, as pessoas tentavam transformar a estranha história numa versão mais compreensível e familiar. Forneciam a ela uma organização pessoal, fazendo-a parecer mais coerente. A falta de acuidade era a regra, não a exceção. Ele escreveu: "Foi eliminada da história toda sua forma surpreendente, errática e inconsequente."

Esse "aplainamento" das memórias é surpreendentemente semelhante ao aplainamento literal que aquele psicólogo da Gestalt, nos anos 1920, percebeu em seus estudos da memória das pessoas para as formas geométricas. Se você mostrar a alguém uma forma irregular e dentada, e o questionar depois sobre a figura, ele vai se lembrar de algo muito mais regular e simétrico do que na verdade era.[22] Em 1932, depois de dezenove anos de pesquisa, Bartlett publicou seus resultados. O processo de encaixar as memórias de uma forma confortável "é um processo ativo", escreveu, e depende do conhecimento prévio do sujeito e suas convicções a respeito do mundo, as "tendências pré-formadas e os vieses que o sujeito confere à tarefa" de se lembrar.[23]

Durante muitos anos o trabalho de Bartlett ficou esquecido, embora ele tenha embarcado numa ilustre carreira, ajudando a treinar uma geração de pesquisadores britânicos e a tornar a psicologia experimental uma área estabelecida da ciência. Hoje o trabalho de Bartlett foi redescoberto e reproduzido numa estrutura mais moderna.

Por exemplo, na manhã seguinte à explosão do ônibus espacial *Challenger*, Ulric Neisser, o homem que estudou John Dean, perguntou a um grupo de alunos da Universidade Emory como eles ouviram a notícia pela primeira vez. Todos escreveram relatos de sua experiência. Três anos mais tarde, ele pediu aos 44 estudantes que ainda continuavam na escola que relembrassem a experiência.[24] Nenhum dos relatos foi inteiramente correto, e cerca de ¼ estava totalmente errado. O ato de ouvir a notícia se tornou menos aleatório e mais parecido com clichês ou histórias dramáticas que se esperaria ouvir, assim como Bartlett havia previsto. Um dos alunos que ouviu a notícia enquanto conversava com amigos numa cafeteria relatou depois como "uma garota saiu correndo pelo corredor gritando 'O ônibus espacial acabou de explodir'". Outra, que soube do fato por vários colegas de turma na aula de religião, recordou-se: "Eu estava no meu alojamento de caloura com minha colega de quarto assistindo à TV. De repente ouvimos a notícia de última hora e ficamos totalmente chocadas."

Mais surpreendentes ainda que essas distorções foram as reações dos estudantes aos seus relatos originais. Muitos insistiram em que suas lembranças recentes eram mais precisas. Relutavam em aceitar aquela primeira descrição da cena, mesmo quando diante de suas redações, escritas de próprio punho. Um deles disse: "Sim, essa é minha letra, … mas continuo me lembrado de outro jeito!" A não ser que todos esses exemplos e estudos sejam apenas furos estatísticos estranhos, eles deveriam nos fazer pensar sobre nossas lembranças, em especial quando entram em conflito com as lembranças dos outros. Será que estamos "sempre enganados, mas nunca em dúvida"? Todos podemos nos beneficiar se tivermos menos certezas, mesmo quando uma lembrança parece vívida e clara.

As pessoas são boas testemunhas oculares? Os psicólogos Raymond Nickerson e Marilyn Adams inventaram um belo desafio. Pediram que as pessoas imaginassem – mas sem olhar –

uma moeda americana de US$ 0,5. Trata-se de um objeto que os americanos já viram milhares de vezes, mas até que ponto o conhecem? Será que você consegue desenhar uma moeda de R$ 1,00? Sabe quais são as principais características de cada lado? Tente. Num experimento, pedia-se que as pessoas dissessem, entre várias imagens (Figura 9), qual era a que representava a moeda de um *penny*.[25]

FIGURA 9

Se a pessoa escolhesse (a), estava em minoria entre os sujeitos que escolheram a moeda certa no experimento de Nickerson e Adams. Se a escolhida tinha os oito principais ingredientes do *penny* – características como o perfil de Abraham Lincoln de um lado e a imagem do Lincoln Memorial do outro, e frases como "In god we trust" e "e pluribus unum" –, ela estava entre os 5% de melhor memória para detalhes. Sair-se mal nesse teste não quer dizer que a pessoa tenha memória ruim. A memória para aspectos *gerais* pode ser excelente. Na verdade, a maioria das pessoas consegue se lembrar de fotografias que foram bem examinadas mesmo depois de um longo intervalo. Mas se lembram apenas do conteúdo geral, não de formas precisas.[26] Não conseguir armazenar na memória os detalhes que figuram numa moeda é uma vantagem para a maioria – a não ser que precisemos responder a uma pergunta em algum programa de TV com um monte de dinheiro em jogo. Em circunstâncias normais, nossa necessidade de lembrar o que está estampado numa moeda é zero, e fazer isso iria nos atrapalhar na hora de lembrar as coisas mais importantes.

Uma das razões pelas quais não retemos as imagens que nossos olhos captam é que, para nos lembrarmos delas, os detalhes devem ter primeiro captado nossa atenção consciente. Mas, enquanto nossos olhos transmitem uma multidão de detalhes, nossa mente consciente não registra a maior parte deles. A disparidade entre o que vemos e o que registramos, e portanto de que nos lembramos – mesmo num período de tempo muito curto –, pode ser drástica.

A chave de um dos experimentos para investigar essa disparidade foi o fato de que, quando se estuda uma imagem contendo muitos objetos, o olho fica mudando entre os diferentes objetos mostrados. Por exemplo, se uma imagem mostrar duas pessoas sentadas a uma mesa com um vaso em cima, você vai olhar para o rosto de uma das pessoas, depois para o vaso, depois para o rosto da outra pessoa, depois talvez para o vaso, depois para a mesa, e assim por diante, numa rápida sucessão.

Mas lembre-se do experimento do Capítulo 2, em que você ficou diante de um espelho e percebeu que havia pontos cegos em sua percepção enquanto seus olhos se moviam. Os argutos pesquisadores perceberam que, se mudassem sutilmente a imagem durante a fração de segundo em que os olhos estão em movimento, os sujeitos poderiam não perceber a mudança. Funcionava da seguinte forma: cada sujeito começou olhando para a mesma imagem inicial numa tela de computador. Os olhos do sujeito se moviam de um objeto para outro, focalizando diferentes aspectos da cena. Depois de algum tempo, durante um dos numerosos movimentos de olhos dos sujeitos, os pesquisadores substituíam a imagem por outra ligeiramente diferente. Em consequência, quando os olhos dos participantes focalizavam o novo objeto-alvo, certos detalhes da imagem eram diferentes – por exemplo, os chapéus dos dois homens em cena estavam trocados. A grande maioria dos que se sujeitaram à experiência não percebeu. Na verdade, só metade dos participantes notou quando duas pessoas trocaram de cabeça![27]

É interessante especular o quanto um detalhe precisa ser importante para ser registrado por nós. Para verificar se lacunas de memória como esta também acontecem quando os objetos que mudam de imagem para imagem *são* o foco de atenção, Dan Simons e o colega psicólogo Daniel Levin criaram vídeos mostrando eventos simples, em que os atores interpretando personagens específicos mudavam de uma cena para outra.[28] Depois recrutaram sessenta estudantes da Universidade Cornell que concordaram em assistir aos vídeos em troca de bombons. Num dos vídeos (Figuras 10 e 11), uma pessoa sentada a uma mesa ouve um telefone tocar, levanta e anda até a porta. A cena é cortada para uma visão do corredor, onde outro ator anda até o telefone e atende à ligação. A mudança não é tão drástica como, por exemplo, substituir Meryl Streep por Brad Pitt. Mas também não era tão difícil distinguir entre os dois atores. Será que os estudantes perceberam a mudança?

Depois de assistir ao filme, os estudantes tinham de redigir uma breve descrição. Aos que não mencionassem a mudança do ator, se fazia uma pergunta direta: "Você notou que a pessoa sentada à mesa era diferente da que atendeu ao telefone?" Cerca

FIGURA 10

de ⅔ reconheceram que não tinham notado. Claro que em cada sequência elas perceberam o ator e suas ações. Mas não retiveram na memória os detalhes de sua identidade.

Entusiasmados com essa descoberta espantosa, os pesquisadores resolveram dar um passo além. Verificaram se esse fenômeno, chamado cegueira à mudança, também acontecia nas interações com o mundo real. Dessa vez eles levaram o experimento ao ar livre, ao campus da Universidade Cornell.[29] Lá, um pesquisador com um mapa do campus na mão abordava um passante qualquer pedindo informações para chegar a um prédio próximo. Depois de dez ou quinze segundos de diálogo entre o pesquisador e o passante, dois outros homens, cada um segurando a extremidade de uma porta grande, intrometiam-se de forma indelicada entre eles. Em sua passagem, a porta bloqueava a visão entre o passante e o pesquisador durante cerca de um segundo. Nesse instante, um novo pesquisador com um mapa idêntico entrava no lugar para continuar a interação, enquanto o primeiro pesquisador saía de cena atrás da porta. O pesquisador substituto era 5cm mais baixo, usava roupas diferentes e tinha uma voz bem distinta da do outro. De repente o interlocutor do passante se transformou em outra pessoa. Ainda assim, os

FIGURA 11

passantes não perceberam e ficaram muito surpresos quando souberam da mudança.

Se não somos muito bons em notar ou lembrar detalhes ou cenas que aconteceram, um assunto ainda mais sério é lembrar alguma coisa que nunca aconteceu. Lembram-se das pessoas na minha plateia que relataram ter visto uma imagem vívida da palavra "doce" na relação de palavras que apresentei? Aquelas tiveram uma "falsa memória", uma memória que *parecia* real, mas não era.

As falsas memórias não parecem diferentes das memórias baseadas na realidade. Por exemplo, nas muitas variações do experimento da relação de palavras que os pesquisadores têm aplicado ao longo dos anos, as pessoas que se "lembravam" de palavras-fantasma raramente achavam que estavam dando um tiro no escuro. Afirmavam se lembrar nitidamente, com muita confiança.

Em um dos mais reveladores experimentos, duas listas de palavras foram lidas para voluntários por dois diferentes leitores, um homem e uma mulher.[30] Depois das leituras, os voluntários liam outra lista, contendo palavras que eles tinham e não tinham ouvido. Aí deviam identificar quais eram as lidas e quais as não lidas. Para cada palavra que lembravam ter ouvido, precisavam também dizer se havia sido mencionada pelo homem ou pela mulher. Os voluntários foram bem precisos em lembrar se o homem ou a mulher haviam mencionado a palavra que ouviram de fato. Mas, para surpresa dos pesquisadores, os voluntários também expressavam confiança na identificação entre o homem e a mulher em relação às palavras que só *pensavam* ter ouvido. Ou seja, mesmo quando os voluntários se lembravam de uma palavra que não havia sido mencionada de fato, a memória da locução era vívida e específica.

Na verdade, quando informados por um relatório, depois do experimento, que não tinham ouvido uma palavra que pensaram ter ouvido, com frequência os participantes se recusavam a acreditar. Em vários casos os pesquisadores tiveram de apresentar a fita de vídeo da sessão para convencê-los, e mesmo assim alguns participantes, como Jennifer Thompson no segundo julgamento de Ronald Cotton, recusaram-se a acreditar na prova de que tinham se enganado – e acusaram os pesquisadores de terem trocado o vídeo.

A ideia de que conseguimos nos lembrar de eventos que nunca aconteceram foi o elemento-chave de um famoso conto de Philip K. Dick, "Recordações por atacado" (em inglês, "We can remember it for you wholesale"), que começa com um homem procurando uma empresa para implantar em seu cérebro a memória de uma empolgante visita a Marte. Como se sabe agora, plantar falsas memórias simples não é tão difícil nem exige uma solução de alta tecnologia como a divisada por Dick. Lembranças de eventos que teriam acontecido há muito tempo são em especial fáceis de implantar. Não deve ser possível convencer alguém de que viajou a Marte, mas, se sua fantasia de infância é dar uma volta de balão, as pesquisas já mostraram que é possível suprir essa lembrança sem o gasto e o aborrecimento de organizar a experiência real.[31]

No estudo, os cientistas recrutaram vinte sujeitos que nunca tinham passeado de balão, bem como um membro da família de cada um. Os parentes forneceram em sigilo aos cientistas três fotos mostrando os sujeitos em meio a um acontecimento moderadamente significativo, ocorrido quando eles tinham entre quatro e oito anos de idade. Forneceram ainda outras fotos que os pesquisadores usaram para criar uma fotografia adulterada do sujeito em um passeio de balão. Tanto as fotos falsas quanto as verdadeiras foram apresentadas aos participantes, que não sabiam da armação. Pedia-se então que eles recordassem tudo o que pudessem sobre a cena mostrada em cada foto, com alguns minutos para pensar a respeito, se fosse necessário. Se nada ocorresse, pedia-se que fechassem os olhos e tentassem se imaginar da forma como apareciam na foto. O processo foi repetido mais duas vezes, com intervalos de dois a sete dias. Ao término, metade dos participantes tinha lembranças do passeio de balão. Alguns contaram detalhes sensoriais do passeio. Disse um dos participantes, ao ser informado de que a foto era falsa: "Ainda sinto na cabeça como se realmente estivesse lá; meio que consigo ver imagens daquilo."

Falsas memórias e informações errôneas são tão facilmente implantáveis que foram induzidas em bebês de três meses, gorilas e até pombos e ratos.[32] Nós, os seres humanos, somos tão propensos a falsas memórias que às vezes elas podem ser induzidas por um simples comentário casual de alguém acerca de um incidente que não aconteceu na verdade. Com o tempo, essa pessoa pode "se lembrar" do incidente, esquecendo a fonte da lembrança. Em decorrência, ela vai confundir o evento imaginado com seu verdadeiro passado.

Quando os psicólogos aplicam esse procedimento, a probabilidade de sucesso em geral fica entre 15 e 50% dos participantes. Por exemplo, em recente estudo com participantes que realmente visitaram a Disneylândia, foi proposto que lessem e pensassem várias vezes sobre uma falsa propaganda impressa do parque de diversões.[33] O texto do falso anúncio convidava o leitor a

> imaginar como foi ver o coelho Pernalonga com os próprios olhos, bem de perto. ... Sua mãe o empurra na direção do coelho para que apertem as mãos, à espera do momento certo para a fotografia. Você não precisa ser convencido; porém, quanto mais você chega perto, maior ele fica. ... Mas, você acha, ele não parece tão grande na TV. ... E a emoção é grande. Pernalonga, o personagem que você idolatrava na TV, está a poucos metros de distância. ... Seu coração para de bater, mas suas mãos não param de suar. Você as enxuga antes de estender o braço para apertar a mão dele.

Mais tarde, quando indagados em um questionário sobre suas lembranças pessoais da Disneylândia, mais de ¼ dos participantes relatou ter encontrado o coelho Pernalonga. Destes, 62% se lembraram do aperto de mãos, 46% recordaram ter dado um abraço nele, e um lembrou que ele estava segurando uma cenoura. Esse encontro jamais poderia ter ocorrido na realidade, porque o Pernalonga é um personagem da Warner Brothers, e a Disney convidar Pernalonga para passear na Disneylândia seria algo como o rei da Arábia Saudita hospedar um rabino ortodoxo.

Em outros estudos, pessoas foram levadas a acreditar que haviam se perdido em shoppings, resgatadas por um salva-vidas, sobrevivido ao ataque de um animal feroz e de terem sido lambidas por Pluto na orelha.[34] Foram levadas a crer que um dia prenderam o dedo numa ratoeira,[35] derrubaram a poncheira numa festa de casamento,[36] e de terem sido hospitalizadas por uma noite por causa de uma febre alta.[37] Contudo, mesmo quando são totalmente fabricadas, as memórias em geral se baseiam numa verdade. Podem-se induzir garotos a acreditar que deram um passeio de balão – mas os detalhes que a criança reúne para explicar a foto adulterada do passeio de balão emanam do inconsciente da criança, um corpo de experiências sensoriais e psicológicas armazenadas, e das expectativas e convicções que se ramificam dessas experiências.

Pense em sua vida passada. Do que você se lembra? Quando faço isso, é fácil pensar que não é o suficiente. Do meu pai, por exemplo, que morreu mais de vinte anos atrás, minha memória só mantém simples flashes. Andar ao seu lado depois do derrame, quando ele se apoiou pela primeira vez numa bengala. Ou de seus olhos brilhantes e do sorriso afetuoso em uma de minhas visitas, então pouco frequentes. Dos meus primeiros anos me recordo menos ainda. Lembro-me de meu pai mais jovem sorrindo de alegria com seu novo Chevrolet, e em acessos de raiva quando eu jogava fora o cigarro dele. Se eu recuar ainda mais e tentar me lembrar dos primeiros anos da infância, minhas imagens são ainda mais raras e fora de foco – do meu pai me abraçando algumas vezes, ou minha mãe cantando para mim enquanto me segurava e acariciava o meu cabelo.

Quando brindo meus filhos com meus habituais excessos de beijos e abraços, sei que essas cenas não vão ficar na memória.

Eles vão se esquecer, e por boas razões. Eu não desejaria para eles a vida de quem não esquece nada, como um Shereshevsky. Mas meus abraços e beijos não vão desaparecer sem deixar vestígios. Irão permanecer pelo menos no atacado, como sentimentos e laços emocionais agradáveis. Sei que as lembranças de meus pais iriam preencher um recipiente minúsculo se formadas apenas por episódios concretos que minha consciência recorda, e espero que o mesmo aconteça com meus filhos. Momentos no tempo podem ser esquecidos para sempre, ou vislumbrados através de uma lente embaçada ou distorcida, mas, mesmo assim, algo deles sobrevive dentro de nós, permeando nosso inconsciente. A partir dali, eles nos induzem a uma rica sequência de sentimentos que borbulham quando pensamos naqueles que amamos do fundo do coração – ou nas centenas ou milhares de outros com que apenas nos encontramos, os lugares exóticos ou comuns onde vivemos ou que visitamos, os eventos que nos moldaram. Embora imperfeito, nosso cérebro consegue se comunicar numa imagem coerente da nossa experiência de vida.

No Capítulo 2 nós vimos como nosso inconsciente capta os dados incompletos fornecidos por nossos sentidos, completa o que está faltando e passa essa percepção à nossa mente consciente. Quando olhamos uma cena, achamos que vemos uma imagem nítida e bem-definida, como uma fotografia, mas na verdade vemos apenas uma pequena porção da imagem com clareza, e nosso cérebro subliminar pinta o resto.

Nosso cérebro usa o mesmo truque na memória. Se você estivesse projetando o sistema da memória humana, provavelmente não teria escolhido um processo que descartasse dados a granel e depois, quando precisasse recuperá-los, inventasse as coisas. Mas, para a grande maioria de nós, o método funciona bem na maior parte do tempo. Nossa espécie não teria sobrevivido não fosse isso. Por meio da evolução, a perfeição pode ser abandonada para se chegar à aptidão necessária. A lição que isso me ensina é de humildade e gratidão. Humildade porque qualquer confiança que eu possa sentir em relação a alguma memória específica pode estar deslocada; e gratidão pelas memórias que retenho e pela capacidade de não reter todas elas. A memória e a percepção conscientes realizam seus milagres com uma forte dependência do inconsciente. No próximo capítulo, veremos que esse mesmo sistema duplo afeta o que é mais importante para nós, a maneira como funcionamos em nossas complexas sociedades humanas.

4. A importância de ser social

> Estranha é a nossa situação aqui na Terra. Cada um de nós chega para uma breve visita, sem saber por quê, parece que às vezes por um propósito divino. Do ponto de vista da vida cotidiana, porém, existe uma coisa que sabemos de fato: que estamos aqui pelo bem dos outros.
>
> ALBERT EINSTEIN

VOLTEI PARA CASA tarde da noite, faminto e frustrado, e bati na casa de minha mãe, que morava ao lado. Ela estava terminando de jantar uma comida congelada e bebericava uma caneca de água. A CNN trombeteava na TV ao fundo. Perguntou como tinha sido meu dia. Respondi: "Ah, tudo bem!" Ela me olhou por cima da bandeja de plástico e depois de um instante falou: "Não é verdade. O que aconteceu? Coma um pouco de ensopado." Minha mãe estava com 88 anos, ouvia mal e estava quase cega do olho direito – que era o melhor olho dela. Mas, quando se tratava de perceber as emoções do filho, sua visão de raios X estava intacta.

Como ela interpretava meu estado de espírito com tanta fluência, pensei na frustração do homem que era meu parceiro e colaborador – o físico Stephen Hawking, que mal conseguia mover um músculo por causa de sua luta de 45 anos contra uma doença neuronal motora. Àquela altura da progressão da doença, ele só conseguia se comunicar esforçando-se para contrair um músculo da face debaixo do olho direito. A contração era detectada por um sensor em seus óculos e transmitida a um computador instalado em sua cadeira de rodas. Dessa forma, com a ajuda de um aplicativo especial, ele conseguia selecionar letras e palavras numa tela, e afinal digitar o que desejava expressar. Nos dias "bons", era como se estivesse jogando um videogame em que o prêmio fosse a capacidade de comunicar um pensamento. Nos dias "ruins", era como se estivesse piscando em código Morse, mas tendo de procurar a sequência de pontos e traços entre cada letra.

Nesses dias "maus" – e aquele tinha sido um deles –, nosso trabalho era uma frustração para os dois. Mesmo assim, quando ele não conseguia formar palavras para expressar suas ideias sobre a função de onda do Universo, eu não tinha dificuldade em detectar quando sua atenção mudava do cosmo para pensamentos como o de encerrar o dia com um bom jantar à base de curry. Eu sempre sabia quando ele estava contente, cansado, entusiasmado ou insatisfeito só pela expressão de seus olhos. Sua assistente particular também tinha a mesma habilidade. Quando lhe perguntei a respeito, ela descreveu um catálogo de expressões que aprendeu a reconhecer ao longo dos anos. A minha favorita foi o "lampejo de satisfação no rosto de aço", o que ele demonstrava quando ele compunha uma poderosa réplica a alguém de quem discordava fortemente. A linguagem é uma coisa útil, mas nós seres humanos temos ligações emocionais e sociais que transcendem as palavras, e nos comunicamos – e nos compreendemos – sem pensamentos conscientes.

A experiência de se sentir conectado aos outros parece começar muito cedo. Estudos com crianças mostram que, aos seis meses, já fazemos julgamentos pelo que observamos do comportamento social.[1] Em uma dessas pesquisas, crianças observaram um "escalador", que não era mais que um disco de madeira com grandes olhos colados no "rosto" circular, começar a subir uma montanha e tentar várias vezes sem conseguir chegar ao topo. Depois de algum tempo, um "ajudante", um triângulo com olhos semelhantes, às vezes se aproximava por trás e ajudava o escalador com um empurrão. Em outras tentativas, um quadrado "estorvador" vinha de cima e empurrava o círculo de volta para baixo.

Os pesquisadores queriam saber se os bebês, espectadores não envolvidos e não afetados, mostrariam alguma atitude em relação aos quadrados estorvadores. Como um bebê de seis meses mostra sua reprovação a um rosto de madeira? Da mesma forma que bebês de seis meses (ou alguém com sessenta anos) expressam desagrado social, recusando-se a brincar com ele. Ou seja, quando os pesquisadores deram aos bebês a oportunidade de tocar as figuras, eles definitivamente se mostraram relutantes em tocar os quadrados estorvadores, quando comparados aos triângulos ajudantes. Mais ainda, quando o experimento foi repetido com um ajudante e um bloco espectador neutro, ou com um estorvador e um bloco neutro, os bebês preferiram os triângulos amigáveis aos blocos neutros, e os blocos neutros aos antipáticos quadrados.

Esquilos não estabelecem bases para curar a raiva, cobras não ajudam suas semelhantes a atravessar uma estrada, mas os seres humanos conferem grande importância à bondade. Os cientistas chegaram a descobrir que partes do nosso cérebro ligadas ao processo de recompensa são estimuladas quando participamos de atos de cooperação mútua, de forma que ser bondoso talvez represente uma recompensa em si.[2] Muito antes de conseguirmos verbalizar atração ou repulsa, já nos sentimos atraídos pelo bondoso e repelidos pelo malvado.

Uma das vantagens de pertencer a uma sociedade coesa, em que as pessoas ajudam umas as outras, é que o grupo costuma ser mais bem-equipado que um conjunto aleatório de indivíduos para lidar com ameaças externas. As pessoas percebem intuitivamente que existe uma força nos números e se consolam na companhia de outras, em especial em tempos de infelicidade ou carência. Ou, de acordo com a famosa afirmação de Patrick Henry: "Unidos resistimos, divididos, caímos." (Ironicamente, Henry desmaiou e caiu nos braços dos espectadores pouco depois de balbuciar esta frase.)

Vamos considerar um estudo realizado nos anos 1950. Cerca de trinta garotas estudantes da Universidade de Minnesota, sem conhecer umas as outras, foram postas numa sala, recomendando-se que não falassem entre si.[3] Na sala estava também um "senhor de aparência séria, óculos de aros de tartaruga, com um avental branco de laboratório, o estetoscópio pendurado no bolso; atrás dele havia uma formidável parafernália de engenhocas eletrônicas". Para provocar ansiedade, ele se apresentou como "dr. Gregor Zilstein, do Departamento de Neurologia e Psiquiatria da Faculdade de Medicina". Na verdade tratava-se de Stanley Schachter, um inofensivo professor de psicologia social. Schachter disse que as estudantes estavam ali para servir de cobaias num experimento sobre os efeitos de choques elétricos. Ele iria dar choque em cada uma delas para estudar suas reações. Após discorrer por sete ou oito minutos sobre a importância da pesquisa, ele concluiu com as seguintes palavras:

> Os choques vão machucar, serão dolorosos, … é necessário que sejam fortes. … [Vamos] ligar vocês a aparatos como esse [apontando para os assustadores equipamentos atrás dele], dar uma série de choques e fazer várias medições do ritmo da pulsação, da pressão sanguínea e assim por diante.

Em seguida Schachter disse que as estudantes precisavam sair da sala por uns dez minutos enquanto ele trazia outros equipamentos para deixar tudo preparado. Explicou que havia muitas salas disponíveis, por isso, elas poderiam esperar numa sala sozinhas ou com outras participantes. Pouco depois Schachter repetiu o cenário com um grupo diferente, de cerca de trinta estudantes. Mas dessa vez ele tentou provocar um estado de relaxamento. Por isso, em vez de assustar o grupo com os choques intensos, ele disse:

> O que vamos pedir de vocês é algo muito simples. Gostaríamos de aplicar em cada um uma série de choques elétricos muito leves. Garanto que a sensação não será nada dolorosa. Vai parecer mais uma fibrilação ou formigamento, e não produzirá uma sensação desagradável.

Em seguida deu às estudantes as mesmas escolhas de esperar sozinhas ou ao lado de outras participantes. Na verdade, essa escolha era o clímax do experimento, pois nenhum grupo levaria choques elétricos.

O aspecto em questão era ver se, pela ansiedade, o grupo que esperava choques dolorosos tenderia a buscar a companhia das outras mais que o grupo que não esperava os choques. Resultado: cerca de 63% das estudantes com medo dos choques preferiram esperar junto com as outras, enquanto somente 33% das que esperavam choques amenos expressaram essa preferência. As estudantes, instintivamente, criaram seus grupos de apoio. É um instinto natural.

Uma rápida busca nos arquivos de "grupos de apoio" em Los Angeles, por exemplo, resultou em grupos centrados em comportamento abusivo, acne, viciados em anfetaminas, viciados em geral, déficit de atenção, adoção, agorafobia, alcoolismo, albinismo, Alzheimer, usuários de Zolpidem, amputados, anêmicos, administração da raiva, anorexia, ansiedade, artrite, síndrome de Asperger, asma, dependentes de tranquilizantes e autismo, isso só para começar. A participação em grupos de apoio é um reflexo da necessidade humana de se associar com os outros, de nosso desejo fundamental de apoio, aprovação e amizade. Somos acima de tudo uma espécie social.

As ligações sociais são um aspecto tão básico da experiência humana que sofremos quando somos privados delas. Muitas línguas têm expressões como "sentimentos feridos", que comparam a dor da rejeição social à dor de um ferimento físico. Elas podem ser mais que simples metáforas. Estudos de mapeamentos do cérebro mostram que existem dois componentes na dor física: um sentimento emocional desagradável e um sentimento de aflição sensorial. Esses dois componentes da dor estão associados a diferentes estruturas do cérebro. Os cientistas descobriram que a dor social está também associada a uma estrutura do cérebro chamada córtex cingulado anterior – a mesma estrutura envolvida no componente emocional da dor física.[4]

É fascinante que a dor de uma topada no dedão e a de uma desfeita arrogante partilhem o mesmo espaço no nosso cérebro. O fato de elas serem companheiras de quarto deu uma ideia fantástica a alguns cientistas: será que analgésicos que reduzem a resposta do cérebro à dor física também aliviam uma dor social?[5] Para descobrir a resposta, pesquisadores recrutaram 25 sujeitos saudáveis para tomar dois comprimidos duas vezes ao dia durante três semanas. Metade recebeu cápsulas de Tylenol (paracetamol) extraforte, enquanto a outra metade tomou placebo. No último dia, os pesquisadores convidaram os participantes a ir ao laboratório para um jogo de bola virtual. Disseram que estariam jogando com duas outras cobaias em outra sala, mas na verdade os parceiros iriam jogar com um computador que interagia com os sujeitos de uma forma específica. Na primeira rodada, os computadores foram delicados no jogo com os parceiros humanos, mas na segunda rodada, depois de jogar bola virtual para os seres humanos algumas vezes, os computadores começaram a jogar entre si, excluindo de forma grosseira os humanos do jogo (como esses jogadores de futebol que se recusam a passar a bola a um companheiro). Depois do exercício, pediu-se que os sujeitos respondessem a um questionário projetado para medir a "aflição social". Os que tomaram Tylenol relataram um nível reduzido de sentimentos feridos, comparados aos que tomaram placebo.

Mas havia algo mais: lembra-se do experimento com Antonio Rangel, em que os sujeitos degustavam vinho enquanto estavam ligados a um aparelho de fMRI? Esses pesquisadores utilizaram a mesma técnica – o jogo de bola virtual aconteceu monitorado por um aparelho de fMRI. Assim, enquanto eram esnobados por supostos companheiros de equipe, seus cérebros estavam sendo escaneados pelo aparelho. Isso mostrou que os integrantes que tomaram Tylenol tinham reduzido a atividade nas áreas do cérebro associadas à exclusão social. Aparentemente, o Tylenol conseguiu reduzir a resposta neural à rejeição social.

Muitos anos atrás, quando os Bee Gees cantaram "How can you mend a broken heart?" (Como se pode consertar um coração partido?), é improvável que eles tenham antecipado que a resposta é tomar dois comprimidos de Tylenol. A contribuição do Tylenol pareceu realmente mirabolante, por isso os pesquisadores realizaram um teste clínico para ver se o medicamento tinha o mesmo efeito fora do laboratório, numa situação de rejeição social no mundo real. Pediram a cerca de sessenta voluntários que preenchessem um questionário sobre "sentimentos feridos" (ferramenta psicológica padrão) diariamente durante três semanas. Mais uma vez, metade dos voluntários tomou uma dose de Tylenol duas vezes por dia, enquanto a outra metade tomou placebo. O resultado? Os voluntários que tomaram Tylenol realmente relataram muito menos dores sociais no período avaliado.

A relação entre dor social e dor física ilustra os vínculos entre nossas emoções e os processos psicológicos do corpo. A rejeição social não é apenas uma dor emocional, ela afeta nosso ser físico. Na verdade, as relações sociais são tão importantes para os seres humanos que a falta de ligações sociais constitui o principal fator de risco para a saúde, comparando-se aos efeitos de cigarro, pressão arterial alta, obesidade e falta de atividade física. Em um estudo, pesquisadores examinaram 4.775 adultos em Alameda County, perto de São Francisco.[6] Os participantes responderam a um questionário perguntando sobre laços sociais como casamento, convivência com a família, amigos e grupos de afiliação. As respostas individuais foram traduzidas em número, num "índice de rede social"; os números mais altos indicavam que a pessoa mantinha contatos sociais regulares e próximos, os mais baixos, que ela vivia em relativo isolamento social.

Os pesquisadores depois monitoraram a saúde dos pesquisados pelos nove anos seguintes. Como os sujeitos tinham diferentes formações, os cientistas empregaram técnicas matemáticas para isolar os efeitos da conectividade social dos fatores de risco como cigarro e outros já mencionados, e também de fatores como status socioeconômico e níveis relatados de satisfação na vida. O resultado foi surpreendente. Durante o período de nove anos, os que estavam mal posicionados no índice mostraram probabilidade de morrer duas vezes maior que os indivíduos semelhantes em relação a outros fatores, mas que se posicionavam melhor no índice de rede social. Parece que os ermitões não são um bom negócio para os corretores de seguro.

ALGUNS CIENTISTAS ACREDITAM que a necessidade de interação social foi a força motriz por trás da evolução da inteligência humana superior.[7] Afinal, é bom ter a capacidade mental de perceber que vivemos em um espaço-tempo múltiplo e curvo. Mas, como a vida dos primeiros seres humanos não dependia de um GPS para localizar o restaurante japonês mais próximo, a capacidade de desenvolver esse conhecimento não era importante para a sobrevivência da nossa espécie, e portanto não orientou nossa evolução cerebral. Por outro lado, a cooperação social e a inteligência social requeridas parecem ter sido cruciais para nossa sobrevivência. Outros primatas também exibem inteligência social, mas nem chegam perto da extensão da nossa. Eles podem até ser mais fortes e mais ágeis, porém, nós temos a capacidade superior de nos enturmar e coordenar atividades complexas. É preciso ser esperto para ser social? Será que a capacidade inata de interação social foi a razão de termos desenvolvido nossa inteligência "superior" – e será que o que costumamos considerar grandes triunfos da nossa inteligência, como a ciência e a literatura, são apenas produtos residuais?

Éons atrás, comer um sushi envolvia habilidades um pouco mais avançadas que dizer "Passe a raiz-forte". Era preciso pegar um peixe. Até 50 mil anos atrás, os homens não sabiam fazer isso; nem comiam outros animais disponíveis, mas difíceis de ser apanhados. Então, de repente (na escala evolutiva de tempo), os seres humanos mudaram de comportamento.[8] Segundo evidências descobertas na Europa, num período de apenas alguns milênios as pessoas começaram a pescar, caçar pássaros e perseguir animais temíveis, porém saborosos e nutritivos. Mais ou menos na mesma época, começaram também a construir estruturas para abrigo e a criar arte simbólica e complexos sítios funerários. De repente descobriram como se juntar para caçar mamutes lanudos e começaram a participar de cerimônias e rituais que são os rudimentos do que hoje chamamos de cultura. Num breve período de tempo, o registro arqueológico de atividades humanas mudou mais do que havia se alterado no 1 milhão de anos anteriores.

Essa súbita manifestação da moderna aptidão para cultura, complexidade ideológica e estrutura de cooperação social – sem nenhuma alteração na anatomia humana para explicá-la – é prova de que pode ter ocorrido uma importante mutação no cérebro humano, uma atualização de aplicativo, por assim dizer, que o capacitou para o comportamento social e, assim, concedeu à nossa espécie uma vantagem em termos de sobrevivência.

Quando pensamos em termos de humanos versus cães e gatos, ou mesmo macacos, em geral supomos que o que nos distingue é nosso QI. Mas se a inteligência humana evolui segundo objetivos sociais, nosso QI social deve ser a principal característica que nos diferencia de outros animais. Em particular, o que parece especial nos humanos é nosso desejo e capacidade de entender o que outras pessoas pensam e sentem. Chamada de "teoria da mente", ou "ToM", essa aptidão dá aos seres humanos um notável poder de compreender o comportamento passado de outras pessoas e prever como vão se portar diante de circunstâncias presentes e futuras. Embora exista um componente racional e consciente na ToM, boa parte da nossa "teorização" sobre o que os outros pensam e sentem ocorre de forma subliminar, resultado de processos rápidos e automáticos da nossa mente inconsciente.

Por exemplo, quando você vê uma mulher correndo em direção a um ônibus que se afasta e não consegue alcançá-lo, sem pensar muito você já sabe que ela está frustrada, talvez chateada por não ter pegado o ônibus a tempo; e quando você vê uma mulher gesticulando com um garfo em frente a um pedaço de bolo de chocolate, você supõe que ela está preocupada com o peso. Nossa tendência de inferir estados mentais automaticamente é tão poderosa que a aplicamos não só a outras pessoas como também aos animais e até a formas geométricas inanimadas, como fizeram os bebês de seis meses no estudo com os objetos de madeira.[9]

É difícil superestimar a importância da ToM para a espécie humana. Consideramos dado o funcionamento das nossas sociedades, mas muitas de nossas atividades na vida cotidiana só são possíveis como resultado de um esforço de grupo, de cooperação humana em larga escala. A produção de um automóvel, por exemplo, exige a participação de milhares de pessoas com diversas habilidades, em vários países, realizando tarefas distintas. Metais como o ferro devem ser extraídos do solo e processados; o vidro, a borracha e os plásticos devem ser criados a partir de inúmeros processos químicos anteriores e depois moldados; baterias, radiadores e muitas outras peças devem ser produzidos; os sistemas eletrônico e mecânico devem ser projetados; e tudo tem de ser reunido, coordenado de longe em uma fábrica para que o carro seja montado.

Hoje, até o café com pão que você venha a consumir enquanto dirige até o trabalho de manhã é resultado da atividades de várias pessoas ao redor do mundo – fazendeiros de trigo em um estado, padeiros em outro, produtores de laticínios em outro; trabalhadores em fazendas de café em outro país; e só podemos esperar que os fornos estejam mais perto; caminhoneiros e a marinha mercante precisam juntar tudo isso; além de todas as pessoas que constroem fornos, tratores, caminhões, navios, fertilizantes e quaisquer outros dispositivos e ingredientes envolvidos. É a ToM que nos possibilita formar grandes e sofisticados sistemas sociais, de grandes comunidades agrícolas a grandes corporações nas quais o nosso mundo se baseia.

Os cientistas continuam a debater se os primatas *não humanos* usam ToM em suas atividades sociais; mas, se chegam a fazer isso, parece ser apenas num nível básico.[10] Os homens são os únicos animais cujas relações e organização social exigem altos níveis de ToM individual. À parte a inteligência pura (e a destreza), essa é a razão por que peixes não conseguem construir barcos e macacos não montam bancas para vender frutas. A realização dessas façanhas torna os homens seres ímpares entre os animais. Em nossa espécie, uma ToM rudimentar se desenvolve no primeiro ano. Aos quatro anos, quase todas as crianças humanas adquiriram a capacidade de avaliar estados mentais de outras pessoas.[11] Quando há um rompimento da ToM, como no autismo, as pessoas podem ter dificuldade de viver em sociedade. Em seu livro *Um antropólogo em Marte*, o neurologista clínico Oliver Sacks fez o perfil de Temple Grandin, uma mulher autista de alta performance. Ela contou como era frequentar o parquinho quando criança, observar as respostas de outras crianças a sinais sociais que ela não conseguia perceber por si mesma. "Alguma coisa acontecia entre os outros meninos", descreveu ela, segundo o autor. "Alguma coisa imediata, sutil, sempre mudando – uma troca de significados, uma negociação, uma presteza de entendimento tão notável que às vezes ela se perguntava se todos eram telepatas."[12]

Uma das medidas da ToM é chamada de intencionalidade.[13] Um organismo capaz de refletir sobre seu próprio estado mental, sobre suas convicções e desejos, como "Eu quero um pedaço do assado que minha mãe preparou", é o que se chama de "intencional de primeira ordem". A maioria dos mamíferos se encaixa nessa categoria. Mas saber sobre si próprio é muito diferente de saber sobre outra pessoa. Um organismo intencional de segunda ordem é aquele que consegue ter noção do estado mental de outra pessoa, como "Eu acredito que meu filho quer um pedaço do assado que eu preparei".

A intencionalidade de segunda ordem é definida como o nível mais rudimentar de ToM, e todos os seres humanos saudáveis têm isso, pelo menos depois do café da manhã. Se você tiver uma intencionalidade de terceira ordem, pode dar um passo adiante e raciocinar sobre o que uma pessoa pensa que uma segunda pessoa está pensando, como em "Acredito que minha mãe acha que meu filho quer um pedaço do assado que ela preparou". E se você for capaz de subir um nível acima e pensar "Acredito que meu amigo Sanford acha que minha filha Olivia acha o filho dele uma gracinha", ou "Acredito que minha chefe, Ruth, sabe que o nosso diretor financeiro, Richard, acha que meu colega John não acredita no orçamento dela ou que as projeções de receita são confiáveis", você estará envolvido numa intencionalidade de quarta ordem, e assim por diante. Pensamentos de quarta ordem dão origem a sentenças bem complicadas, mas se você refletir por um minuto provavelmente vai perceber que se envolve com essas sentenças muitas vezes, pois elas são comuns nas relações sociais humanas.

A intencionalidade de quarta ordem é necessária para a criação literária, pois os escritores devem fazer julgamentos baseados em suas próprias experiências de intencionalidade de quarta ordem, como: "Acho que as pistas desta cena vão sinalizar para o leitor que Horace acha que Mary pretende romper com ele." Também é necessária para políticos e executivos de negócios, que seriam facilmente manipulados sem essa aptidão.

Conheci, por exemplo, uma executiva recém-contratada para uma empresa de jogos de computador – vamos chamá-la de Alice – que usava sua ToM muito bem-desenvolvida para se livrar de situações complicadas. Alice tinha certeza de que uma empresa externa, com um contrato de longo prazo para serviços de programação de seu novo empregador, era culpada de certas impropriedades financeiras. Alice não tinha provas, e a empresa prestadora de serviços tinha um contrato de longo prazo fechado que exigia o pagamento de US$ 500 mil se fosse rompido. Porém, "Alice sabia que Bob (o diretor executivo da prestadora de serviço) sabia que ela, sendo nova no emprego, tinha medo de dar um passo em falso". Isso é uma intencionalidade de terceira ordem. Também: "Alice sabia que Bob sabia que ela sabia que Bob não tinha medo de briga." Esse é um pensamento de quarta ordem.

Ao compreender esse fator, Alice considerou um plano: e se ela blefasse dizendo ter provas de impropriedades e usasse isso para forçar Bob a liberar sua empresa do contrato? Como Bob reagiria? Ela usou sua análise ToM para examinar a situação a partir do ponto de vista de Bob. Este a via como alguém com medo de correr riscos e que sabia que ele era um lutador. Será que tal pessoa faria uma grande afirmação que não conseguisse provar? Bob deve ter achado que não, pois concordou em pôr fim ao contrato por uma pequena fração da multa de rompimento.

As indicações obtidas com primatas não humanos parecem mostrar que eles se situam entre o pensamento de primeira e o de segunda ordem. Um chimpanzé pode pensar consigo mesmo, "Eu quero uma banana", ou até "Acredito que George quer essa banana", mas não iria tão longe a ponto de pensar "Acredito que George acha que eu quero aquela banana". Os seres humanos, por sua vez, se envolvem em geral em intencionalidades de terceira e quarta ordens, e parecem ser capazes de chegar à sexta ordem. Resolver essas sentenças com ToM de ordens mais altas puxa pela mente de uma forma que, para mim, parece análoga ao pensamento exigido em pesquisas de física teórica, quando é preciso ser capaz de raciocinar sobre longas cadeias de conceitos inter-relacionados.

Se a ToM possibilita conexão social e exige esse extraordinário poder cerebral, ela pode explicar por que os cientistas descobriram uma curiosa relação entre o tamanho do cérebro e o tamanho dos grupos sociais entre mamíferos. Sendo mais exato, o tamanho do neocórtex de uma espécie – a parte do cérebro que evoluiu mais recentemente – *como percentual do cérebro inteiro* dessa espécie parece estar relacionado ao tamanho do grupo social em que os membros dessa espécie vivem.[14] Os gorilas formam grupos de menos de dez, macacos-aranha chegam a vinte, e os símios a quarenta – números que refletem exatamente a proporção entre os tamanhos do neocórtex e do cérebro de cada uma das espécies.

Vamos supor que usemos as relações matemáticas que descrevem a ligação entre o tamanho do grupo e o tamanho relativo do neocórtex em primatas não humanos para prever o tamanho da rede social humana. Será que funciona? Será que a proporção de neocórtex em relação ao cérebro se aplica também no cálculo do tamanho dos grupos humanos?

Para responder essa pergunta, primeiro precisamos arranjar uma forma de definir o tamanho dos grupos entre os homens. O tamanho de um grupo em primatas não humanos é definido pelo número típico de animais naquilo que podemos chamar de "grupos de cafuné". Há alianças sociais como as turmas que nossos filhos formam na escola e as que se sabe que os adultos formam em suas associações. Entre os primatas, os grupos de cafuné limpam-se uns aos outros regularmente, removendo sujeira, pele morta, insetos e outros objetos, fazendo carícias, esfregando e massageando. Os indivíduos são seletivos em relação àqueles de quem tratam e por quem são tratados, pois essas alianças atuam como coalizões para minimizar assédios de outros da mesma espécie.

O tamanho dos grupos humanos é difícil de definir de maneira mais precisa porque os homens se relacionam em muitos tipos de agrupamentos, com diversos tamanhos, níveis de compreensão mútua e de vínculos. Além disso, nós desenvolvemos tecnologias específicas, projetadas para ajudar na comunicação social em larga escala, e somos cautelosos em excluir das aferições de tamanho de grupo pessoas como as que integram nossos contatos por e-mail, e que mal conhecemos. No final, quando os cientistas observam grupos que se parecem com o equivalente cognitivo dos grupos de cafuné não humanos – como os clãs entre os aborígenes australianos, as redes formadas pelas mulheres de tribos nômades do sul da África para cuidar do cabelo, ou o número de indivíduos para quem as pessoas enviam cartões de Natal –, o tamanho dos agrupamentos chega a um número de cerca de 150, mais ou menos o que os modelos preveem para o tamanho do neocórtex.[15]

Por que deveria existir uma relação entre a potência do cérebro e o número de membros de uma rede social? Vamos considerar os círculos sociais humanos, formados por amigos, parentes e colegas de trabalho. Para continuar significativos, eles não podem ficar grandes demais para nossa capacidade cognitiva, pois nesse caso não conseguiremos mais saber quem é quem, o que todos querem, como se relacionam uns com os outros, quem é confiável, a quem se pode pedir um favor etc.[16]

Para pesquisar o quanto nós humanos estamos conectados, nos anos 1960, o psicólogo Stanley Milgram selecionou aleatoriamente cerca de trezentas pessoas em Nebraska e em Boston, e pediu a cada uma que desse início a uma corrente de cartas.[17] Os voluntários receberam um pacote de material com a descrição do estudo, inclusive o nome de uma "pessoa-alvo" – escolhida de forma aleatória em Sharon, Massachusetts, e que trabalhava como corretor da bolsa em Boston. Todos foram instruídos a enviar o pacote à pessoa-alvo se a conhecessem; senão, a qualquer outro conhecido que julgassem conhecê-la. A intenção era que o conhecido, ao receber o pacote, também seguisse as instruções e o enviasse a outra pessoa, até que afinal se encontrasse alguém que conhecesse a pessoa-alvo e enviasse o pacote diretamente a ela.

No meio do processo, muitas pessoas não se interessaram e quebraram a corrente. Contudo, dos cerca de trezentos indivíduos iniciais, 64 geraram correntes que acabaram encontrando o homem em Sharon, Massachusetts. Quantos intermediários foram necessários até alguém conhecer alguém que conhecesse alguém que conhecesse alguém que conhecesse o alvo? O número médio foi de apenas cinco. O estudo gerou a expressão "seis graus de separação", baseada na ideia de que seis vínculos de relações são o suficiente para ligar duas pessoas quaisquer no mundo. O mesmo experimento, muito facilitado pelo advento do e-mail, foi repetido em 2003.[18] Dessa vez, os pesquisadores começaram com 24 mil usuários de correio eletrônico em mais de cem países e dezoito pessoas-alvo diferentes em várias partes do mundo. Das 24 mil correntes de e-mail iniciadas por esses voluntários, apenas cerca de quatrocentas chegaram aos seus objetivos. Mas o resultado foi semelhante: o alvo era contatado em uma média de cinco a sete passos.

Nós outorgamos o Prêmio Nobel a campos científicos como física e química, mas o cérebro humano também merece uma medalha de ouro por sua extraordinária capacidade de criar e manter redes sociais como corporações, agências governamentais e times de basquete, nas quais as pessoas trabalham juntas para chegar a um objetivo comum com o mínimo possível de mal-entendidos e conflitos. Talvez 150 seja o tamanho natural dos grupos humanos na natureza, desprovidos de estruturas organizacionais formais de tecnologia de comunicação. Contudo, em vista dessas inovações da civilização, já rompemos a barreira natural dos 150 para realizar feitos que somente milhares de seres humanos trabalhando juntos conseguem efetivar. Claro que a física por trás do Grande Colisor de Hádrons (LHC, na sigla em inglês), o acelerador de partículas na Suíça, é um monumento à inteligência humana. Porém, o mesmo se pode dizer da escala e da complexidade da organização que o construiu – apenas um dos experimentos do LHC exigiu mais de 2.500 cientistas, engenheiros e técnicos em 37 países, trabalhando juntos, cooperando para resolver problemas num ambiente complexo e sempre em mutação. A capacidade de formar organizações aptas a criar tais realizações é tão impressionante quanto as próprias realizações.

EMBORA O COMPORTAMENTO social humano seja bem mais complexo que o comportamento social de outras espécies, há também surpreendentes pontos em comum em certas características fundamentais da maneira como todos os mamíferos se relacionam com outros de sua espécie. Um dos interessantes aspectos da maioria dos mamíferos não humanos é ter "cérebro pequeno". Com isso os cientistas querem dizer que a parte do cérebro que, nos homens, é responsável pelo pensamento consciente é relativamente pequena nos mamíferos não humanos quando comparada à parte do cérebro envolvida nos processos inconscientes.[19]

Claro que ninguém sabe exatamente como surge o pensamento consciente, mas ele parece estar centrado sobretudo no lobo frontal do neocórtex, em particular numa região chamada córtex pré-frontal. Em outros animais, essas regiões do cérebro são muito menores ou nem sequer existem. Em outras palavras, os animais reagem mais e pensam menos, quando pensam. Por isso, a mente inconsciente pode soar um alarme ao ver o tio Matt esfaqueando o próprio braço com uma faca, mas depois usar a mente consciente humana para lembrar que o tio Matt acha engraçado fazer truques de mágica chocantes. Em comparação, seu coelho de estimação não se sentiria aliviado por essas considerações conscientes e racionais. A reação do coelho seria automática. Seguiria seus instintos primitivos e simplesmente fugiria do tio Matt e seu facão. Apesar de não conseguir entender uma piada, as regiões do cérebro responsáveis pelos processamentos *inconscientes* de um coelho não são diferentes das nossas.

Na verdade, a organização e a química do cérebro inconsciente são comuns entre os mamíferos, e muitos mecanismos neurais automáticos nos macacos, nos símios e até em mamíferos inferiores são semelhantes aos nossos, produzindo um comportamento surpreendentemente parecido com o dos seres humanos.[20] Assim, ainda que outros animais não possam nos ensinar muito sobre a ToM, eles podem fornecer insights a respeito de outros aspectos automáticos e inconscientes de nossas tendências sociais. É por essa razão que, enquanto algumas pessoas leem livros como *Homens são de Marte e mulheres são de Vênus* para aprender sobre os papéis sociais de homens e mulheres, eu prefiro fontes como "Mother-infant bonding and the evolution of mammalian social relationships" – que, de alguma forma, serve para minimizar as relações sociais mamíferas na minha vida.

Considere a seguinte passagem desse artigo:

> O sucesso reprodutivo dos machos em geral é determinado pela competição com outros machos para se acasalar com o maior número possível de fêmeas. Portanto, raramente os machos formam laços sociais fortes, e as colisões entre machos costumam ser hierárquicas, mais com ênfase na agressividade que no comportamento associativo.[21]

Pode parecer algo que você já viu na porta de algum bar cheio de torcedores, mas os cientistas estão debatendo o comportamento de mamíferos *não humanos*. Talvez a diferença entre machos humanos e touros, gatos e cabritos não seja o fato de que mamíferos não humanos não têm bares de torcedores, mas que, no universo dos mamíferos não humanos, o mundo inteiro é um bar de torcedores. Sobre as fêmeas, os mesmos pesquisadores escrevem:

> A estratégia reprodutiva da fêmea é investir na produção de uma quantidade relativamente pequena de crias, … e o sucesso é determinado pela qualidade do cuidado e pela capacidade de possibilitar a sobrevivência para além da idade do desmame. Por isso as fêmeas formam fortes laços sociais com seus filhotes; e as relações entre as fêmeas são também fortemente associativas.

Isso também soa familiar. Deve-se ter cuidado ao ler demais sobre comportamento de mamíferos "em geral", porém, isso parece explicar por que é mais comum que as mulheres fiquem conversando até tarde na cama ou formem grupos de leitura; e por que, apesar de minhas promessas de ser mais associativo que agressivo, elas nunca me deixam participar dessas atividades. O fato de que, em algum nível, os mamíferos humanos e não humanos pareçam se comportar de forma semelhante não implica que uma vaca aprecie jantar à luz de velas, que uma mamãe ovelha só queira ver seus filhotes crescerem felizes e bem-ajustados, ou que roedores tenham como aspiração se aposentar na Toscana acompanhados por suas almas gêmeas. Isso sugere que, embora o comportamento social humano seja muito mais complexo que o de outros animais, as raízes evolutivas dos nossos comportamentos podem ser encontradas nesses animais, e que é possível aprender alguma coisa sobre nós mesmos ao estudá-los.

O quanto o comportamento social dos mamíferos não humanos é programado? Vamos considerar o carneiro, por exemplo.[22] Normalmente, a ovelha é antipática com seus cordeiros. Se um deles se aproxima querendo mamar, a ovelha vai balir num tom bem agudo, e talvez dar uma ou duas marradas. No entanto, o processo do parto transforma a mãe. Parece mágica, essa transformação de ranzinza para cuidadora. Mas não tem a ver com pensamentos conscientes e maternais de amor ao filho. É uma coisa química, não mágica.

O processo é instigado pelo alargamento do canal vaginal, que libera uma simples proteína chamada oxitocina no cérebro da ovelha. Isso abre um intervalo de mais ou menos duas horas de duração, no qual a ovelha fica pronta para se associar. Se um cordeiro se aproxima enquanto ela estiver nesse intervalo, a ovelha se associará a ele, seja seu filhote ou de uma vizinha, ou mesmo um filhote de uma fazenda afastada. Quando a janela da oxitocina se fecha, a ovelha deixa de se ligar a novos cordeiros. Depois disso, se ela estiver relacionada a um cordeiro, continua a amamentá-lo e a falar com ele carinhosamente – o que na linguagem dos carneiros significa balidos em tons baixos. Mas voltará a ser antipática com os outros cordeiros, até com seus filhotes que não tiverem se aproximado durante o tempo de associação. Os cientistas, porém, podem abrir e fechar à vontade esse intervalo de aceitação, injetando oxitocina na ovelha ou inibindo a produção dessa substância em seu organismo. É o mesmo que ligar ou desligar um robô.

Outra famosa série de estudos em que cientistas conseguiram programar o comportamento de mamíferos por meio de manipulação química envolve o arganaz, um roedor parecido com o camundongo que abrange cerca de 150 diferentes espécies. Uma dessas espécies, o arganaz do campo, seria um cidadão-modelo numa sociedade humana. Ele se acasala para sempre, são leais – entre os arganazes do campo cujo parceiro desaparece, por exemplo, menos de 30% se juntam a outro.[23] E são pais responsáveis – os pais ficam por perto para proteger o ninho e participam do cuidado das crias. Os cientistas estudam os arganazes do campo por apresentarem um fascinante contraste com duas espécies de arganazes correlatas, o arganaz da montanha e o arganaz do prado.

Ao contrário do arganaz do campo, os arganazes da montanha e do prado formam sociedades de promíscuos solitários.[24]

Em termos humanos, os machos dessa espécie são indivíduos desclassificados. Acasalam-se com qualquer fêmea que estiver por perto, depois saem do pedaço e deixam que elas cuidem da cria, preferindo se entocar em algum canto isolado. (O arganaz do campo, por outro lado, costuma se reunir em pequenos grupos para conversar.)

O que impressiona nessas criaturas é que os cientistas conseguiram identificar a característica específica no cérebro responsável por essas diferenças de comportamento de uma espécie para outra. A substância química envolvida mais uma vez é a oxitocina. Para exercer um efeito nas células do cérebro, as moléculas de oxitocina primeiro precisam se ligar a receptores – moléculas específicas na membrana da superfície de uma célula. Os arganazes do campo monógamos têm muitos receptores para a oxitocina e um hormônio relacionado chamado vasopressina numa região específica do cérebro. Uma alta concentração semelhante de oxitocina e de receptores de vasopressina é também encontrada nessa região do cérebro de outros mamíferos monógamos. Mas, nos arganazes promíscuos, há uma carência desses receptores. Assim, por exemplo, quando os cientistas manipulam o cérebro de um arganaz do prado para aumentar o número de receptores, o arganaz solitário de repente se torna extrovertido e sociável como seu primo, o arganaz do campo.[25]

Se você não for um raticida, a essa altura já deve saber mais do que precisava a respeito de arganazes do campo; quanto ao que se refere a cordeiros, a maioria de nós nunca entra em contato com eles a não ser quando vêm acompanhados de molho de hortelã. Mas entrei em detalhes sobre a oxitocina e a vasopressina porque essas duas substâncias têm um importante papel na modulação do comportamento social e reprodutivo dos mamíferos, inclusive o nosso. Na verdade, compostos relacionados têm desempenhado uma função no organismo por pelo menos 700 milhões de anos, até em invertebrados como minhocas e insetos.[26]

O comportamento social humano é obviamente mais avançado e cheio de nuances que o do arganaz e dos carneiros. Ao contrário deles, nós temos ToM e somos muito mais capazes de superar impulsos inconscientes tomando decisões conscientes. Mas, nos seres humanos, a oxitocina e a vasopressina também regulam os vínculos com os semelhantes.[27] Nas mães humanas, assim como nas ovelhas, a oxitocina é liberada durante o parto e o nascimento. Também é liberada na mulher quando seus mamilos ou o colo do útero são estimulados durante a relação sexual; e nos homens e nas mulheres quando eles chegam ao clímax sexual. Tanto nos homens quanto nas mulheres, a oxitocina e a vasopressina liberadas no cérebro depois do sexo produzem amor e atração. A oxitocina é liberada inclusive nos abraços, em especial pelas mulheres, razão pela qual um mero toque físico casual pode levar a sensações de proximidade emocional até na ausência de uma ligação consciente ou intelectual entre os participantes.

No ambiente social mais abrangente, a oxitocina pode também promover confiança, e é produzida quando as pessoas têm um contato social positivo umas com as outras.[28] Num experimento, duas pessoas estranhas jogaram um jogo em que podiam cooperar para ganhar dinheiro. Mas as coisas eram feitas de modo que cada participante só pudesse ganhar em detrimento do outro. Por isso, a confiança era um dos temas presentes: à medida que o jogo progredia, os jogadores analisavam o caráter do outro. Cada um avaliava se o parceiro tendia a jogar limpo, caso em que os dois jogadores podiam se beneficiar igualmente, ou a jogar sujo, para desfrutar de mais benefícios em detrimento do outro.

Durante esse estudo, os pesquisadores monitoraram os níveis de oxitocina medindo a pressão sanguínea depois que os jogadores tomavam suas decisões. Descobriram que, quando o parceiro jogava de uma maneira que revelava confiança, o cérebro do jogador respondia a essa demonstração liberando oxitocina. Em outro estudo, no qual os participantes deviam investir dinheiro, os investidores que inalavam oxitocina tendiam a *mostrar* muito mais confiança em seus parceiros, que eram levados a aplicar mais dinheiro com eles. Quando se pediu que categorizassem os rostos baseados em suas expressões, os voluntários que inalaram oxitocina qualificaram os estranhos como mais confiáveis e atraentes que os sujeitos que não inalaram a substância. (Não surpreende que sprays de oxitocina já estejam disponíveis na internet, embora não sejam eficazes se não forem borrifados diretamente nas narinas da pessoa.)

Uma das provas mais contundentes de nossa natureza automática animal pode ser vista em um gene que regula os receptores de vasopressina no cérebro humano. Os cientistas descobriram que homens que têm duas cópias de uma determinada forma desse gene têm *menos* receptores de vasopressina, o que os torna semelhantes aos arganazes promíscuos. Aliás, eles mostram o mesmo tipo de comportamento. Homens com menos receptores de vasopressina apresentam duas vezes mais probabilidade de desenvolver problemas conjugais ou de se divorciar, e metade da probabilidade de se casar, que homens com mais receptores de vasopressina.[29] Por isso, embora sejamos muito mais complexos em nosso comportamento que carneiros e arganazes, as pessoas também são programadas para desempenhar certos comportamentos sociais inconscientes, vestígio de nosso passado animal.

A NEUROCIÊNCIA SOCIAL é um campo novo, mas o debate em torno da origem e da natureza do comportamento social humano talvez seja tão antigo quanto a própria civilização. Filósofos dos séculos passados não tinham acesso a estudos como os dos carneiros e arganazes; no entanto, enquanto especulavam sobre a mente, eles se indagavam até que ponto temos controle consciente de nossa vida.[30] Lançavam mão de diferentes estruturas conceituais, mas, de Platão a Kant, observadores do comportamento humano em geral consideraram necessário estabelecer a diferença entre causas diretas de comportamento – motivações com que temos contato por meio da introspecção – e influências internas ocultas, que só podem ser inferidas.

Nos tempos modernos, como mencionei, foi Freud quem popularizou o inconsciente. Embora suas teorias tenham obtido grande renome em aplicações clínicas e na cultura popular, Freud influenciou mais livros e filmes do que pesquisas experimentais em psicologia. Durante a maior parte do século XX, psicólogos empíricos simplesmente ignoraram a parte inconsciente da mente.[31] Por estranho que pareça agora, na primeira metade daquele século, dominada pelos defensores do movimento comportamental, os psicólogos chegaram a tentar descartar totalmente o conceito de mente. Eles não apenas ligavam o comportamento dos seres humanos aos dos animais como consideravam humanos e animais apenas máquinas complexas que respondiam a estímulos de maneiras previsíveis. Contudo, embora a introspecção evocada por Freud e seus seguidores seja pouco confiável, e o funcionamento do cérebro não tenha sido observado na época, a ideia de desconsiderar a mente humana e seus processos de pensamento parecia um absurdo para muita gente.

No fim dos anos 1950, o movimento behaviorista arrefeceu, e dois novos movimentos surgiram e se desenvolveram em seu lugar. Um era a psicologia cognitiva, inspirada pela revolução do computador. Assim como o behaviorismo, a psicologia cognitiva, de uma forma geral, rejeitava a introspecção. Mas ela não adotou a ideia de que temos estados mentais internos semelhantes a convicções, preferindo tratar as pessoas como sistemas de informação que processam esses estados mentais mais ou menos da mesma maneira que um computador processa dados. O outro movimento foi a psicologia social, cujo objetivo era entender como os estados mentais das pessoas são afetados pela presença de outras.

Com esses movimentos, a psicologia mais uma vez se voltou para o estudo da mente, mas as duas vertentes permaneceram dúbias em relação ao misterioso inconsciente. Afinal, se as pessoas não têm consciência dos processos subliminares, e se não podem segui-los com o cérebro, que provas temos de que tais estados mentais existam? Tanto na psicologia cognitiva quanto na social, o termo "inconsciente" foi evitado. Ainda assim, da mesma forma que um terapeuta sempre volta a falar do pai do analisado, um bando de cientistas continuou realizando experimentos cujos resultados sugeriam que tais processos *precisavam* ser investigados, pois desempenhavam papel importante na interação social. Nos anos 1980, inúmeros experimentos não clássicos apresentaram poderosas evidências dos elementos automáticos inconscientes do comportamento social.

Alguns desses primeiros estudos se inspiraram diretamente nas teorias da memória de Frederic Bartlett. Este acreditava que as distorções que observara nas lembranças das pessoas podiam ser responsáveis pelas suposições de que suas mentes seguiam certos roteiros mentais coerentes com o modo como pensavam o mundo. Especulando se nosso *comportamento social* poderia também ser influenciado por algum script inconsciente, os psicólogos cognitivos postularam a ideia de que muitas de nossas ações diárias seguem "roteiros" mentais predeterminados[32] – na verdade, que não são mentais.

Em um dos estudos realizados para testar essa ideia, um pesquisador sentou-se numa biblioteca e ficou de olho na copiadora.

Quando alguém se aproximava, ele corria e tentava passar à frente, dizendo: "Por favor, eu só tenho cinco páginas. Posso usar a xerox?" Certo, partilhar é ser solidário. Porém, se o usuário não fosse fazer muito mais de cinco cópias, como o pesquisador não apresentava justificativa para a intromissão, por que concordar? Aparentemente, bom número de pessoas se sentiu assim: 40% dos participantes recusaram a proposta. A maneira óbvia de aumentar a probabilidade de aceitação é oferecer uma razão válida e plausível para alguém ceder o lugar. Realmente, quando o pesquisador disse "Por favor, eu só tenho cinco páginas. Posso usar a xerox porque estou com pressa?", a taxa de recusa caiu de forma radical, de 40% para 6%. Isso faz sentido, mas os pesquisadores desconfiaram que algo mais poderia estar acontecendo; talvez as pessoas não estivessem avaliando conscientemente o motivo para decidir se a desculpa era válida ou não. Talvez estivessem seguindo um roteiro mental sem pensar – automaticamente.

Esse roteiro pode ser mais ou menos assim: alguém pede um pequeno favor com justificativa zero; a resposta é não. Alguém pede um pequeno favor mas oferece uma razão, qualquer razão; a resposta é sim. Parece um programa robótico ou de computador, mas será que poderia se aplicar às pessoas? A ideia é fácil de ser testada. É só entrar na frente das pessoas que se aproximam de uma fotocopiadora e dizer a cada uma delas algo como "Por favor, eu tenho cinco páginas. Posso usar a máquina de xerox porque xxx", onde "xxx" é uma frase que, embora apresentada como a razão do pedido, na verdade não significa nenhuma justificativa. Os pesquisadores escolheram como "xxx" a frase "porque eu tenho de fazer algumas cópias", o que expressa o óbvio, sem uma razão legítima para a intromissão. Se as pessoas que desejavam fazer suas cópias pesassem de forma consciente esse "não motivo" em comparação às suas necessidades, seria de se esperar que recusassem na mesma proporção que no caso de não se oferecer motivo algum – cerca de 40%. Mas se o próprio ato de dar uma razão era importante para acionar o aspecto "sim" do roteiro, independentemente de se a desculpa tinha ou não validade, apenas cerca de 6% deveriam recusar, como aconteceu no caso em que a razão apresentada – "Eu estou com pressa" – foi plausível. Foi exatamente o que os pesquisadores constataram. Quando o pesquisador dizia "Por favor, eu tenho cinco páginas. Posso usar a xerox porque preciso fazer algumas cópias?", apenas 7% recusaram, praticamente o mesmo número de quando era apresentada uma razão válida e plausível. O motivo débil convenceu tanta gente quanto a razão legítima.

Em seu relatório, os pesquisadores que conduziram esse experimento escreveram que seguir roteiros inconscientes preestabelecidos "pode na verdade ser o modo mais comum de interação social. Enquanto essa falta de reflexão às vezes causa problemas, o grau de atenção seletiva, de ignorar o mundo exterior, pode ser um feito positivo". De fato, em termos evolutivos, aqui é o inconsciente desempenhando seu dever normal, automatizando tarefas de modo a nos liberar para responder a outras exigências do ambiente. Na sociedade moderna, essa é a essência da multitarefa – a capacidade de nos concentrarmos numa tarefa enquanto, com a ajuda de roteiros automáticos, desempenhamos outras.

No decorrer dos anos 1980, diversos estudos indicavam que, devido à influência do inconsciente, as pessoas não percebem as razões de como se sentem, se comportam e julgam outras pessoas, ou como se comunicam de forma não verbal com os outros. Afinal, os psicólogos tiveram de reconsiderar o papel do pensamento consciente nas interações sociais. E foi assim que ressuscitaram a palavra "inconsciente", ainda que às vezes substituída também pelo imaculado "não consciente", ou qualificada com termos mais específicos, como "automático", "implícito" ou "incontrolado". Mas esses experimentos eram basicamente estudos behavioristas, e os psicólogos só conseguiam adivinhar os processos mentais que causavam as reações dos participantes. Pode-se dizer muita coisa sobre as receitas de um restaurante sentando-se à mesa e experimentando a comida. Porém, para saber de fato o que está acontecendo, é preciso examinar a cozinha, e o cérebro humano continuava escondido atrás das portas fechadas do crânio, com seus processos internos tão inacessíveis quanto há um século.

O PRIMEIRO SINAL de que o cérebro *podia* ser observado em ação surgiu no século XIX, quando cientistas perceberam que a atividade nervosa provoca alterações no fluxo sanguíneo e nos níveis de oxigênio. Monitorando esses níveis, seria possível, em tese, observar uma reflexão do cérebro em funcionamento. Em seu livro *Os princípios da psicologia*, de 1890, William James se refere ao trabalho do psicólogo italiano Angelo Mosso, que registrou a pulsação do cérebro em pacientes com lacunas no crânio resultantes de cirurgias cerebrais.[33] Mosso observou que a pulsação em certas regiões aumentava durante a atividade mental, e especulou, corretamente, que as alterações se deviam à atividade neural nessas regiões. Infelizmente, com a tecnologia daquela época, só era possível realizar essas observações e medições se o crânio fosse fisicamente aberto, tornando o cérebro acessível.[34]

Isso não chega a ser uma estratégia viável para estudar o cérebro humano, mas é exatamente o que os cientistas da Universidade de Cambridge fizeram em 1899 – com cães, gatos e coelhos. Eles usaram correntes elétricas para estimular vários caminhos neurais em cada animal e depois mediram a resposta do cérebro com instrumentos aplicados diretamente no tecido vivo. Os cientistas mostraram uma ligação entre a circulação e o metabolismo do cérebro, mas o método era tão rudimentar quanto cruel, e não teve prosseguimento. Nem a invenção dos raios X forneceu uma alternativa, pois os raios X podem detectar apenas as estruturas físicas do cérebro, não seus processos químicos e elétricos, sempre dinâmicos e em alteração. Por essa razão, o funcionamento do cérebro continuou fora dos limites por mais um século. Depois, no fim da década de 1990, mais ou menos cem anos depois do livro *A interpretação dos sonhos*, de Freud, a fMRI se tornou amplamente disponível.

Como mencionei no Prefácio, a fMRI, ou ressonância magnética funcional, é uma versão aperfeiçoada do aparelho de MRI normal que seu médico usa. Os cientistas do século XIX tinham concluído corretamente que a chave para identificar qual parte do cérebro está em funcionamento em dado momento é observar que, quando as células nervosas estão ativas, a circulação aumenta, porque as células aumentam seu consumo de oxigênio. Com a fMRI, os cientistas podem mapear o consumo de oxigênio pelo lado de fora do crânio, por meio das interações eletromagnéticas quânticas dos átomos dentro do cérebro. Dessa forma, a fMRI permite uma exploração tridimensional não invasiva do cérebro humano em funcionamento normal. Não apenas proporciona um mapa das estruturas do cérebro como também indica quais entre elas estão ativas em qualquer dado momento, permitindo que os cientistas vejam como as áreas ativas mudam com o tempo. Dessa forma, os processos mentais podem agora ser associados a caminhos neurais e estruturas cerebrais específicos.

Em diversas ocasiões, nas páginas anteriores, eu afirmei que o cérebro de um sujeito experimental foi mapeado, ou observei que uma parte específica do cérebro estava ou não ativa em alguma circunstância. Por exemplo, disse que o lobo occipital do paciente TN não funcionava, expliquei que o córtex orbitofrontal é associado à experiência de prazer e relatei que os estudos de mapeamento do cérebro mostram a existência de dois centros de dor física. Todas essas afirmações foram possibilitadas pela tecnologia da fMRI. Houve outras novas e entusiasmantes tecnologias desenvolvidas nos anos recentes, mas o advento da fMRI mudou a maneira como os cientistas estudam a mente, e esse avanço continua a ter papel de importância capital na pesquisa básica.

Ao analisarem no computador seus dados de fMRI, os cientistas são capazes de fatiar cada seção de seu cérebro, em qualquer sentido, e enxergar tudo, quase como se estivessem dissecando o próprio cérebro. A Figura 12, por exemplo, mostra uma fatia ao longo do plano central do cérebro com o paciente sonhando acordado. As áreas sombreadas à esquerda e à direita indicam atividade no córtex pré-frontal medial e no córtex cingulado posterior, respectivamente.

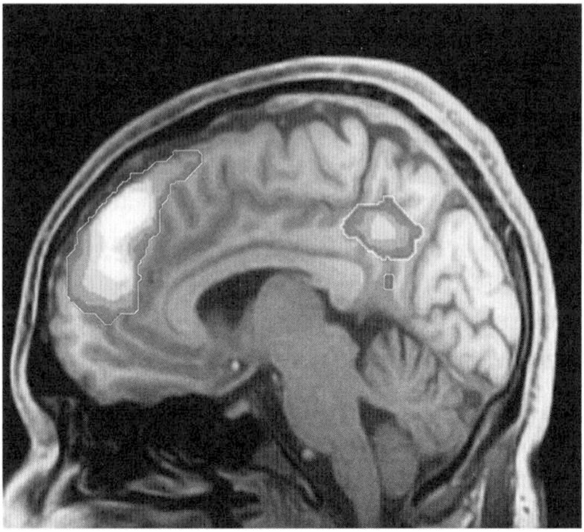

FIGURA 12

Hoje os neurocientistas dividem o cérebro em três regiões básicas, de acordo com suas funções, fisiologia e desenvolvimento evolutivo.[35] Nessa classificação, a região mais primitiva é o "cérebro reptiliano", responsável pelas funções de sobrevivência básicas, como comer, respirar, pelo batimento cardíaco e também pelas versões primitivas das emoções de medo e agressividade que motivam nossos instintos de lutar ou de fugir. Todas as criaturas vertebradas – pássaros, répteis, anfíbios, peixes e mamíferos – apresentam estruturas cerebrais reptilianas.

A segunda região, o sistema límbico, é mais sofisticada, fonte de nossa percepção social inconsciente. É um sistema complexo cuja definição pode variar um pouco de pesquisador para pesquisador, pois, embora a designação original fosse anatômica, o sistema límbico acabou determinado por suas funções como o sistema no cérebro instrumental na formação das emoções sociais. Nos seres humanos, o sistema límbico costuma ser caracterizado como um anel de estruturas, algumas das quais nós já vimos, inclusive o córtex pré-frontal ventromedial, o córtex cingulado dorsal anterior, a amígdala, o hipocampo, o hipotálamo, componentes do gânglio basal e, às vezes, o córtex orbitofrontal.[36] O sistema límbico aumenta as emoções reflexas reptilianas, e é importante na gênese dos comportamentos sociais.[37] Muitas das estruturas nessa segunda região às vezes são agrupadas no que se chama de "velho cérebro mamífero", que todos os mamíferos têm, ao contrário da terceira região – o neocórtex, ou "novo" cérebro mamífero –, cujas estruturas em geral estão ausentes nos mamíferos mais primitivos.

O neocórtex está acima da maior parte do sistema límbico.[38] Talvez você se lembre de que falei, no Capítulo 2, que ele é dividido em lobos ou lóbulos, e é bem maior nos seres humanos. Trata-se da massa cinzenta que as pessoas em geral visualizam quando falam do cérebro. No mesmo capítulo mencionei o lobo occipital, localizado na parte de trás da cabeça e que contém os principais centros de processamento visual. Neste capítulo, falei sobre o lobo frontal que, como o próprio nome indica, está localizado na frente.

O gênero *Homo*, do qual os humanos, *Homo sapiens*, são a única espécie sobrevivente, evoluiu cerca de 2 milhões de anos atrás. Em termos anatômicos, o *Homo sapiens* chegou à sua forma atual há aproximadamente 200 mil anos. Mas como já dissemos, em termos comportamentais, nós só assumimos nossas características atuais, como a cultura, mais ou menos 50 mil anos atrás. No período entre o *Homo sapiens* original e nós, o cérebro dobrou em tamanho. Uma parcela desproporcional desse crescimento aconteceu no lobo frontal; por isso faz sentido que o lobo frontal seja a localidade de algumas das características que nos tornam humanos. O que essa estrutura expandida faz para aumentar a nossa capacidade de sobreviver a ponto de justificar o favorecimento da natureza em relação a nós?

O lobo frontal contém regiões responsáveis pela seleção e execução de movimentos motores finos – em especial de dedos, mãos, dedos dos pés, pés e língua –, claramente importantes para a sobrevivência na natureza. É interessante notar que o controle dos movimentos motores do rosto também tem base no lobo frontal. Como veremos no Capítulo 5, as nuances sutis da expressão facial são cruciais pelo papel que têm na comunicação social.

Além das regiões associadas aos movimentos motores, como já mencionei, o lobo frontal tem uma estrutura chamada córtex pré-frontal. "Pré-frontal" quer dizer, literalmente, "na frente da frente", e é onde se localiza o córtex pré-frontal, logo atrás da testa. É nessa estrutura que reconhecemos com mais clareza nossa humanidade. O córtex pré-frontal é responsável pelo planejamento e pela orquestração de nossos pensamentos e ações de acordo com nossos objetivos; e pela integração entre pensamento consciente, percepção e emoção; acredita-se que seja o local de nossa consciência.[39] O córtex pré-frontal ventromedial e o córtex orbitofrontal, partes do sistema límbico, são subsistemas do córtex pré-frontal.

Embora essa divisão anatômica do cérebro em reptiliano, límbico (ou "velho mamífero") e neocórtex (ou "novo mamífero") seja útil – e ocasionalmente vou me referir a ela –, é importante entender que é uma imagem simplificada. A história inteira é mais complexa. Por exemplo, os passos evolutivos que isso implica não correspondem bem à forma como as coisas aconteceram; algumas chamadas criaturas primitivas têm tecidos semelhantes ao neocórtex.[40] Por conseguinte, o comportamento desses animais pode não ser tão instintivo como já consideramos. Além disso, as três áreas discretas são descritas como quase independentes, mas na verdade são integradas e funcionam em conjunto, com inúmeras interligações neurais entre elas.

A complexidade do cérebro se reflete no fato de que só o hipocampo, uma minúscula estrutura no fundo do cérebro, dá assunto para um livro-texto de muitos centímetros de espessura. Outro recente trabalho, um artigo acadêmico que descreve a pesquisa de um simples tipo de célula nervosa no hipotálamo, tinha mais de cem páginas e citava setecentos intrincados experimentos. É por isso que, apesar de toda a pesquisa, a mente humana, tanto a consciente quanto a inconsciente, ainda guarda enormes mistérios; e que dezenas de milhares de cientistas no mundo todo ainda estão trabalhando para elucidar as funções dessas regiões nos planos molecular, celular, neural e psicológico, fornecendo visões cada vez mais profundas sobre como os caminhos interagem para produzir nossos pensamentos, sentimentos e comportamentos.

Com o advento da fMRI e a capacidade cada vez maior de os cientistas estudarem como diferentes estruturas do cérebro contribuem para a formação de pensamentos, sentimentos e comportamentos, as duas escolas que seguiram o behaviorismo começaram a juntar forças. Os psicólogos sociais perceberam que poderiam desemaranhar e validar suas teorias sobre os processos psicológicos conectando-os às suas fontes no cérebro. Os psicólogos cognitivos perceberam que poderiam rastrear as origens dos estados mentais. Também os neurocientistas, que se concentravam no cérebro físico, perceberam que poderiam entender melhor seu funcionamento se aprendessem mais sobre os estados mentais e processos psicológicos produzidos pelas diferentes estruturas. E assim surgiu o novo campo de neurociência cognitiva social, ou simplesmente neurociência social. É um *ménage à trois*, uma "relação a três": psicologia social, psicologia cognitiva e neurociência.

Mencionei antes que o primeiro encontro de neurociência social aconteceu em abril de 2001. Para se ter uma ideia da velocidade com que o campo se expandiu, considere o seguinte: a primeira publicação acadêmica utilizando a fMRI surgiu em 1991.[41] Em 1992, houve apenas quatro publicações do tipo no ano todo. Em 2001, uma busca na internet usando as palavras "neurociência cognitiva social" gerou apenas 53 resultados. Mas uma busca idêntica realizada em 2007 gerou mais de 30 mil resultados.[42] Nessa época, os neurocientistas já estavam produzindo estudos de fMRI a cada três horas.

Hoje, com a recente capacidade que os pesquisadores conquistaram de observar o cérebro em funcionamento e compreender as origens e a profundidade do inconsciente, os sonhos de Wundt, James e outras figuras da Nova Psicologia, que queriam transformar esse campo numa ciência experimental rigorosa, estão sendo realizados.

Embora o conceito freudiano do inconsciente estivesse furado, a ênfase na importância do pensamento inconsciente parece cada vez mais válida. Conceitos vagos como o de id e de ego agora deram lugar a mapas de estrutura, conectividade e função do cérebro. O que aprendemos é que muito da nossa percepção social – como visão, audição e memória – parece seguir caminhos que não estão associados à consciência, intenção ou a um esforço consciente. Como essa programação subliminar afeta nossas vidas, o modo como nos apresentamos, como nos comunicamos e julgamos as pessoas, a forma como reagimos a situações sociais e a maneira como pensamos sobre nós mesmos, esse é o território que estamos prestes a explorar.

PARTE II

O inconsciente social

5. Interpretando as pessoas

> Suas palavras amigáveis não significam nada se seu corpo parece dizer algo diferente.
>
> JAMES BORG

NO FIM DO VERÃO DE 1904, poucos meses antes do início do "ano miraculoso" de Einstein, o *New York Times* divulgou outro milagre científico alemão, um cavalo que "pode fazer quase tudo, menos falar".[1] A história, segundo o repórter, não havia sido tirada da imaginação, mas se baseava em observações de uma comissão nomeada pelo ministro da Educação da Prússia e no testemunho do próprio repórter. O tema do artigo era um garanhão, depois chamado de Clever Hans, que podia realizar operações aritméticas e tarefas intelectuais no nível das hoje desempenhadas em salas de aula da 3ª série. Como Hans tinha nove anos, a tarefa era adequada para sua idade, ainda que não para sua espécie.

Aliás, assim como a média dos seres humanos de nove anos, Hans na época já tinha passado por quatro anos de educação formal, ministrados por seu proprietário, Herr Wilhelm von Osten. O dono, que ensinava matemática num ginásio local – algo semelhante ao ensino médio –, tinha reputação de ser um velho excêntrico e também de não se importar de ser visto assim. Todos os dias, em determinado horário, ele ficava diante de Hans – em plena vista dos vizinhos – e ensinava o cavalo, empregando algumas escoras e um quadro-negro; depois o recompensava com uma cenoura ou um torrão de açúcar.

Hans aprendeu a responder às perguntas de seu professor batendo com o casco direito. O repórter do *New York Times* descreveu como, em uma ocasião, Hans foi instruído a bater uma vez o casco para o ouro, duas vezes para a prata e três vezes para o cobre, e em seguida identificou corretamente moedas feitas desses metais. Identificou também chapéus coloridos da mesma maneira. Usando a linguagem de sinais das batidas de casco, conseguia também dizer a hora; identificar o mês e o dia da semana; indicar o número pelo qual o algarismo 4 é multiplicado para produzir os números 8, 16 e 32; somar 5 e 9; e até indicar o resto de 7 dividido por 3.

Quando o repórter presenciou essa demonstração, Hans já tinha se tornado uma celebridade. Von Osten o exibira em reuniões por toda a Alemanha – chegando até a apresentá-lo diante do próprio kaiser –, e nunca cobrou ingresso, porque estava tentando convencer o público sobre o potencial de inteligência humana dos animais. Houve tanto interesse pelo fenômeno do cavalo de elevado QI que uma comissão foi formada para avaliar a alegação de Von Osten, e a conclusão foi de que não havia nenhum truque envolvido nas façanhas de Hans.

Segundo o parecer emitido pela comissão, a justificativa das habilidades do cavalo estava nos métodos superiores de ensino empregados por Von Osten – métodos que correspondiam aos utilizados nas escolas elementares da Prússia. Não ficou claro se os "métodos superiores de ensino" referiam-se ao açúcar ou às cenouras, mas, de acordo com um integrante da comissão, o diretor do Museu de História Natural da Prússia, "*Herr* Von Osten conseguiu treinar Hans cultivando nele um desejo por iguarias". E acrescentou: "Duvido que o cavalo realmente tenha prazer em seus estudos." Mais uma prova, suponho, da surpreendente humanidade de Hans.

Mas nem todo mundo se convenceu dos resultados da comissão. Uma das indicações reveladoras de que poderia haver mais nas façanhas de Hans do que uma metodologia avançada de ensino equino era que às vezes Hans respondia às perguntas de Von Osten mesmo que este não as verbalizasse. Ou seja, o cavalo parecia ser capaz de ler sua mente. Um psicólogo chamado Oskar Pfungst resolveu investigar. Com o apoio de Von Osten, Pfungst conduziu uma série de experimentos. Ele descobriu que o cavalo podia responder a perguntas feitas por outras pessoas que não seu dono, mas só se os que faziam as perguntas soubessem a resposta e estivessem visíveis para Hans durante o bater dos cascos.

Foi necessária uma série de minuciosos experimentos adicionais, mas Pfungst acabou descobrindo que a chave para as façanhas intelectuais do cavalo estava em pistas involuntárias e inconscientes reveladas pelos formuladores das perguntas. Assim que o problema era formulado, descobriu Pfungst, quem fazia a pergunta se inclinava para adiante de maneira involuntária e quase imperceptível, o que levava Hans a bater o casco. Depois, quando a resposta certa era dada, outro pequeno sinal de linguagem corporal fazia Hans parar. Era um "vislumbre", como dizem os jogadores de pôquer, uma mudança inconsciente de conduta que transmitia uma pista do estado mental de uma pessoa. Todos os que faziam perguntas a Hans, percebeu Pfungst, expressavam "movimentos musculares mínimos" semelhantes, sem perceber que faziam isso. Hans podia não ser um cavalo de corrida, mas tinha o coração de um jogador de pôquer.

No fim, Pfungst demonstrou sua teoria com um floreio, fazendo o papel de Hans e alistando 25 sujeitos participantes para fazer perguntas a *ele*. Nenhum tinha ciência do propósito específico do experimento, mas todos sabiam que estavam sendo sondados em busca de pistas que poderiam levar a uma resposta. Dos 25 participantes, 23 fizeram esses movimentos, embora todos o negassem. Deve-se registrar que Von Osten recusou-se a aceitar as conclusões de Pfungst e continuou a fazer turnês pela Alemanha com Hans, reunindo grandes multidões entusiasmadas.

Como sabe qualquer pessoa que já esteve do outro lado de um motorista fazendo um gesto obsceno, a comunicação não verbal às vezes é bastante óbvia e consciente. Mas também há ocasiões em que alguém pode dizer "Não olhe para mim desse jeito", e você responder "Como assim, olhar para você desse jeito?", sabendo muito bem a natureza dos sentimentos que tinha certeza de esconder. Ou pode estalar os lábios e proclamar que a caçarola de escalope com queijo está deliciosa, mas de alguma forma provocar a resposta: "Como assim, você não gostou?" Não se preocupe; se um cavalo pode interpretar o que você diz, por que não seu cônjuge?

Os cientistas conferem grande importância à capacidade humana da linguagem falada. Mas também temos uma trilha paralela de comunicação não verbal, e essas mensagens podem revelar mais que nossas palavras bem-escolhidas, e às vezes ir contra elas. Uma vez que muito, se não tudo, da sinalização não verbal e da interpretação de sinais é automático e realizado sem o nosso conhecimento e controle conscientes, sem querer comunicamos um bocado de informação por meio de dicas não verbais sobre nós mesmos ou nosso estado de espírito. Os gestos que fazemos, a posição em que mantemos nosso corpo, as expressões de nosso rosto e as características não verbais do nosso discurso – tudo isso contribui para a forma como os outros nos veem.

O PODER DE DICAS não verbais fica evidente no nosso relacionamento com os animais, porque, a não ser que você viva num desenho da Pixar, espécies não humanas têm um entendimento limitado da nossa fala. Porém, assim como Hans, muitos animais são sensíveis aos gestos humanos e à nossa linguagem corporal.[2] Um estudo recente, por exemplo, descobriu que, se treinado de forma apropriada, um lobo pode ser bom amigo e responder a sinais humanos não verbais.[3] Mesmo que você não queira dar o nome de Fido ao bicho nem deixar que brinque com seu filho de um ano, os lobos na verdade são animais muito sociais, e eles respondem a indicações não verbais dos seres humanos porque têm um rico repertório de sinais em sua própria comunidade.

Os lobos estão envolvidos em inúmeros comportamentos cooperativos que exigem capacidade de prever e interpretar a linguagem corporal de seus pares. Por isso, se você for um lobo, vai saber que, quando um companheiro lobo mantém as orelhas eretas, para a frente, e a cauda na vertical, ele está sinalizando dominação. Se puser as orelhas para trás e estreitar os olhos, é porque está desconfiado. Se achatar as orelhas na cabeça e enfiar o rabo no meio das pernas, é porque está com medo. Os lobos ainda não foram testados, mas seu comportamento indica que têm pelo menos algum nível de ToM. O que não quer dizer que sejam os melhores amigos do homem.

Os cães, que se originaram dos lobos, são os melhores animais na leitura dos sinais sociais humanos. Nessa tarefa, eles parecem ainda mais habilidosos que nossos parentes primatas. Essa descoberta surpreendeu muita gente, pois os primatas são muito superiores em outras tarefas humanas, como resolver problemas e enganar os outros.[4] Isso sugere que, durante o processo de domesticação, a evolução favoreceu os cães, que desenvolveram adaptações mentais permitindo que fossem melhores companheiros da nossa espécie[5] – e portanto lhes valeram os benefícios de um lar e de uma família.

Um dos estudos mais reveladores da comunicação humana não verbal foi realizado usando um animal com que os humanos raramente dividem suas casas, pelo menos intencionalmente: o rato. Nesse estudo, alunos de uma turma de psicologia experimental receberam cinco dessas criaturas, um labirinto em forma de T e uma tarefa aparentemente simples.[6] Um dos braços do T era branco e o outro cinza. O trabalho de cada rato era aprender a correr para o braço cinza, onde seria gratificado com comida. O trabalho dos alunos era dar a cada rato dez chances por dia para aprender que o lado cinza do labirinto levava à comida e registrar de forma objetiva o progresso de aprendizado de cada rato. Mas na verdade eram os alunos, não os ratos, as cobaias do experimento.

Os estudantes foram informados de que, por meio de um minucioso processo reprodutivo, era possível criar cepas de ratos gênios de labirintos e ratos imbecis de labirinto. Metade dos alunos foi informada de que seus ratos eram o Vasco da Gama dos exploradores de labirintos, enquanto os outros achavam que seus ratos tinham sido selecionados por não ter nenhum senso de direção. Na verdade, nada disso havia sido feito, e os animais eram indistinguíveis, a não ser talvez para suas mães. O verdadeiro objetivo do experimento era comparar os resultados obtidos pelos dois grupos diferentes de seres humanos, para ver se suas expectativas direcionariam os resultados alcançados pelos ratos.

Os pesquisadores descobriram que os ratos que os alunos consideravam brilhantes se saíram significativamente melhor do que aqueles tidos como burros. Os pesquisadores depois pediram que cada aluno descrevesse seu comportamento em relação aos ratos; uma análise mostrou diferenças na forma como os alunos de cada grupo se relacionavam com os animais. Por exemplo, a julgar pelos relatos, os que acreditavam que seus ratos eram mais aptos lidavam com eles de forma mais delicada, comunicando uma atitude diferente. Claro que isso pode ter sido intencional, e as pistas em que estamos interessados são justamente as não intencionais e difíceis de controlar.

Por sorte, outra dupla de pesquisadores teve essa mesma curiosidade.[7] Eles repetiram o experimento, mas disseram aos alunos que uma parte crucial do trabalho era tratar cada rato como se não conhecessem previamente o processo reprodutivo favorável. Foram alertados de que as diferenças na maneira como lidavam com os animais poderiam distorcer os resultados e, em consequência, também suas notas. Apesar dessas advertências, os pesquisadores também relataram desempenho superior entre os ratos que esperavam ter melhores desempenhos. Os alunos tentaram agir de forma imparcial, mas não conseguiram. Eles forneciam pistas inconscientes, baseados em suas expectativas, e os ratos respondiam.

É fácil fazer analogias de como expectativas comunicadas de modo inconsciente podem também afetar o comportamento humano, mas serão elas exatas? Um dos pesquisadores do estudo dos ratos, Robert Rosenthal, resolveu descobrir isso.[8] Seu plano era outra vez fazer seus alunos conduzirem um experimento, mas agora com gente, não com ratos. Claro que isso envolveu alterar o experimento para se adaptar melhor aos participantes humanos. Rosenthal bolou o seguinte: ele pediu aos estudantes – na realidade, os verdadeiros sujeitos da experiência – que mostrassem aos participantes fotografias de rostos de pessoas e solicitassem que dessem uma nota a cada rosto em termos de sucesso ou fracasso neles refletidos. Rosenthal já havia testado antes uma grande série de fotos e entregou aos alunos apenas as que havia considerado neutras. Mas não foi o que disse a eles. Falou que estava tentando duplicar um experimento já realizado, e informou que metade dos pesquisadores do grupo de rostos mostrados nas fotos já havia sido classificada como bem-sucedida, e que outra metade foi definida como de pessoas fracassadas.

Para garantir que os alunos não usassem qualquer linguagem verbal para comunicar suas expectativas, Rosenthal entregou a todos um roteiro a ser seguido e alertou para que não se desviassem dele de forma alguma, nem pronunciassem qualquer palavra. Sua tarefa era simplesmente apresentar as fotos aos seus sujeitos, ler as instruções e registrar as respostas. Seria difícil ser mais cuidadoso para evitar qualquer viés por parte dos pesquisadores. Mas será que a comunicação não verbal não revelaria suas expectativas? Será que os sujeitos humanos responderiam a essas pistas da mesma forma que os ratos?

Na média, não só os estudantes que esperavam que seus analisados conseguissem mais sucesso em classificar as fotos obtiveram melhores resultados como também, além disso, *todos os alunos* que foram levados a esperar melhores desempenhos obtiveram notas mais altas de seus pesquisados que *qualquer um* dos que esperavam resultados inferiores. Mas como?

Um ano depois, outros pesquisadores repetiram o estudo de Rosenthal, com uma alteração.[9] No decorrer do estudo, eles gravaram as instruções dos pesquisadores para seus sujeitos. Depois realizaram *outro* experimento, no qual eliminaram os pesquisadores humanos e comunicaram as instruções aos sujeitos usando fitas gravadas, livrando-se assim de todas as dicas que não as transmitidas apenas pelo som da voz. Mais uma vez os resultados foram parciais, mas só em metade das ocasiões. Um fator importante, que fazia com que a expectativa dos experimentadores fosse comunicada, era a inflexão e a característica tonal de suas vozes. Mas se isso era apenas metade da história, qual seria a outra?

Ninguém sabe ao certo. No decorrer dos anos, muitos cientistas vêm tentando elaborar variantes do experimento, mas, mesmo confirmando o efeito, nenhum foi capaz de especificar com mais precisão quais são esses outros sinais não verbais. Sejam o que forem, são sutis e inconscientes, e devem variar consideravelmente de um indivíduo para outro.

A lição aprendida tem aplicações óbvias na nossa vida pessoal e profissional, em relação à nossa família, aos nossos amigos, empregados e empregadores, e até a pessoas entrevistadas em grupos de pesquisa de marketing; queiramos ou não, comunicamos nossas expectativas aos outros, que em geral respondem de acordo com essas expectativas. A respeito das expectativas, você pode pensar que, sejam ou não declaradas, elas vigoram na maioria das interações entre pessoas. Os outros têm expectativas em relação a você. Esse foi um dos presentes que recebi dos meus pais: ser tratado como os ratos Vasco da Gama, ser levado a achar que poderia navegar com sucesso fosse qual fosse o meu destino. Não que meus pais tenham me falado que acreditavam em mim, porém, de alguma forma, eu senti, e isso sempre foi uma fonte de força.

Rosenthal continuou a estudar justamente isso – o que as expectativas representam para os nossos filhos.[10] Uma de suas pesquisas mostrou que a expectativa dos professores afeta bastante o desempenho acadêmico dos alunos, mesmo quando os professores tentam tratar todos com imparcialidade. Por exemplo, Rosenthal e um colega pediram que alunos de dezoito salas de aula preenchessem um teste de QI. Os professores receberam os resultados, os alunos, não. Os pesquisadores disseram aos professores que o teste indicaria quais crianças tinham um potencial intelectual incomumente alto.[11] O que os professores não sabiam era que os garotos citados como mais brilhantes na verdade não tinham se saído melhor que a média no teste de QI – haviam ficado apenas na média. Pouco depois, os professores classificaram os que não foram considerados mais bem-dotados como menos curiosos e menos interessados do que os estudantes mais bem-dotados – e as notas subsequentes refletiram isso.

Mas o que é realmente chocante – e nos faz pensar – é o resultado de outro teste de QI, feito oito meses depois. Quando se aplica um teste de QI pela segunda vez, espera-se que o desempenho de cada criança varie um pouco. Em geral, cerca de metade do desempenho das crianças deve melhorar e metade piorar, como consequência de mudanças no desenvolvimento intelectual do indivíduo em relação a seus pares, ou simplesmente por variações aleatórias.

Quando aplicou o segundo teste, Rosenthal na verdade constatou que metade dos garotos considerados "normais" mostrou um aumento no QI. Contudo, entre os que foram destacados como brilhantes, o resultado obtido foi diferente: cerca de 80% tiveram um aumento de pelo menos dez pontos. Mais ainda, cerca de 20% do grupo "mais talentoso" ganhou *trinta ou mais* pontos no QI, enquanto apenas 5% dos outros garotos tiveram esse desempenho. Classificar crianças como mais inteligentes se provou uma poderosa profecia autorrealizável. Agindo com sabedoria, Rosenthal não tinha classificado falsamente nenhum garoto abaixo da média. O triste é que essa classificação acontece, e é razoável supor que a profecia autorrealizável funciona também no sentido contrário: marcar uma criança como fraca no aprendizado contribui para fazer com que ela se torne exatamente isso.

Os SERES HUMANOS SE COMUNICAM por intermédio de um rico sistema de linguagem cujo desenvolvimento representou um momento marcante na evolução da nossa espécie, uma inovação que reformulou o caráter da sociedade humana. É uma capacidade que parece única.[12] Em outros animais, a comunicação se limita a mensagens simples, como se identificar ou emitir alertas; há pouca estrutura complexa. Se o cavalo Hans tivesse de responder com sentenças completas, por exemplo, o espetáculo estaria terminado. Mesmo entre primatas, nenhuma espécie adquire naturalmente mais que alguns poucos sinais, ou os combina de uma maneira não rudimentar. O ser humano médio, por outro lado, conhece dezenas de milhares de palavras e pode alinhá-las seguindo regras complexas, com pouco esforço consciente e sem uma educação formal.

Os cientistas ainda não entendem como a linguagem evoluiu. Muitos acreditam que as primeiras espécies humanas, como o *Homo habilis* e o *Homo erectus*, tinham algo semelhante à linguagem ou a sistemas de comunicação simbólicos. Mas o desenvolvimento da linguagem como a conhecemos só aconteceu quando os seres humanos modernos entraram em cena. Alguns dizem que a linguagem surgiu 100 mil anos atrás, outros afirmam que foi depois; mas a necessidade de uma comunicação sofisticada sem dúvida se tornou mais urgente com o desenvolvimento de seres humanos sociais "modernos em termos comportamentais", 50 mil anos atrás. Já vimos o quanto as interações sociais são importantes para nossa espécie, e as interações sociais estão atreladas à necessidade de comunicação. Essa necessidade é tão poderosa que até bebês surdos desenvolvem sistemas de linguagem baseados em gestos e, se aprenderem a linguagem de sinais, vão balbuciar usando as mãos.[13]

Por que os homens desenvolvem a comunicação *não verbal*? Um dos primeiros a estudar seriamente esse assunto foi um inglês, motivado por seu interesse pela teoria da evolução. Segundo sua própria avaliação, ele não era um gênio. Não era "muito rápido ou sagaz para perceber as coisas", nem tinha "o poder de seguir uma linha de pensamento longa e puramente abstrata".[14] Nas muitas ocasiões em que tenho a mesma sensação, sinto-me revigorado ao relembrar essas palavras, porque esse tal inglês se deu muito bem consigo mesmo – o nome dele era Charles Darwin. Treze anos depois da publicação de *A origem das espécies*, Darwin publicou outro texto radical, chamado

A expressão das emoções no homem e nos animais. No livro, Darwin argumenta que as emoções – e as maneiras como são expressadas – proporcionam uma vantagem na sobrevivência, não são exclusivas dos seres humanos e ocorrem em muitas espécies. Indícios do papel das emoções podem ser encontrados examinando-se as semelhanças e as diferenças da expressão emocional não verbal em várias espécies.

Embora não se considerasse brilhante, Darwin acreditava dispor de uma grande força intelectual, que era seu poder de observação minuciosa e detalhada. De fato, embora não tenha sido o primeiro a sugerir a universalidade da emoção e sua expressão,[15] ele passou muitas décadas estudando meticulosamente as manifestações físicas de estados mentais. Observava seus conterrâneos e prestava atenção aos estrangeiros também, procurando semelhanças e diferenças culturais. Chegou a estudar animais domésticos e os do zoológico de Londres. Em seu livro, Darwin categorizou inúmeras expressões humanas e gestos de emoção, e apresentou hipóteses sobre suas origens. Percebeu como animais inferiores também demonstram intenção e emoções por meio de expressões faciais, posturas e gestos. Darwin especulou que muito da nossa comunicação não verbal poderia ser um remanescente inato e automático de fases anteriores da evolução. Por exemplo, podemos dar mordidas afetivas, como fazem outros animais; e também expressar esgares como outros primatas, dilatando as narinas e mostrando os dentes.

O sorriso é outra expressão que partilhamos com primatas inferiores. Imagine-se em algum lugar público vendo alguém que olha para você. Se você retribuir o olhar e a outra pessoa sorrir, é provável que se sinta bem com o intercâmbio. Mas, se a outra pessoa continuar olhando sem esboçar um sorriso, o mais provável é você se sentir desconfortável. De onde vêm essas respostas instintivas? No comércio com a moeda corrente dos sorrisos, estamos partilhando um sentimento vivenciado por muitos de nossos primos primatas. Nas sociedades primatas, o olhar direto é um sinal agressivo. Em geral precede um ataque – e, portanto, pode precipitar um ataque. Dessa forma, se um macaco submisso, digamos, quer avaliar um dominante, vai mostrar os dentes como sinal de paz. Na linguagem dos macacos, dentes à mostra significam "Desculpe o meu olhar. É verdade que estou olhando, mas não pretendo atacar. Então, POR FAVOR, não me ataque antes."

Entre os chimpanzés, o sorriso também pode ter outro sentido – um indivíduo dominante pode sorrir para um submisso dizendo, de forma análoga: "Não se preocupe, eu não vou atacar você." Por isso, quando você passa por um estranho num corredor e ele abre um breve sorriso, você está vivenciando um intercâmbio com raízes profundas na nossa herança primata. Há inclusive evidências de que, com chimpanzés, assim como entre seres humanos, a troca de sorrisos pode ser um sinal de amizade.[16]

Talvez o sorriso seja um barômetro bem impreciso dos verdadeiros sentimentos, porque, afinal, qualquer um pode fingir um sorriso. É verdade que podemos conscientemente exibir um sorriso ou qualquer outra expressão usando os músculos do rosto de um jeito que estamos acostumados a fazer. Pense no que você faz quando tenta causar boa impressão numa festa, mesmo que esteja se sentindo infeliz. Mas nossas expressões faciais são também regidas, de forma subliminar, por músculos sobre os quais não temos controle consciente. Por isso, nossas verdadeiras expressões não podem ser fingidas. Claro, qualquer um pode criar um sorriso posado contraindo os principais músculos zigomáticos, que repuxam os cantos da boca em direção aos malares. Porém, um sorriso genuíno envolve a contração de um par de atores adicionais, os músculos orbitais dos olhos, que repuxam a pele ao redor dos olhos em direção ao globo ocular, provocando efeito semelhante a um pé de galinha que pode ser muito sutil. Isso foi indicado pela primeira vez por um neurologista francês do século XIX, chamado Duchenne de Boulogne, que influenciou Darwin e reuniu grande número de fotografias de pessoas sorrindo.

Há dois diferentes caminhos neurais para esses músculos sorridentes: um voluntário, para o zigomático maior, e um involuntário, para o *orbicularis oculi*.[17] Por isso, o fotógrafo em busca de um sorriso pode nos implorar para dizer "uísque", palavra que alavanca nossa boca para uma posição de sorriso, mas, se você não for do tipo que se delicia quando pedem para falar a palavra "uísque", o sorriso não vai parecer autêntico.

Ao examinar fotos dos dois tipos de sorriso mostrados por Duchenne de Boulogne, Darwin observou que, embora as pessoas conseguissem sentir a diferença, era muito difícil apontar conscientemente qual era ela, e declarou: "É comum eu me surpreender com o fato curioso de que tantos matizes de expressão sejam instantaneamente reconhecidos sem qualquer processo consciente de análise da nossa parte."[18] Ninguém prestou muita atenção a essas questões até pouco tempo atrás, mas estudos modernos têm mostrado que, como Darwin observou, mesmo pessoas sem treinamento em análise de sorrisos sabem naturalmente distinguir entre um verdadeiro sorriso e um sorriso fingido quando conseguem observar o mesmo indivíduo produzindo ambos os tipos.[19]

Os sorrisos que reconhecemos intuitivamente como falsos são uma das razões pelas quais vendedores de carros usados, políticos e outros que sorriem sem sinceridade em geral sejam definidos como escorregadios. Os atores, na tradição do método dramático, tentam contornar isso se exercitando para realmente *sentir* a emoção que devem manifestar; muitos políticos de sucesso são talentosos e conseguem expressar sentimentos genuínos de amizade e empatia ao falar para um salão cheio de estranhos.

Darwin entendeu que, se nossa expressão evoluiu com nossa espécie, muitas das maneiras de expressar emoções básicas – felicidade, medo, raiva, repulsa, tristeza e surpresa – deveriam ser comuns em seres humanos de diferentes culturas. Por isso, em 1867, ele fez com que um questionário circulasse entre povos nativos dos cinco continentes, alguns dos quais com pouco contato com os europeus.[20] A pesquisa fazia perguntas como: "O espanto é expressado por olhos e boca abertos e as sobrancelhas erguidas?" Com base nas respostas recebidas, Darwin concluiu que "o mesmo estado de espírito é expresso em todo o mundo com uma uniformidade notável".

O estudo de Darwin foi comprometido porque seu questionário fez perguntas já indicativas das respostas; como muitas outras contribuições à psicologia, a dele também foi atropelada – nesse caso, pela noção de que as expressões faciais são um comportamento aprendido, adquirido durante a infância, quando os bebês imitam as pessoas que cuidam deles e outras, no ambiente imediato. No entanto, nos últimos anos, um substancial corpus de pesquisa multicultural vem mostrando evidências de que afinal Darwin estava certo.[21]

Na primeira série de estudos que se tornaram famosos, o psicólogo Paul Ekman mostrou fotos de expressões de pessoas para voluntários no Chile, na Argentina, no Brasil, nos Estados Unidos e no Japão.[22] Em alguns anos, ele e um colega tinham mostrado essas fotos para pessoas em 21 países. Suas descobertas foram as mesmas de Darwin, demonstrando que pessoas de diversas culturas têm um entendimento semelhante do significado emocional de uma gama de expressões faciais. Ainda assim, só esses estudos não significam necessariamente que essas expressões são inatas ou até universais.

Adeptos da teoria das "expressões adquiridas" argumentaram que os resultados de Ekman não formulavam uma verdade mais profunda que o fato de as pessoas das sociedades estudadas assistirem à série *A ilha dos birutas* ou a outros filmes e programas de televisão. Por essa razão, Ekman viajou até a Nova Guiné, onde uma cultura neolítica isolada havia sido descoberta recentemente.[23] Os nativos não tinham uma linguagem escrita e ainda usavam utensílios de pedra. Muito poucos tinham visto uma fotografia, menos ainda filmes ou televisão. Ekman recrutou centenas desses nativos, que nunca haviam sido expostos a culturas de outras partes, e, por intermédio de um tradutor, apresentou fotografias de rostos americanos ilustrando as emoções básicas. Os caçadores e coletores primitivos se mostraram tão rápidos quanto os habitantes de países letrados do século XXI no reconhecimento de felicidade, medo, raiva, repulsa, tristeza e surpresa no rosto de um americano. Os cientistas também inverteram o projeto da pesquisa. Fotografaram a reação dos nativos quando viam seus filhos morrendo ou encontravam um porco morto havia algum tempo e assim por diante. As expressões que Ekman registrou eram inequivocamente reconhecíveis.[24]

Essa capacidade universal de criar e reconhecer expressões faciais começa no nascimento ou pouco depois. Já se observaram bebês fazendo quase todos os movimentos musculares usados por adultos para expressar emoção. Os bebês podem também diferenciar as expressões faciais dos outros e, como os adultos, modificar seu comportamento com base no que veem.[25] Dificilmente este será um comportamento adquirido. Na verdade, crianças cegas de nascença, que nunca viram uma carranca ou um sorriso, expressam uma gama de emoções faciais espontâneas quase idênticas às das crianças que conseguem enxergar.[26] Nosso catálogo de expressões faciais parece um equipamento-padrão – vem com o modelo básico. Por ser uma parte inconsciente e inata do nosso ser, a comunicação dos nossos sentimentos acontece de forma natural; ocultá-los exige grande esforço.

Entre os seres humanos, a linguagem corporal e a comunicação não verbal não se limitam a simples gestos e expressões. Dispomos de um sistema altamente complexo de linguagem não verbal e participamos rotineiramente de elaborados intercâmbios não verbais, mesmo quando não estamos conscientes disso. Por exemplo, no caso de contatos casuais com o sexo oposto, eu apostaria um ano de ingressos num cinema de Manhattan que, se um pesquisador de mercado se aproximar da acompanhante de um sujeito enquanto eles estiverem na fila para comprar um ingresso no mencionado cinema, poucos abordados seriam inseguros a ponto de se sentir ameaçados pelo pesquisador. Porém, considere o seguinte experimento, realizado em duas tranquilas noites de fim de semana de outono, numa região de "alta classe média" de Manhattan.[27] Todos os sujeitos abordados eram casais, sim, esperando na fila a fim de comprar ingressos para assistir a um filme.

Os pesquisadores trabalhavam em equipes de dois. Um dos integrantes da equipe observava discretamente a uma pequena distância enquanto o outro abordava a mulher do casal e perguntava se estava disposta a responder a algumas perguntas de uma pesquisa. A certas mulheres se formulavam perguntas neutras, como "Qual é sua cidade favorita e por quê?" A outras se faziam perguntas pessoais, como "Qual é sua lembrança de infância mais constrangedora?" Os pesquisadores esperavam que essas perguntas pessoais parecessem mais ameaçadoras para o namorado, mais invasivas para seu sentido de espaço íntimo. Como os namorados reagiram?

Ao contrário dos babuínos hamádrias, que começam uma briga ao ver outro macho sentado perto demais de uma fêmea do seu grupo,[28] os namorados não fizeram nada ostensivamente agressivo; mas demonstraram certas sugestões não verbais. Os cientistas notaram que, quando o entrevistador não se mostrava ameaçador – fosse um homem que fazia perguntas impessoais ou uma mulher –, o homem do casal tendia a ficar de lado. Mas, quando o entrevistador era um homem fazendo perguntas pessoais, o namorado discretamente se imiscuía na conversa, lançando o que se chama de "sinais de ligação", insinuações não verbais para transmitir uma ligação com a mulher. Esses sinais de fumaça dos homens incluíam se aproximar da parceira e olhar em seus olhos durante a interação com o outro homem. Dificilmente aqueles homens tinham consciência de que sentiam necessidade de defender seus relacionamentos de um respeitoso entrevistador, mas, ainda que os sinais de posse não chegassem a um murro na cara, como no caso dos babuínos, eles eram um indício do impulso interno masculino primata.

Outro modo de "conversação" não verbal, mais complexo, tem a ver com dominação. Os primatas não humanos realmente mantêm diferenciações rigorosas nessa dimensão: eles têm hierarquias de dominação precisas, algo parecido com as patentes do Exército. Porém, sem as vistosas divisas, pode-se perguntar como um chimpanzé sabe para quem bater continência. Primatas dominantes esmurram o próprio peito, usam a voz e outros sinais para indicar sua patente mais alta. Uma das formas como o chimpanzé pode sinalizar o reconhecimento de sua inferioridade, como já mencionei, é sorrindo. Outro é se virar, abaixar-se e mostrar o traseiro ao seu superior. Sim, esse comportamento específico, embora ainda praticado pelos homens, parece ter mudado de significado em algum ponto na estrada da evolução.

Na sociedade humana moderna, existem dois tipos de dominação.[29] Uma é a dominação física, baseada na agressão ou na ameaça de agressão. Entre os humanos, a dominação física é semelhante à dominação entre os primatas não humanos, embora nossa sinalização seja diferente: é raro o chimpanzé que anuncia sua dominação, como fazem alguns seres humanos, portando um canivete, uma pistola Magnum 357 ou usando uma camiseta apertada. Os humanos, porém, podem chegar também a outro tipo de dominação: a social.

A dominação social baseia-se mais na admiração que no medo e é adquirida por meio de realizações sociais, e não com proezas físicas. Sinais de dominação social – como usar um Rolex ou dirigir um Lamborghini – podem ser tão claros e ostensivos quanto o bater no próprio peito dos babuínos. Mas também podem ser sutis, como evitar qualquer demonstração exagerada de afluência aparecendo inesperadamente de jeans e uma camiseta velha, ou se recusando a usar qualquer coisa que tenha um logotipo. (É isso aí, seus patetas que usam bolsas ou valises Prada ou Louis Vuitton!)

Os seres humanos têm muitas maneiras de sinalizar que "Eu sou o general e você não é" sem mostrar o traseiro nem ostentar dragonas com estrelas. Assim como em outras sociedades primatas, a direção e a forma de um olhar são sinais importantes de dominação na sociedade humana.[30] Por exemplo, se uma criança desvia o olhar quando o pai ou a mãe estão dando uma bronca, o adulto pode dizer: "Olhe para mim quando estou falando com você!" Eu mesmo já disse isso em alguma ocasião, mas, como a gente não ouve com os olhos, a exigência parece não ter um propósito funcional. A interação na verdade se refere à exigência de respeito pelos pais – ou, em linguagem primata, dominação. O que o adulto está realmente dizendo é: "Atenção. Continência. Eu sou o dominante, portanto, olhe para mim quando estou falando!"

Talvez a gente não perceba, mas não jogamos o jogo do olhar apenas com nossos filhos; jogamos com nossos amigos e conhecidos, nossos superiores e subordinados, quando nos dirigimos a uma rainha ou a um presidente, a um jardineiro ou a um balconista, ou a estranhos que encontramos numa festa. Automaticamente, ajustamos o período de tempo que passamos olhando nos olhos do outro em função de nossa posição social relativa, e em geral fazemos isso sem perceber.[31] Isso pode parecer algo anti-intuitivo, pois algumas pessoas gostam de olhar todo mundo nos olhos, ao passo que outras tendem a mirar sempre outra direção, estejam falando com um diretor executivo ou com um comprador, enquanto coloca um pacote de coxas de frango na sacola do supermercado. Então, como o comportamento de olhar pode estar relacionado à dominação social?

Reveladora não é a tendência geral de olhar ou não para alguém, mas a forma de ajustar o comportamento quando mudamos do papel de ouvinte para o de falante. Psicólogos têm caracterizado esse comportamento com uma medida quantitativa, e os dados produzidos com essa medida são impressionantes.

Aqui está como funciona: considere a percentagem de tempo que você passa olhando nos olhos de alguém enquanto está falando e divida pela percentagem que passa olhando para os olhos da mesma pessoa enquanto estiver ouvindo. Por exemplo, se você passar o mesmo período de tempo olhando em outra direção, independentemente de quem estiver falando, sua taxa seria 1.0. Mas, se você tende a olhar para o lado com mais frequência quando está falando do que quando está ouvindo, sua taxa será menor que 1.0. Se você tende a olhar com menos frequência quando está falando do que quando está ouvindo, sua taxa é maior que 1.0.

Os psicólogos descobriram que esse quociente é uma estatística reveladora. É chamada "taxa de dominação visual" e reflete sua posição na hierarquia de dominação social em relação a seu interlocutor numa conversa. Uma taxa de dominação próxima de 1.0 ou maior é característica de pessoas com dominação social relativamente alta. Uma taxa visual de dominação menor que 1.0 é indicativa de posição mais baixa na hierarquia de dominação. Em outras palavras, se sua taxa de dominação visual estiver por volta de 1.0 ou for mais alta, provavelmente você é o chefe; se estiver por volta de 0.6, é provável que você seja o subalterno.

A mente inconsciente nos propicia maravilhosos serviços e desempenha muitos feitos fantásticos, mas não consigo deixar de me impressionar com essa que mencionei. O mais admirável nesses dados não é tanto que ajustamos subliminarmente nossa atitude no olhar em função do nosso lugar na hierarquia, mas também como fazemos isso de forma coerente e com uma precisão numérica.

Eis um exemplo desses dados: enquanto falam uns com os outros, oficiais do Corpo de Treinamento de Oficiais da Reserva (ROTC, na sigla em inglês) mostram taxas de 1.06, enquanto cadetes que falam com oficiais ostentam taxas de 0.61.[32] Alunos de um curso de introdução à psicologia marcaram 0.92 quando falavam com uma pessoa que julgavam ser um aluno veterano do curso médio que não planejava cursar a faculdade, mas só 0.59 ao falar com uma pessoa que acreditavam ser um estudante adiantado de química admitido por uma prestigiosa faculdade de medicina.[33]

Homens especialistas falando com mulheres sobre um tema pertinente a seu campo marcaram 0.98, enquanto homens falando com especialistas mulheres sobre o campo *delas* marcaram 0.61; mulheres especialistas falando com homens não especializados marcaram 1.04, e mulheres não especialistas falando com homens especialistas marcaram 0.54.[34] Todos esses estudos foram feitos com pesquisados americanos. É provável que os números oscilem de acordo com a cultura, mas o fenômeno não deve variar.

Seja qual for a cultura, uma vez que as pessoas inconscientemente detectam esses sinais, faz sentido que alguém também possa ajustar a própria impressão olhando de modo consciente para o lado ou para um interlocutor. Por exemplo, ao procurar um emprego, conversar com seu chefe ou fechar um negócio, pode ser vantajoso sinalizar certo nível de submissão – *quanto*, isso vai depender das circunstâncias. Numa entrevista de emprego, se o trabalho exigir grande capacidade de liderança, uma demonstração exagerada de submissão seria péssima estratégia. Mas, se o entrevistador parecer muito inseguro, uma simpática dose de submissão pode ser afirmativa e levar a pessoa a se mostrar favorável ao entrevistado. Um agente de Hollywood muito bem-sucedido me disse certa vez que fazia questão de negociar apenas por telefone, para evitar ser influenciado – ou revelar alguma coisa sem querer – durante o contato visual com a contraparte.

Meu pai aprendeu tanto o poder quanto o perigo de um simples olhar quando era prisioneiro no campo de concentração de Buchenwald. Pesando menos de 50kg na época, era pouco mais que um cadáver ambulante. No campo, se alguém não estava falando com você, olhar nos olhos de um de seus captores podia provocar raiva. Formas inferiores não deveriam fazer contato visual sem ser convidadas pela raça superior. Às vezes, quando penso em termos da dicotomia entre humanos e "primatas inferiores", lembro-me da experiência de meu pai e da estreita margem de lobo frontal extra que distingue um humano civilizado de um animal bruto. Se o propósito desse cérebro extra é nos elevar, às vezes isso fracassa.

Mas meu pai também me contou que, com alguns guardas, o tipo de contato visual certo podia gerar uma palavra, uma conversa, até uma pequena gentileza. Ele disse que quando isso acontecia era porque o contato visual promovia-o ao status de ser humano. Mas acho que, ao extrair uma resposta humana de um guarda, o que seu contato visual fazia na verdade era elevar o nível de humanidade de seu *captor*.

Hoje a maioria dos seres humanos vive em cidades grandes e populosas. Em muitas delas, um único bairro pode abrigar o que era toda a população do planeta na época da grande transformação social humana. Caminhamos pelas calçadas e atravessamos shoppings lotados e grandes construções quase sem falar uma palavra e sem sinais de tráfego; mesmo assim, não trombamos uns com os outros nem entramos em brigas sobre quem vai passar primeiro por uma porta giratória. Entabulamos conversações com pessoas que não conhecemos, mal conhecemos ou nem gostaríamos de conhecer, e automaticamente mantemos uma distância aceitável para todos. Essa distância varia de cultura para cultura e de indivíduo para indivíduo, mas, ainda assim, sem uma palavra e em geral sem pensar muito a respeito, ajustamos essa distância de conforto mútuo. (Ou pelo menos a maioria de nós. Todos conseguimos nos lembrar de exceções!)

Quando estamos conversando, sentimos automaticamente quando é o momento de fazer uma pausa para os outros falarem. Quando estamos para sair da luz dos refletores, em geral baixamos o volume da voz, cadenciamos a última palavra, paramos de gesticular e olhamos para a outra pessoa.[35] Com a ToM, essas habilidades ajudaram nossa sobrevivência como espécie, e ainda são elas que nos permitem manobrar pelo complexo mundo social dos seres humanos.

A comunicação não verbal forma uma linguagem social que de muitas maneiras é mais rica e mais fundamental que nossas palavras. Nossos sensores não verbais são tão poderosos que apenas os *movimentos* associados à nossa linguagem corporal –

isto é, sem os corpos reais – são suficientes para nos despertar a capacidade de perceber emoções de forma acurada. Por exemplo, pesquisadores gravaram videoclipes de participantes com dezenas de pequenas luzes ou manchas iluminadas afixadas em certas posições-chave de seus corpos, como na Figura 13.[36] Os vídeos foram gravados sob iluminação tão difusa que só as manchas ficaram visíveis. Nesses estudos, quando os participantes ficavam imóveis, as manchas davam a impressão de uma coleção de pontos sem significado. Mas, quando se movimentavam, os observadores conseguiam decodificar uma surpreendente quantidade de informações a partir das luzes que se mexiam. Conseguiam julgar o sexo e até a identidade de pessoas que conheciam só pelo andar. Quando os participantes eram atores, mímicos ou dançarinos e pedia-se que se movimentassem de forma a expressar suas emoções básicas, os observadores não tinham problema para detectar a emoção retratada.

Quando chegam à idade escolar, algumas crianças têm um calendário social repleto, enquanto outras passam os dias cuspindo

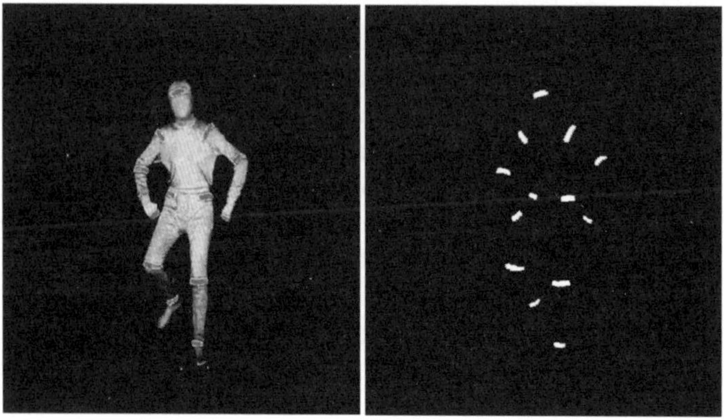

FIGURA 13

no teto. Um dos principais fatores do sucesso social, mesmo na tenra idade, são as pistas não verbais emitidas por uma criança. Por exemplo, em um estudo de sessenta alunos de jardim de infância, pediu-se que as crianças identificassem com quais colegas de turma preferiam se sentar para contar uma história, jogar algum jogo ou trabalhar com um desenho. Essas mesmas crianças foram julgadas quanto à sua capacidade de dar nome às emoções exibidas em doze fotografias de adultos e crianças com diferentes expressões faciais. As duas medidas se mostraram relacionadas. Os pesquisadores encontraram uma forte correlação entre a popularidade de uma criança e sua capacidade de interpretar os outros.[37]

Nos adultos, a habilidade não verbal confere vantagens tanto na vida pessoal quanto na profissional, e tem papel importante na percepção de afeto,[38] credibilidade[39] e poder de persuasão.[40] Seu tio pode ser o homem mais bondoso do mundo, mas, se insistir em falar muito sobre o fungo que conheceu na Costa Rica e não perceber o fungo que começa a crescer no rosto de seus interlocutores, muito provavelmente não será o cara mais popular do mundo. Nossa sensibilidade em relação aos sinais que outras pessoas emitem acerca de seus pensamentos e humores ajuda a fazer com que as situações sociais se desenvolvam com tranquilidade, com um mínimo de conflito. Desde a tenra infância, os que são bons em dar e receber sinais têm mais facilidade para formar estruturas sociais e atingir seus objetivos em situações sociais.

No início dos anos 1950, muitos linguistas, antropólogos e psiquiatras tentaram classificar insinuações não verbais da mesma forma como classificamos a linguagem verbal. Um antropólogo chegou a desenvolver um sistema de transcrição, providenciando símbolos para quase todos os movimentos humanos possíveis, de maneira que os gestos pudessem ser escritos como a fala.[41] Hoje os psicólogos sociais às vezes classificam nossa comunicação não verbal em três tipos básicos. Uma diz respeito aos movimentos do corpo: expressão facial, gestos, pose, movimento dos olhos. Outra é a chamada paralinguagem, que inclui a qualidade e o timbre da voz, o número e a duração de pausas e sons não verbais, como limpar a garganta ou dizer "hãhã". E finalmente a proxenia, o uso do espaço pessoal.

Muitos livros populares se propõem a fornecer guias para a interpretação desses fatores e aconselhar como utilizá-los em benefício próprio. Dizem que braços tensos e cruzados significam que a pessoa está fechada para o que o outro está dizendo; se você gostar do que está ouvindo, provavelmente vai adotar uma atitude mais aberta, talvez até se inclinar um pouco. Dizem que jogar os ombros para a frente é sinal de desgosto, desespero ou medo; que manter uma grande distância interpessoal ao falar sinaliza posição social mais baixa.[42]

Não há muitos estudos sobre a eficácia dos 101 comportamentos que esses livros recomendam, mas é provável que assumir as diferentes atitudes ao menos tenha um efeito sutil sobre como as pessoas o percebem; e que a compreensão do significado das pistas não verbais pode trazer à sua consciência dicas sobre a atitude das pessoas que só seu inconsciente conseguiria captar. Mas, mesmo sem uma compreensão consciente, você é um depósito de informações vindas de pistas não verbais. Da próxima vez que assistir a um filme num idioma que não conhece, tente eliminar as legendas. Você vai se surpreender com o quanto da história consegue compreender sem uma palavra para comunicar o que está acontecendo.

6. Julgando as pessoas pela cara

> Existe uma estrada que liga o olho ao coração que não passa pelo intelecto.
>
> G.K. Chesterton

Se você é um homem, ser comparado a um chupim não deve soar como um elogio, e provavelmente não é mesmo. O chupim macho é um grande preguiçoso; não toma posse de um território, não cuida dos bebês chupins nem leva dinheiro (o que os cientistas chamam de "recursos") para casa. Na sociedade dos chupins, segundo afirma um estudo, "as fêmeas ganham poucos benefícios diretos dos machos".[1] Parece que o chupim macho só é bom – ou só pensa que é – numa coisa. Mas essa coisa que o chupim macho tem a oferecer é muito desejável, por isso a chupim fêmea procura chupins machos, pelo menos na época do acasalamento.

Para a chupim fêmea amorosa, o equivalente de um rosto bonito ou um peito musculoso é o canto do chupim macho. Já que é difícil sorrir quando se tem um bico, quando ouve um canto que considera atraente, a fêmea costuma sinalizar seu interesse com uma vocalização sedutora específica, chamada "chilreio". Assim como uma adolescente ansiosa de sua espécie, se a chupim fêmea é levada a acreditar que outras fêmeas acham o macho atraente, ela também vai achar. Na verdade, imagine que, antes da época do acasalamento, uma garota chupim ouve várias vezes as gravações da voz de um garoto, seguidas de chilreios de admiração de outras fêmeas núbeis. Você acha que essa garota chupim vai exercer o julgamento independente que nossos ajuizados pais recomendam? Não. Quando chega a época do acasalamento, ao ouvir o canto do macho, ela automaticamente responde se mostrando e convidando-o a acasalar.

Por que eu digo que a resposta dela é *automática*, e não parte de uma estratégia pensada com o objetivo de cortejar o sujeito com quem ela gostaria de dividir sementes em seus anos dourados? Porque, quando ouve o canto do macho, a fêmea dá início a seu comportamento convidativo mesmo que o canto não venha de um pássaro vivo, mas de um alto-falante estéreo.[2]

Nós seres humanos podemos ter muitos comportamentos em comum com animais inferiores, mas flertar com um alto-falante estéreo não está entre eles. Ou está? Já vimos que as pessoas *expressam* seus pensamentos e sentimentos de forma não intencional, mesmo quando prefeririam mantê-los em segredo. Mas será que também reagimos de forma automática a pistas sociais não verbais? Será que reagimos, como a entusiasmada chupim, mesmo em situações nas quais a lógica e a parte consciente de nossa mente considerariam inapropriadas ou indesejáveis?

Alguns anos atrás, um professor de comunicação de Stanford chamado Clifford Nass colocou cem estudantes peritos em informática diante de computadores que falavam com eles com vozes pré-gravadas.[3] O propósito do exercício, segundo se disse aos estudantes, era se preparar para um teste com a ajuda de uma sessão tutorial computadorizada. Os tópicos variavam de "mídia de massa" a "amor e relacionamento". Depois de concluírem o tutorial e o teste, os estudantes receberam uma avaliação de desempenho, entregue pelo mesmo computador que os ensinou ou por outro computador. Finalmente, os estudantes concluíram o equivalente a um curso de avaliação, no qual davam notas tanto para o curso quanto para o computador que os tutorara.

Nass não estava interessado em realizar um curso de computador sobre mídia de massa ou amor e relacionamento. Aqueles dedicados estudantes eram os chupins de Nass; numa série de experimentos, ele e alguns colegas estudaram-nos minuciosamente, reunindo dados sobre a forma como respondiam ao computador eletrônico sem vida, medindo se reagiam à voz como se a máquina tivesse sentimentos humanos, motivações ou até sexo. Seria absurdo, claro, esperar que os estudantes dissessem "desculpe" se esbarrassem no monitor. Isso seria uma reação consciente, e, em suas ruminações conscientes, aqueles estudantes não tinham dúvida de que a máquina não era uma pessoa. Mas Nass estava interessado em outro nível de comportamento, aquele com o qual os estudantes não se envolviam de propósito, um comportamento que ele define como "automático e inconsciente".

Em um dos experimentos, os pesquisadores arranjaram para que metade dos participantes fosse tutorada e avaliada por computadores com vozes masculinas, e a outra metade por computadores com vozes femininas. Fora isso, não havia diferença nas sessões – os computadores machos apresentavam as mesmas informações e na mesma sequência que os computadores fêmeas, e os computadores machos e fêmeas faziam avaliações idênticas do desempenho dos estudantes.

Como veremos no Capítulo 7, se os tutores fossem pessoas reais, as avaliações dos estudantes por parte dos professores poderiam refletir certos estereótipos de gênero. Por exemplo, considere o estereótipo de que as mulheres sabem mais sobre temas de relacionamento amoroso que os homens. Pergunte a uma mulher o que mantém um casal unido, e a resposta esperada será "boa comunicação e intimidade partilhada". Pergunte a um homem, e o mais provável é que ele responda: "O quê?" Estudos mostram que, como resultado desse estereótipo, mesmo quando uma mulher e um homem são igualmente hábeis nessa área, a mulher costuma ser vista como mais competente. Nass queria saber se os estudantes aplicariam esses mesmos estereótipos de gênero aos computadores.

Foi o que eles fizeram. Os que tiveram vozes femininas como tutores sobre o tema amor e relacionamento classificaram seus professores como possuidores de um conhecimento mais sofisticado do assunto que os que tiveram vozes masculinas como tutores, embora os dois computadores tenham ministrado lições idênticas. Mas os computadores "machos" e "fêmeas" obtiveram as mesmas notas quando o tema era neutro em termos de gênero, como mídia de massa. Outro infeliz estereótipo de gênero sugere que a impetuosidade é desejável nos homens, mas não nas mulheres. De fato, os estudantes apreciaram mais as vozes masculinas enérgicas que as vozes femininas enérgicas proferindo as mesmas palavras. Aparentemente, mesmo quando vem de um computador, a personalidade afirmativa numa mulher costuma soar mais exagerada ou mandona que a mesma personalidade num homem.

Os pesquisadores estudaram também se as pessoas empregariam normas sociais de educação com os computadores. Por exemplo, quando postos numa situação de ter de criticar alguém frente a frente, as pessoas costumam hesitar ou dourar sua verdadeira opinião. Suponha que eu pergunte aos meus alunos: "Vocês gostaram da minha exposição sobre a natureza estocástica dos hábitos de forragem dos antílopes?" A julgar pela minha experiência, vou receber um monte de aquiescências e alguns murmúrios audíveis. Mas ninguém será honesto o bastante para dizer: "Antílopes? Sua aula foi uma chatice e eu não consegui ouvir uma palavra. Mas o tom monótono de sua voz funcionou como um belo fundo sonoro para eu navegar na internet no meu laptop." Nem os que se sentam nas filas da frente, e que *estavam* mesmo navegando na internet, seriam tão rudes. Os estudantes guardam esse tipo de crítica para suas formas anônimas de avaliação de curso.

Mas e se quem perguntasse sobre essa opinião fosse um computador? Será que os estudantes teriam a mesma inibição quanto a fazer um julgamento duro "frente a frente" para uma máquina? Nass e seus colegas pediram à metade dos estudantes que fizessem sua avaliação do curso no mesmo computador que os havia ensinado, e à outra que fizessem isso numa máquina diferente, com uma voz diferente. Decerto os estudantes não suavizariam *conscientemente* suas palavras para não ferir os sentimentos das máquinas – contudo, como você já deve ter adivinhado, eles hesitaram em criticar os computadores "na cara". Ou seja, julgaram o professor computador muito mais amável e competente quando faziam seu julgamento diretamente para ele do que quando um computador diferente recolhia a informação.[4]

Ter relações sociais com uma voz pré-gravada não é uma característica que você gostaria de mencionar ao se oferecer para um emprego. Contudo, assim como os chupins, esses estudantes lidaram com a voz como se fosse um membro de sua espécie, mesmo que não houvesse uma pessoa real a ele relacionada. Difícil de acreditar? Também foi para os participantes do experimento.

Quando parte dos estudos foi concluída, os pesquisadores informaram sobre o verdadeiro objetivo do experimento, mas os estudantes insistiram com muita veemência que nunca aplicariam normas sociais a um computador.[5] A pesquisa mostra que eles estavam enganados. Enquanto nossas mentes conscientes estão ocupadas pensando sobre o significado das palavras que as pessoas proferem, nosso inconsciente está ocupado em julgar o interlocutor por outros critérios, e a voz humana se relaciona com um receptor aprofundado no cérebro, quer essa voz emane de um ser humano, quer não.

As pessoas passam um bocado de tempo falando e pensando sobre a aparência dos membros do sexo oposto, mas muito pouco tempo prestando atenção em como eles soam. Para a nossa mente inconsciente, aliás, a voz é muito importante. Nosso gênero *Homo* vem evoluindo há alguns milhões de anos. A evolução do cérebro acontece no decorrer de muitos milhares ou milhões de anos, mas nós vivemos numa sociedade civilizada há menos de 1% desse tempo. Isso significa que, embora possamos estar com a mente lotada de conhecimentos do século XXI, o órgão dentro do crânio ainda é um cérebro da Idade da Pedra.

Costumamos nos ver como uma espécie civilizada, mas nosso cérebro está preparado para enfrentar os desafios de uma era anterior. Entre os pássaros e muitos outros animais, a voz parece ter importante papel no cumprimento de uma dessas exigências – a reprodução. E isso parece ser fundamental também para os seres humanos. Como veremos, percebemos grande número de sinais sofisticados em tom, qualidade e cadência da voz de uma pessoa; porém, a maneira mais importante de nos relacionarmos com a voz talvez seja análoga à reação dos chupins, pois, entre os seres humanos, as fêmeas são também atraídas pelos machos por certos aspectos de seus "chamados".

As mulheres podem discordar quanto à preferência de homens de barba e pele escura, louros bem-barbeados ou homens que parecem estar ao volante de uma Ferrari. No entanto, quando se pede que classifiquem um homem que elas podem ouvir, mas não ver, milagrosamente as mulheres tendem a concordar: homens com vozes mais graves são considerados mais atraentes.[6] Quando se pede para adivinhar as características físicas dos homens cujas vozes ouviram nesses experimentos, as mulheres tendem a associar vozes graves com homens altos, musculosos e com pelos no peito – características em geral consideradas sensuais.

Quanto aos homens, um grupo de cientistas descobriu recentemente que eles, de forma inconsciente, ajustam o timbre da voz para mais aguda ou mais grave de acordo com sua avaliação de onde se encontram na hierarquia de dominação em relação a possíveis concorrentes. Num experimento, que envolveu algumas centenas de homens na casa dos vinte anos, cada um foi informado de que estaria competindo com outro homem para almoçar com uma mulher atraente que estava numa sala próxima.[7] Explicou-se que o concorrente era um homem que se encontrava ainda em outra sala.

Cada concorrente entrou em contato com uma mulher por um vídeo digital ao vivo, mas, quando se comunicava com o outro homem, só podia ouvi-lo, não vê-lo. Na verdade, tanto o concorrente quanto a mulher estavam em conluio com os pesquisadores e seguiam um roteiro fixo. Foi pedido a cada homem que apresentasse – à mulher e ao concorrente – as razões para ser respeitado ou admirado por outros homens. Então, depois de abrir o coração sobre suas façanhas na quadra de basquete, seu potencial para ganhar o Prêmio Nobel ou sua receita de quiche de aspargo, a sessão terminava, e pediam que ele respondesse algumas questões sobre sua própria avaliação do concorrente e da mulher. Depois disso, os participantes eram dispensados. Aliás, não havia nenhum vencedor.

Os pesquisadores analisaram uma fita de gravação das vozes dos concorrentes e examinaram cada resposta dos homens ao questionário. Um dos temas que os questionários sondavam era a avaliação do nível de dominância física em comparação ao do concorrente. Os pesquisadores descobriram que, quando se acreditavam dominantes fisicamente – isto é, mais poderosos e agressivos –, os participantes baixavam o tom de voz; quando acreditavam que eram menos dominantes, subiam o tom, sem perceber o que estavam fazendo.

Do ponto de vista da evolução, o interessante em tudo isso é que a atração que uma mulher sente por homens de voz grave é mais pronunciada quando ela está na fase fértil de seu ciclo de ovulação.[8] Mais ainda: não apenas a preferência das mulheres pelas vozes varia com as fases do ciclo reprodutivo, mas também a própria voz delas – no timbre e na suavidade; pesquisas indicam que, quanto maior o risco de concepção por parte da mulher, mais sensuais os homens consideram sua voz.[9] Por conseguinte, tanto mulheres quanto homens se sentem especialmente atraídos um pelo outro durante o período fértil feminino. A conclusão óbvia é que nossas vozes agem como propagandas subliminares de nossa sexualidade. Durante a fase fértil de uma mulher, esses anúncios brilham e piscam dos dois lados, nos atraindo para clicar o botão "comprar", quando o mais provável é que iremos obter não só uma parceira, mas também um filho, e sem custo extra (à vista).

Mas ainda há algo a ser explicado. Por que uma voz grave, especificamente, atrai as mulheres? Por que não uma voz aguda e esganiçada, ou de timbre médio? Essa foi apenas um escolha aleatória da natureza, ou a voz grave se correlaciona à virilidade masculina? Já vimos que – aos olhos de uma mulher – uma voz grave é considerada indicativa de homens mais altos, mais peludos e musculosos. A verdade é que existe pouca ou nenhuma correlação entre uma voz grave e essas características.[10] No entanto, estudos mostram que há uma relação entre vozes mais graves e o nível de testosterona. Homens com vozes mais graves tendem a ter níveis mais altos de hormônios masculinos.[11]

É difícil verificar se esse plano da natureza funciona – se homens com mais testosterona produzem mesmo mais filhos –, pois os métodos modernos de controle de concepção nos impedem de julgar o potencial reprodutivo de um homem pelo número de filhos que gera. Contudo, um antropólogo de Harvard e alguns colegas encontraram uma maneira. Em 2007, eles viajaram à África para estudar as vozes e o tamanho das famílias do povo hadza, uma população de caçadores-coletores monógamos de cerca de mil pessoas que habita as savanas da Tanzânia, onde os homens ainda são férteis e reprodutores, e ninguém usa contraceptivos.

Nessas savanas, realmente, os barítonos vencem os tenores. Os pesquisadores constataram que, embora o timbre das vozes das *mulheres* não fosse um indicador de seu sucesso reprodutivo, os *homens* com vozes mais graves tinham mais filhos em média.[12] A atração sexual de uma mulher por um homem de voz mais grave parece ter uma explicação claramente evolutiva. Por isso, se você for mulher e quiser ter uma família grande, siga os seus instintos e escolha um tipo com a voz de Morgan Freeman.

Com certeza é mais provável satisfazer um funcionário dizendo "Eu valorizo o seu trabalho e vou fazer o que puder para aumentar o seu salário" do que explicar: "Preciso manter meu orçamento nos eixos, e uma das formas mais fáceis de fazer isso é lhe pagando o mínimo possível." Mas você também pode transmitir os dois sentimentos, ainda que não o significado preciso, apenas pela *maneira* de dizer. Essa é a razão de algumas pessoas falarem coisas como "Ele gostava de chupar uvas enquanto descia de uma montanha num trenó com monograma" e dar a impressão de estar sendo profundo; enquanto outros podem dizer "A geometria em larga escala do Universo é determinada pela densidade da matéria que contém" e parecer choramingar. Tom, timbre, volume e cadência da voz, a velocidade com que se fala e até a forma como se *modula* altura e volume são fatores que influenciam muito o quanto se é convincente e como as pessoas julgam seu estado de espírito ou seu caráter.

Os cientistas desenvolveram fascinantes instrumentos computadorizados que conseguem determinar a influência apenas da voz, isenta de conteúdo. Num desses métodos, eles embaralham eletronicamente um número de sílabas de forma que as palavras não possam ser decifradas. Em outro, cortam apenas as frequências mais altas, o que arruína nossa capacidade de identificar as consoantes de maneira precisa. Nos dois casos, o significado é ininteligível, mas o sentimento do discurso é preservado. Estudos mostram que as pessoas que ouvem esse discurso "sem conteúdo" têm as mesmas percepções e sentem o mesmo conteúdo emocional a respeito do falante que alguém que ouça o discurso inalterado.[13] Por quê? Porque, enquanto estamos decodificando o significado das elocuções que chamamos de linguagem, nossas mentes, em paralelo, analisam, julgam e são afetadas por características da voz que nada têm a ver com palavras.

Em um dos experimentos, os cientistas criaram gravações de umas dezenas de alto-falantes respondendo sempre duas perguntas, uma política e outra pessoal: "Qual é sua opinião sobre a admissão de alunos nas universidades favorecendo os grupos minoritários?"; "O que você faria se ganhasse ou herdasse uma grande quantia em dinheiro?"[14] Depois criaram quatro versões adicionais de cada resposta, elevando e baixando eletronicamente a altura dos falantes em 20% e acelerando e reduzindo a velocidade em 30%. O discurso resultante continuou a soar natural, e as propriedades acústicas permaneceram na faixa normal. Mas será que as alterações afetavam a percepção dos ouvintes?

Os pesquisadores recrutaram dezenas de voluntários para julgar as amostras de discurso. Cada voluntário ouviu e classificou apenas uma versão de cada voz do falante, escolhida aleatoriamente entre a gravação original e as alteradas. Como o conteúdo das respostas dos falantes não variava entre as diferentes versões, mas as características vocais variavam, diferenças entre as avaliações dos ouvintes seriam atribuídas à influência das características vocais, e não ao conteúdo do discurso. Resultado: as reproduções de falantes com vozes em tons mais agudos foram consideradas menos verdadeiras, menos enfáticas, menos potentes e mais nervosas que as dos falantes com vozes mais graves. Além disso, os discursos mais lentos foram considerados menos verdadeiros, menos persuasivos e mais passivos que os mais rápidos.

"Bom de lábia" pode ser um clichê para descrever um vendedor espertinho, mas existe a possibilidade de que um ritmo mais acelerado faça alguém soar mais inteligente e convincente. E se dois falantes proferem exatamente as mesmas palavras, mas um deles fala um pouco mais rápido, alto, com menos pausas e maior variação de volume, esse falante será considerado mais energético, inteligente e bem-informado. Um discurso expressivo, com modulação na altura e no volume e com um mínimo de pausas notáveis aumenta a credibilidade e incrementa a impressão de inteligência. Outros estudos mostram que, assim como as pessoas sinalizam emoções básicas por meio de expressões faciais, nós também fazemos isso com a voz. Por exemplo, ouvintes detectam instintivamente que, quando baixamos a altura normal de nossa voz, estamos tristes; quando elevamos, estamos com raiva ou medo.[15]

Se a voz causa tal impressão, a questão-chave é: até que ponto alguém pode alterar de modo consciente a própria voz? Considere o caso de Margaret Hilda Roberts, que em 1959 foi eleita pelo Partido Conservador para o Parlamento Britânico como representante da região norte de Londres. A ambição dela era maior; contudo, para os que participavam de seu círculo interno, sua voz era um problema.[16] "Tinha uma voz de professorinha do interior, levemente mandona, levemente intimidante", lembrou Tim Bell, o planejador das campanhas de publicidade do partido. Seu assessor de relações públicas, Gordon Reese, era mais explícito. "As notas altas que emitia", comentou, eram "perigosas para os pardais que passavam por perto". Provando que, apesar de ser uma política estática, sua voz era maleável, Margaret Hilda Roberts aceitou o conselho de seus confidentes, baixou o tom e aumentou sua persuasão social. Não há como medir exatamente a diferença que fez essa mudança, mas ela se saiu muito bem. Quando os conservadores foram derrotados, em 1974, Margaret Thatcher – ela se casou com o próspero homem de negócios Denis Thatcher em 1951 – tornou-se líder do partido e acabou como primeira-ministra britânica.

Quando eu estava no ensino médio, nas poucas vezes em que reuni coragem para abordar uma garota, a experiência foi parecida com a de um teste de múltipla escolha em que ela só respondia "Nenhuma das alternativas acima". Eu já estava mais ou menos resignado com o fato de que um garoto que passava o tempo livre lendo livros sobre geometria não euclidiana nunca seria exatamente o "grande cara do campus". Um dia, quando estava na biblioteca procurando um livro de matemática, virei uma esquina errada e dei de cara com um volume que dizia algo do tipo *Como conseguir uma namorada*. Eu ainda não sabia que as pessoas escreviam livros de instruções sobre *esse tema*. Perguntas pulularam em minha cabeça. Será que o mero fato de estar interessado naquele livro não significava que ele jamais cumpriria a promessa do título? Será que um garoto que preferia falar da curvatura do espaço-tempo aos passes de beisebol poderia se dar bem? Será que havia mesmo truques que funcionavam?

O livro enfatizava que, se a garota não conhecer você muito bem – e isso se aplicava a todas as garotas da minha escola –, não se deve esperar que ela aceite um convite, nem se deve considerar a rejeição como algo pessoal. O melhor era ignorar o enorme número de garotas que o rejeitassem e continuar convidando, pois mesmo que as probabilidades fossem baixas, as leis da matemática dizem que afinal seu número será sorteado. Como as leis da matemática fazem o meu gênero, sempre acreditei que a persistência é uma boa filosofia de vida e aceitei o conselho.

Não posso dizer que os resultados foram estatisticamente significativos. Porém, décadas depois, fiquei chocado ao descobrir que um grupo de pesquisadores franceses repetiu, em essência, o exercício sugerido pelo livro. E fizeram isso de forma científica e controlada, chegando a resultados estatisticamente significativos. Além disso, para minha surpresa, eles revelaram a maneira pela qual eu poderia aprimorar minha possibilidade de sucesso.[17]

A cultura francesa é conhecida por inúmeros atributos, alguns dos quais não têm nada a ver com comida, vinho ou namoro. Porém, em relação a este último, os franceses são considerados excelentes especialistas. No experimento em questão, eles literalmente transformaram isso numa ciência. O cenário é um dia ensolarado de junho, numa zona para pedestres na cidade de Vannes, localidade de tamanho médio na costa do Atlântico, na Bretanha, oeste da França.

Ao longo desse dia, três atraentes rapazes franceses abordaram de forma aleatória 240 jovens que avistaram andando sozinhas e fizeram propostas a todas. Para cada uma eles diziam exatamente as mesmas palavras: "Olá. Meu nome é Antoine. Queria dizer que você é muito bonita. Eu preciso trabalhar esta tarde, mas será que você pode me dar seu telefone? Eu ligo mais tarde, e nós podemos tomar alguma coisa juntos em algum lugar." Se a mulher recusasse, eles diriam: "Que pena, não é o meu dia de sorte. Tenha uma boa tarde." E procuravam outra jovem para abordar. Se a mulher concordasse em dar o número do telefone, eles explicavam que a proposta era em nome da ciência, e nesse momento, de acordo com os cientistas, a maioria das mulheres achava graça. A chave para o experimento era a seguinte: em metade das mulheres que abordavam, os rapazes acrescentavam um leve toque, de um segundo de duração, no braço da jovem. A outra metade não recebia toque algum.

Os pesquisadores estavam interessados em saber se os homens seriam mais bem-sucedidos quando tocassem as mulheres do que quando não tocassem. O quanto o toque é importante como insinuação social? No decorrer do dia, os jovens reuniram três dúzias de números telefônicos. Quando eles não tocavam nas mulheres, a percentagem de sucesso era de 10%; quando as tocavam, a taxa era de 20%. Esse leve toque de um segundo dobrava a popularidade. Por que as mulheres que recebiam o toque eram duas vezes mais receptivas ao convite? Será que pensavam: "Esse Antoine é bom de toque. Deve ser divertido tomar uma garrafa de Bordeaux com ele uma noite dessas, no Bar de l'Océan"? Provavelmente não. Mas, no inconsciente, o toque parece transmitir um sentido subliminar de afeto e ligação.

Ao contrário da geometria não euclidiana, a pesquisa relacionada ao toque tem muitas aplicações óbvias.[18] Por exemplo, em um experimento envolvendo oito garçons e centenas de comensais, os garçons foram treinados para tocar de leve o braço de clientes selecionados aleatoriamente, no fim da refeição, enquanto perguntavam "Está tudo certo?". Os garçons receberam uma média de 14,5% de gorjeta dos que eles não tocavam, e de 17,5% dos que tocavam. Outro estudo constatou o mesmo efeito nas gorjetas num bar. Em outro estudo feito num restaurante, cerca de 60% dos comensais aceitaram a sugestão do garçom de um prato especial depois que foram levemente tocados no braço, comparados aos 40% dos que não eram tocados.

Constatou-se que um toque aumenta: a percentagem de mulheres desacompanhadas num clube noturno que aceitam um convite para dançar; o número de pessoas que aceitam assinar uma petição; as probabilidades de um aluno de faculdade se arriscar ao constrangimento de se oferecer para ir ao quadro-negro numa aula de estatística; a proporção de atarefados transeuntes num shopping que param dez minutos para preencher um formulário de pesquisa; a percentagem de consumidores num supermercado que compram algum alimento que tenham experimentado; as probabilidades de que um cidadão que acabou de dar informações a alguém ajude essa pessoa a recolher um monte de disquetes de computador que derrubou no chão.

Você pode se mostrar cético em relação a isso. Afinal, algumas pessoas se retraem quando são tocadas por um desconhecido. É possível que alguns dos sujeitos dos estudos que citei não tenham se retraído, mas ações foram compensadas pelos que reagiram de forma positiva. Mas lembre-se de que eram sempre toques sutis, não apalpadelas. Aliás, nos estudos em que a pessoa tocada foi depois interrogada sobre a experiência, menos de ⅓ dos pesquisados chegou a perceber que houve toque.[19]

Quer dizer então que pessoas mais propensas ao toque se saem melhor ao fazer as coisas? Não há dados de que chefes que distribuem um ocasional afago na cabeça se deem melhor em suas atuações, mas um estudo feito em 2002 por um grupo de pesquisadores em Berkeley descobriu um caso no qual o hábito de dar tapinhas de congratulações na cabeça foi associado a interações grupais bem-sucedidas.[20] Os pesquisadores estudaram o basquete, que exige um intenso trabalho de equipe e é conhecido por sua elaborada linguagem de toques. Eles constataram que o número de "soquinhos, tapinhas, peitadas, palmadas, afagos na cabeça, agarrões na cabeça, abraços, ombradas etc." se correlacionava de forma significativa ao grau de cooperação entre os companheiros de equipe, como passar a bola para os que não estavam marcados, ajudar os outros a evitar a pressão da defesa, fazendo o que eles chamam de "barreira", e demonstrando confiança na equipe em detrimento do próprio desempenho individual. Os times que mais se tocavam cooperavam mais e eram os que venciam com mais frequência.

Parece que o toque é uma ferramenta tão importante para incrementar a cooperação e a afiliação social que nós desenvolvemos uma espécie de trajetória física pela qual esses sentimentos subliminares de conexão social viajam desde a pele até o cérebro. Isto é, os cientistas descobriram um tipo específico de fibra nervosa na pele das pessoas – em especial no rosto e nos braços – que parece ter se desenvolvido para transmitir o prazer de toques sociais. Essas fibras nervosas transmitem os sinais muito devagar para se tornarem úteis nas coisas que fazemos e que se associam em geral ao sentido do toque: determinar *o que* está tocando você e dizer com alguma precisão *onde* você está sendo tocado.[21] "Eles não ajudam a distinguir uma pera de uma pedra, ou se o toque foi na bochecha ou no queixo", diz o pioneiro neurocientista social Ralph Adolphs. "Mas estão ligados *diretamente* a áreas do cérebro como o córtex insular, que é associado à emoção."[22]

Para os primatologistas, a importância do toque não é surpresa. Primatas não humanos se tocam muito enquanto se ajudam na limpeza do corpo. Ainda que esse comportamento esteja ostensivamente relacionado à higiene, seria necessário somente cerca de dez minutos desse processo por dia para um animal ficar limpo, mas algumas espécies passam horas fazendo isso.[23] Por quê? Lembra-se dos grupos de cafuné? Entre os primatas não humanos, o cafuné social é importante para manter as relações sociais.[24] O toque é o nosso sentido mais bem-desenvolvido quando nascemos; continua a ser um modo fundamental de comunicação durante o primeiro ano de vida do bebê e uma importante influência no decorrer de toda a vida.[25]

Às 19h45 de 26 de setembro de 1960, o candidato do Partido Democrata à Presidência dos Estados Unidos, John F. Kennedy, adentrou o estúdio da WBBM, afiliada da CBS, no centro de Chicago.[26] Parecia descansado, bronzeado, em forma. O jornalista Howard K. Smith depois compararia Kennedy a um "atleta chegando para receber sua coroa de louros". Ted Rogers, consultor do adversário republicano de Kennedy, Richard Nixon, observou: "Quando ele entrou no estúdio, eu achei que era [o índio] Cochise, pois estava muito bronzeado."

Nixon, por outro lado, parecia pálido e fatigado, tendo chegado quinze minutos antes da grande entrada de Kennedy. Os dois candidatos estavam em Chicago para o primeiro debate presidencial na história dos Estados Unidos. Mas Nixon estivera hospitalizado pouco tempo antes por uma infecção no joelho que ainda o incomodava. Em seguida, ignorando o conselho de continuar em repouso, ele retomou um exaustivo cronograma de campanha por todo o país, tendo emagrecido de forma evidente. Quando saiu de seu Oldsmobile, tinha 39 graus de febre, mas ainda assim insistiu em que estava bem para participar do debate. A julgar pelas palavras do candidato, Nixon estava mesmo preparado para manter sua posição naquela noite. Contudo, o debate aconteceria em dois níveis, o verbal e o não verbal.

Os temas do dia incluíam o conflito com o comunismo, problemas agrícolas e trabalhistas e a experiência dos candidatos. Como as eleições são uma questão que envolvem inúmeros aspectos, e debates versam sobre importantes assuntos práticos e filosóficos, as palavras dos candidatos são tudo o que importa, certo? Você deixaria de votar num candidato porque uma infecção no joelho o fazia parecer cansado? Assim como voz, toque e atitude, a aparência e a expressão faciais exercem poderosa influência na maneira como julgamos as pessoas. Mas será que elegeríamos um presidente baseados em sua conduta superficial?

O produtor do debate na CBS, Don Hewitt, lançou uma olhada no rosto descarnado de Nixon e de imediato ouviu campainhas de alarme. Ofereceu aos dois candidatos os serviços de um maquiador; mas, quando Kennedy declinou, Nixon fez o mesmo. Em seguida, enquanto um assessor passava um cosmético comprado em farmácia chamado Lazy Shave no rosto de Nixon (ele era conhecido por sempre ter a aparência de não haver feito a barba), o pessoal de Kennedy fez uma maquiagem completa em seu candidato. Hewitt alertou Rogers, o consultor de Nixon, sobre a aparência de seu candidato, mas este disse estar satisfeito. Hewitt levou sua preocupação a seu chefe na CBS, que também foi conversar com Rogers, mas recebeu a mesma resposta.

Cerca de 70 milhões de pessoas assistiram ao debate. Quando terminou, um proeminente republicano do Texas declarou: "Esse filho da mãe acabou de perder a eleição." Esse proeminente republicano estava em boa posição para saber disso, pois era Henry Cabot Lodge Jr., companheiro de chapa de Richard Nixon. Quando a eleição foi realizada, seis semanas depois, Nixon e Lodge perderam no voto popular por um fio de cabelo, somente 113 mil votos de um total de 67 milhões. Isso representa menos de um voto em quinhentos; o que significa que, mesmo se o debate tivesse convencido apenas uma pequena percentagem de espectadores de que Nixon não estava à altura do cargo, teria sido suficiente para mudar o resultado da eleição.

O mais interessante aqui é que, enquanto espectadores como Lodge acharam que Nixon foi muito mal, muitos outros republicanos importantes tiveram uma experiência completamente diferente. Por exemplo, Earl Mazo, o correspondente de política nacional do *New York Herald Tribune* – e que apoiava Nixon –, compareceu a uma espécie de debate do partido com onze governadores e seus auxiliares, reunidos na cidade para a Conferência de Governadores do Sul em Hot Springs, Arkansas.[27]

Todos acharam que Nixon foi esplêndido. Por que a experiência deles foi tão diferente da de Lodge? Porque eles tinham ouvido o debate pelo rádio, pois a transmissão do sinal da TV chegava com uma hora de atraso ao Arkansas.

Baseado na transmissão radiofônica, Mazo falou: "A voz profunda e retumbante [de Nixon] mostrou mais convicção, comando e determinação que a voz aguda de Kennedy e seu sotaque de Boston e Harvard." Mas, quando o sinal da TV chegou, Mazo e os governadores mudaram de transmissão e assistiram outra vez a primeira hora. Mazo mudou de opinião sobre o vencedor, dizendo: "Na televisão, Kennedy pareceu mais arguto, mais no controle, mais firme." Uma empresa de pesquisa da Filadélfia, a Sindlinger & Co., depois confirmou essa análise. De acordo com um artigo no jornal especializado *Broadcasting*, a pesquisa mostrou que, entre os ouvintes de rádio, Nixon ganhou por uma margem de mais de dois para um, mas, entre o número bem maior de telespectadores, Kennedy havia vencido.

O estudo da Sindlinger nunca foi divulgado numa publicação científica, e pequenas sutilezas como o tamanho da amostragem – e a metodologia, levando em conta as diferenças demográficas entre usuários do rádio e da TV – não foram reveladas. O assunto ficou por isso mesmo cerca de quarenta anos. Até que, em 2003, um pesquisador recrutou 171 estudantes em férias na Universidade de Minnesota para avaliar esse debate, metade deles depois de ter assistido ao vídeo, metade depois de ter ouvido apenas o áudio.[28]

Como cobaias científicas, esses estudantes tinham uma vantagem sobre qualquer grupo que pudesse ter sido reunido na época do debate: eles não possuíam interesse em nenhum candidato e pouco ou nenhum conhecimento dos temas tratados. Para os eleitores de 1960, o nome Nikita Kruschev tinha um grande significado emocional. Para aqueles estudantes, soava mais como nome de um jogador de hóquei. Mas a impressão que tiveram do debate não foi diferente da dos eleitores de quatro décadas atrás: os estudantes que assistiram ao debate se inclinaram mais a achar que Kennedy tinha vencido do que os que ouviram só o áudio.

É PROVÁVEL QUE, assim como os votantes na eleição presidencial dos Estados Unidos de 1960, todos nós tenhamos em algum momento escolhido um indivíduo em lugar de outro com base nas aparências. Nós votamos em candidatos na política, mas também escolhemos entre candidatos a cônjuge, amigos, mecânicos de automóvel, advogados, médicos, dentistas, vendedores, empregadores, chefes. Quanto a aparência de uma pessoa é forte para nós? Não estou me referindo à beleza, mas a algo mais sutil, um ar de inteligência, sofisticação ou competência. O voto é um bom ponto de vista para sondar o efeito da aparência sob muitos aspectos, não só porque há grande quantidade de dados disponíveis como também um monte de dinheiro para estudar o fenômeno.

Em um par de experimentos, um grupo de pesquisadores da Califórnia criou panfletos de campanha para diversas eleições fictícias ao Congresso.[29] Cada um comparava um suposto candidato republicano a um democrata. Na verdade, os "candidatos" eram modelos contratados pelos pesquisadores para posar nas fotos em preto e branco que apareceriam nos panfletos. Metade dos modelos parecia apta e competente. A outra metade não parecia muito capaz. Os pesquisadores não confiaram no próprio julgamento para determinar isso: realizaram uma sessão classificatória preliminar em que voluntários avaliaram o apelo visual de cada modelo. Depois, quando os pesquisadores produziram os panfletos, em cada caso puseram um dos indivíduos de aparência mais competente contra um dos que pareciam menos capazes para ver se o candidato de melhor aparência ganharia mais votos.

Além do nome (falso) do candidato e da foto, os panfletos incluíam informações importantes, como afiliação partidária, educação, ocupação, experiência política e uma declaração de posicionamento de três linhas sobre três temas da campanha. Para eliminar os efeitos de preferências partidárias, metade dos votantes recebeu panfletos em que o candidato que parecia mais capaz era republicano, e metade viu os panfletos em que este era democrata. A princípio, deveria ser a única informação substantiva relevante para a escolha do votante.

Os cientistas recrutaram mais ou menos duzentos voluntários para fazer o papel de eleitores. Os pesquisadores disseram aos voluntários que os panfletos de campanha eram baseados em informações *reais* a respeito de candidatos *reais*. Também confundiram os voluntários quanto ao propósito do experimento, dizendo que queriam examinar como as pessoas votavam quando tinham informações equivalentes – como as dos panfletos – sobre todos os candidatos. O trabalho dos voluntários, explicaram os cientistas, era apenas examinar os panfletos e votar no candidato de sua escolha em cada uma das eleições apresentadas.

O "efeito rosto" se mostrou bem forte: os candidatos de melhor aparência, na média, ficaram com 59% dos votos. É uma vitória esmagadora em termos de política moderna. Na verdade, o único presidente dos Estados Unidos a vencer por uma margem tão grande de votos desde a Grande Depressão foi Lyndon Johnson, quando bateu Goldwater com 61% dos votos em 1964. E isso por ter sido uma eleição em que Goldwater era retratado como um homem em ponto de bala para dar início a uma guerra nuclear.

No segundo estudo, a metodologia dos pesquisadores foi semelhante, só que dessa vez as pessoas cujas fotos eram usadas para retratar os candidatos foram escolhidas de outra forma. No primeiro estudo, os candidatos eram todos homens que haviam sido considerados por um comitê de votação como parecendo mais ou menos competentes. No segundo, os candidatos eram mulheres cuja aparência tinha sido avaliada por um comitê e consideradas neutras. Depois os cientistas usaram um especialista hollywoodiano em maquiagem e um fotógrafo para criar duas versões fotográficas de cada candidata: uma em que ela aparecia mais competente, e outra em que parecia menos competente. Nessa falsa eleição, a versão competente de uma mulher era sempre confrontada com uma versão incompetente de outra. Resultado: na média, uma aparência de maior liderança equivaleu a uma diferença de 15% na pesquisa. Para ter uma ideia da dimensão desse efeito, considere que, numa recente eleição para o Congresso na Califórnia, uma diferença dessa magnitude teria mudado o resultado em quinze dos 53 distritos.

Considero esses estudos espantosos e alarmantes. Eles implicam que, antes de alguém chegar a discutir qualquer assunto, a corrida já pode ter acabado, pois as aparências em si podem dar a um candidato grande vantagem inicial. Com tantos temas importantes em debate hoje, é difícil aceitar que o rosto de uma pessoa possa realmente ganhar nosso voto. Uma das críticas mais óbvias a essa pesquisa é que as eleições eram de mentirinha. Os estudos podem mostrar que uma aparência competente confere impulso a um candidato, mas não levam em conta a questão do quanto essa preferência pode ser "*soft*". Com certeza pode-se esperar que eleitores com preferências ideológicas mais fortes não sejam levados pelas aparências com tanta facilidade. Eleitores indecisos deveriam ser mais facilmente afetados, mas será que o fenômeno é forte o bastante para interferir nas eleições no mundo real?

Em 2005, pesquisadores de Princeton reuniram fotos em preto e branco do rosto de todos os vencedores e candidatos de 95 eleições para o Senado dos Estados Unidos e de seiscentas corridas eleitorais para a Câmara dos Representantes de 2000, 2002 e 2004.[30] Em seguida, reuniram um grupo de voluntários para avaliar a competência dos candidatos apenas com base numa rápida olhada nas fotografias, eliminando informações sobre qualquer rosto que um voluntário pudesse reconhecer. Os resultados foram espantosos: os candidatos que os voluntários viram como mais competentes haviam vencido em 72% das eleições ao Senado e 67% das eleições da Câmara dos Representantes, uma taxa de sucesso ainda mais alta que o experimento do laboratório da Califórnia. Depois, em 2006, os cientistas realizaram um experimento com resultados ainda mais surpreendentes – e, quando se pensa melhor a respeito, mais deprimentes. Eles conduziram uma avaliação de rostos *antes* das eleições em questão e previram os vitoriosos baseados apenas na aparência dos candidatos. E foram de uma precisão chocante: os candidatos votados como aqueles de aparência mais competente venceram em 69% das eleições governamentais e em 72% das eleições para o Senado.

Entrei em detalhes em relação a esses estudos políticos não só por serem importantes em si, mas também, como mencionei antes, por lançarem uma luz sobre nossas interações sociais no sentido mais amplo. No colégio, nosso voto para o presidente do grêmio pode se basear na aparência. Seria agradável pensar que já superamos esses modos primitivos, mas não é fácil colar grau em nossas influências inconscientes.

Em sua autobiografia, Charles Darwin relatou que quase não conseguiu fazer sua histórica viagem no *Beagle* por causa de sua aparência, em particular por causa do nariz, que era grande e meio bulboso.[31] O próprio Darwin brincou depois com o próprio nariz, usando-o como argumento contra o design inteligente, ao escrever: "Você me diria honestamente ... se acredita que o formato do meu nariz foi orientado e guiado por uma causa inteligente?"[32] O capitão do *Beagle* não queria que Darwin entrasse no navio por sua convicção pessoal de que é possível julgar o caráter de alguém pelo formato do nariz, e um homem com o nariz de Darwin, segundo ele, não poderia "possuir energia e determinação suficientes para a viagem". No fim, claro, Darwin conseguiu o trabalho. Sobre o capitão, ele escreveu posteriormente: "Acho que depois ele ficou bem satisfeito por meu nariz contrariar sua afirmação."[33]

No final de *O Mágico de Oz*, Dorothy e companhia aproximam-se do grande Mágico oferecendo a ele a vassoura da Bruxa Malvada do Oeste. Eles só conseguem enxergar fogo, fumaça e uma imagem flutuante no lugar do Mágico quando ele responde em sons tonitruantes e autoritários que fazem Dorothy e sua turma tremer de medo. Então o cachorro de Dorothy, Totó, puxa uma cortina e revela que o terrível mago é apenas um homem normal que fala num microfone, puxa alavancas e gira botões para orquestrar fogos de artifício. O Mágico fecha a cortina e alerta: "Não prestem atenção a esse homem atrás da cortina", mas a magia se desfez, e Dorothy descobre que o mago é apenas um velhinho inofensivo.

Existe um homem ou uma mulher atrás da cortina de cada persona humana. Através de nossas relações sociais, conhecemos um pequeno número de seres no nível de intimidade que nos permite afastar a cortina – nossos amigos, vizinhos próximos, familiares e talvez o cachorro da família (mas com certeza não o gato). Porém, não conseguimos abrir muito a cortina da maioria das pessoas que encontramos, e em geral a cortina está totalmente fechada quando encontramos alguém pela primeira vez. Em consequência, certas características superficiais, como voz, rosto, expressão, gestos e outras características não verbais que estamos apresentando aqui moldam muitos dos julgamentos que fazemos acerca das pessoas – as pessoas simpáticas ou desagradáveis com quem trabalhamos, nossos vizinhos, nossos médicos, os professores de nossos filhos, os políticos em que votamos, contra ou a favor, ou simplesmente tentamos ignorar.

Todos os dias encontramos pessoas e formulamos julgamentos como: "Eu confio nessa babá, aquele advogado sabe o que está fazendo", ou "Aquele sujeito parece o tipo que ficaria bem recitando sonetos de Shakespeare à luz de velas". Se você está se candidatando a um emprego, a característica do seu aperto de mão pode afetar o resultado da entrevista. Se você é um vendedor, seu nível de contato visual pode influenciar a taxa de satisfação do cliente. Se você é médico, o tom de sua voz pode ter impacto não só sobre a avaliação do seu paciente na consulta como também sobre a propensão de ele processá-lo se algo der errado.

Nós seres humanos somos superiores aos chupins na nossa compreensão consciente, Mas temos também uma profunda mente de chupim que reage a pistas não verbais, não censuradas por esses julgamentos lógicos da consciência. A expressão "ser um verdadeiro homem" significa agir com compaixão. Outros idiomas têm expressões semelhantes, como "*ein Mensch sein*", em alemão. Um ser humano, por natureza, só pode se espelhar nas emoções ou intenções dos outros. Essa capacidade está marcada no nosso cérebro, e não existe um botão que desligue isso.

7. Classificação de pessoas e coisas

> Nós ficaríamos ofuscados se tivéssemos de tratar tudo o que vimos, toda a informação visual, como um elemento em separado; e se tivéssemos de desvendar de novo as conexões todas as vezes que abríssemos os olhos.
>
> GARY KLEIN

SE VOCÊ LER PARA ALGUÉM uma lista de dez ou vinte itens que podem ser comprados num supermercado, essa pessoa vai se lembrar só de alguns. Se você recitar a lista repetidas vezes, a lembrança da pessoa vai melhorar. Mas, na verdade, o que mais ajuda é se os itens forem mencionados dentro das categorias a que pertencem – por exemplo, legumes, frutas e cereais. Pesquisas indicam que temos neurônios no nosso córtex pré-frontal que respondem a categorias, e que o exercício da lista ilustra a razão para isso: a classificação é uma estratégia que nosso cérebro usa para processar informações com mais eficiência.[1]

Lembra-se de Shereshevsky, o homem com a memória impecável que tinha grandes problemas para reconhecer rostos? Na memória dele, cada pessoa tinha muitas faces, como que vistas de diferentes ângulos, com luzes variáveis, uma para cada emoção e para cada nuance de intensidade emocional. Em consequência, a enciclopédia de rostos na prateleira do cérebro de Shereshevsky era excepcionalmente grossa e difícil de folhear, e o processo de identificação de um novo rosto comparado a outro já visto – a essência da classificação – era muito complicado.

Cada objeto ou pessoa que encontramos no mundo é único, mas nós não funcionaríamos muito bem se os percebêssemos dessa maneira. Não temos tempo nem capacidade mental para observar e considerar cada detalhe de todos os itens do nosso ambiente. Por isso utilizamos alguns traços salientes que conseguimos observar para situar o objeto em uma categoria; depois baseamos nossa avaliação do objeto na categoria, e não no próprio objeto. Ao mantermos um conjunto de categorias, conseguimos acelerar nossas reações. Se não tivéssemos evoluído para funcionar dessa maneira, se nosso cérebro tratasse tudo que encontramos como algo individual, nós poderíamos ser comidos por um urso enquanto ainda decidíamos se aquela criatura peluda específica é tão perigosa quanto a que comeu tio Bob.

O que acontece na verdade é que, quando alguns ursos comem nossos parentes, a espécie inteira fica com má reputação. Por isso, graças ao pensamento classificatório, quando avistamos um animal enorme e felpudo com caninos grandes e agudos, não ficamos por perto para reunir informações; usamos nosso palpite automático de que se trata de um perigo e saímos de perto. Da mesma forma, depois de vermos algumas cadeiras, deduzimos que se trata de um objeto de quatro pés e encosto, feito para se sentar; ou, se o motorista à nossa frente está ziguezagueando de forma errática, achamos melhor manter a distância.

Pensar em termos de categorias genéricas, como "ursos", "cadeiras" e "motoristas erráticos", nos ajuda a navegar pelo nosso ambiente com mais velocidade e eficiência; primeiro entendemos o significado bruto de um objeto, depois nos preocupamos com sua individualidade. Classificar é um dos atos mentais mais importantes que desempenhamos, e nós fazemos isso o tempo todo. Até nossa habilidade de ler este livro depende de nossa capacidade de classificar; o domínio da leitura exige o agrupamento de símbolos semelhantes, como *b* e *d*, em categorias de letras *diferentes*, ao mesmo tempo que reconhecemos símbolos disparatados como *b*, **b**, **b** e **b** como representantes da mesma letra.

Não é fácil classificar objetos, e essa é a razão porque ler essas palavras é tão difícil. À parte a mistura de fontes, é fácil subestimar a complexidade do que está envolvido na classificação, porque em geral fazemos isso de maneira rápida e sem esforço consciente. Quando pensamos em tipos de comida, por exemplo, automaticamente consideramos uma maçã ou uma banana como partes da mesma categoria – frutas –, embora pareçam diferentes; mas consideramos uma maçã e uma bola de bilhar vermelha categorias diferentes, embora pareçam semelhantes. Um gato de rua e um poodle podem ser ambos marrons e ter mais ou menos o mesmo tamanho e forma, enquanto um pastor inglês é bem diferente – grande, cinza e felpudo –, mas qualquer criança sabe que os gatos de rua estão na categoria dos felinos, e que o poodle e o pastor inglês são caninos. Para ter uma ideia do quanto essa classificação é sofisticada, considere o seguinte: só poucos anos atrás os cientistas da computação conseguiram afinal projetar um sistema de visão computadorizado capaz de realizar a tarefa de distinguir cães de gatos.

Como ilustra o exemplo acima, uma das principais maneiras de classificar é maximizar a importância de certas diferenças (a orientação do *d* em comparação ao *b* ou o focinho menor) e minimizar a relevância de outras (a curvatura de b versus **b** ou a cor do animal). Mas a seta do nosso raciocínio pode apontar para o outro lado. Se concluirmos que um conjunto de objetos pertence a um grupo, e um segundo conjunto de objetos pertence a outro, podemos perceber os que estão dentro do mesmo grupo como mais semelhantes do que na verdade são – e os que estão em grupos diferentes como menos semelhantes do que na verdade são. O mero posicionamento de objetos em grupos pode afetar nosso julgamento desses objetos. Portanto, embora a classificação seja um atalho crucial e natural, como outros truques de sobrevivência do nosso cérebro, ela também tem suas desvantagens.

Um dos primeiros experimentos a estudar as distorções causadas pela categorização foi uma pesquisa simples em que se pediu aos participantes que estimassem os comprimentos de um conjunto de oito segmentos de linha. A linha maior era 5% mais longa que a seguinte, que por sua vez era 5% mais longa que a terceira e assim por diante. Os pesquisadores pediram à metade dos participantes que estimassem os comprimentos de cada linha em centímetros. Mas, antes de pedir que os outros fizessem o mesmo, eles agruparam artificialmente as linhas em dois conjuntos – as quatro linhas mais longas foram rotuladas como "Grupo A", e as quatro mais curtas como "Grupo B". Os pesquisadores descobriram que, quando se pensava que as linhas pertenciam a um grupo, os voluntários as percebiam de forma diferente. Julgavam as linhas dentro de cada grupo como mais próximas das outras em comprimento do que realmente eram, e a diferença de comprimento entre os dois grupos como maior do que realmente era.[2]

Desde então, experimentos análogos mostraram o mesmo efeito em muitos outros contextos. Em um deles, a avaliação do comprimento foi substituída por um julgamento sobre a cor: apresentaram-se aos voluntários letras e números que variavam em tonalidade; eles deveriam julgar seu "grau de vermelho". Os que receberam as amostras de cores com os caracteres mais vermelhos agrupados consideraram-nas mais próximas em cor que o outro grupo, avaliando as mesmas amostras sem estar agrupadas.[3] Em outro estudo, pesquisadores descobriram que, se você pedir a pessoas em uma dada cidade para estimar a diferença de temperatura entre 1º de junho e 30 de junho, elas tendem a subestimá-la; mas, se pedir que estimem a diferença de temperatura entre 15 de junho e 15 de julho, elas a superestimam.[4] O agrupamento artificial de dias em meses distorce nossa percepção: vemos dois dias num mês como se fossem mais parecidos que dias em dois meses diferentes, mesmo que o intervalo entre os dias seja idêntico.

Em todos esses exemplos, quando categorizamos, nós polarizamos. Coisas que por uma ou outra razão arbitrária são identificadas como pertencentes à mesma categoria parecem mais semelhantes entre si do que realmente são, enquanto as catalogadas em diferentes categorias parecem mais distintas do que são na verdade. A mente inconsciente transforma diferenças difusas e nuances sutis em distinções nítidas. Seu objetivo é apagar detalhes irrelevantes enquanto mantém a informação importante. Quando isso é feito de uma forma bem-sucedida, nós simplificamos nosso ambiente e tornamos a navegação mais fácil e rápida. Quando isso não é feito da forma adequada, distorcemos nossas percepções, às vezes com resultados prejudiciais para os outros ou até para nós mesmos.

Isso vale em especial quando nossa tendência a classificar afeta nossa visão acerca de outros seres humanos – quando vemos os médicos de uma dada especialidade, os advogados de um escritório de advocacia, os fãs de certa equipe esportiva ou as pessoas numa dada corrida ou grupo étnico como mais diferentes do que realmente são.

Um advogado da Califórnia escreveu sobre o caso de um jovem salvadorenho que era o único empregado não branco numa fábrica de caixas de uma área rural. Ele teve a promoção negada, depois foi demitido por atrasos contumazes e por ser muito "vagaroso". O homem alegou que o mesmo poderia ser dito dos outros, que também chegavam atrasados, mas ninguém percebia. Quando se tratava dos outros, alegava o empregado, o patrão parecia compreender que às vezes uma doença na família, um problema com o filho ou com o automóvel eram a causa do atraso. Com ele, qualquer atraso era automaticamente atribuído à preguiça. Suas deficiências eram amplificadas, dizia ele, e seus bons serviços não eram reconhecidos.

Jamais saberemos se o empregador realmente não percebeu as características individuais do salvadorenho, se o segregou na categoria geral de "hispânico" e passou a interpretar seu comportamento em termos de um estereótipo. O empregador com certeza rejeitou essa acusação e acrescentou: "O fato de Mateo ser mexicano não fez qualquer diferença para mim. É como se eu nem tivesse notado."[5]

O termo "estereótipo" foi cunhado em 1794 pelo gráfico francês Firmin Didot.[6] Referia-se a um tipo de impressão pelo qual moldes recortados podiam ser usados para produzir duplicatas de chapas de metal usadas manualmente. Com essas chapas duplicadas, jornais e livros podiam ser impressos em vários prelos ao mesmo tempo, possibilitando a produção em massa. A palavra foi usada em seu sentido atual pelo jornalista e intelectual americano Walter Lippmann, em *Opinião pública*, livro de 1922, uma análise crítica da democracia moderna e do papel do público na determinação de seu curso. Lippmann estava preocupado com a complexidade cada vez maior dos temas sobre os quais os votantes tinham de decidir e a maneira como desenvolviam seus pontos de vista quanto a essas questões. Preocupava-se em particular com o papel da mídia de massa. Utilizando uma linguagem que parece saída de um artigo acadêmico recente sobre a psicologia das categorias, Lippmann escreveu: "O ambiente real é na verdade grande, complexo e transitório demais para um conhecimento direto. ... Embora tenhamos de agir nesse ambiente, precisamos reconstruí-lo em um modelo mais simples antes de conseguir lidar com ele."[7] Esse modelo mais simples foi que ele chamou de estereótipo.

Lippmann reconheceu que os estereótipos usados pelas pessoas vinham da exposição cultural. Em sua época, os jornais e revistas de circulação ampla, assim como a nova mídia do cinema, distribuíam ideias e informações para um público cada vez maior e mais difundido do que até então. Tudo isso tornava disponível para o público uma grande variedade de experiências de mundo, mas sem necessariamente fornecer uma imagem precisa delas. O cinema, em particular, apresentava um retrato vívido e realista da vida, mas em geral habitado por caricaturas comuns. Na época dos primeiros filmes, os cineastas vasculhavam as ruas em busca de "atores-personagens", tipos sociais facilmente identificáveis, para trabalhar em seus filmes.

Como escreveu Hugo Münsterberg, contemporâneo de Lippmann: "Se [o produtor] precisar de um barman gordo com um sorrido convencido, de um humilde mascate judeu ou de um afinador de pianos italiano, não precisa de perucas ou maquiagem; ele os encontra prontos no East Side [de Nova York]." Tipos e personagens normais eram (e ainda são) um resumo conveniente – nós os reconhecemos de pronto –, mas seu uso amplifica e exagera os traços de personalidade associados às categorias que representam. De acordo com os historiadores Elizabeth Ewen e Stuart Ewen, ao notar a analogia entre percepção social e um processo de impressão capaz de gerar um número ilimitado de exemplares idênticos, "Lippmann tinha identificado e denominado um dos aspectos mais importantes da modernidade".[8]

Embora classificações por raça, religião, gênero e nacionalidade ganhem mais páginas na imprensa, nós classificamos pessoas de muitas outras maneiras também. É provável que todos possamos nos lembrar de casos em que juntamos atletas com atletas ou banqueiros com banqueiros, quando nós e outros classificamos pessoas que conhecemos de acordo com profissão, aparência, etnia, educação, idade, cor do cabelo e até pelos automóveis que dirigem. Alguns estudiosos nos séculos XVI e XVII chegaram a classificar pessoas de acordo com animais com que se pareciam, como as imagens da Figura 14, extraídas de *De humana physiognomonia*, uma espécie de guia de campo para personagens humanas escrito em 1568 pelo italiano Giambattista della Porta.[9]

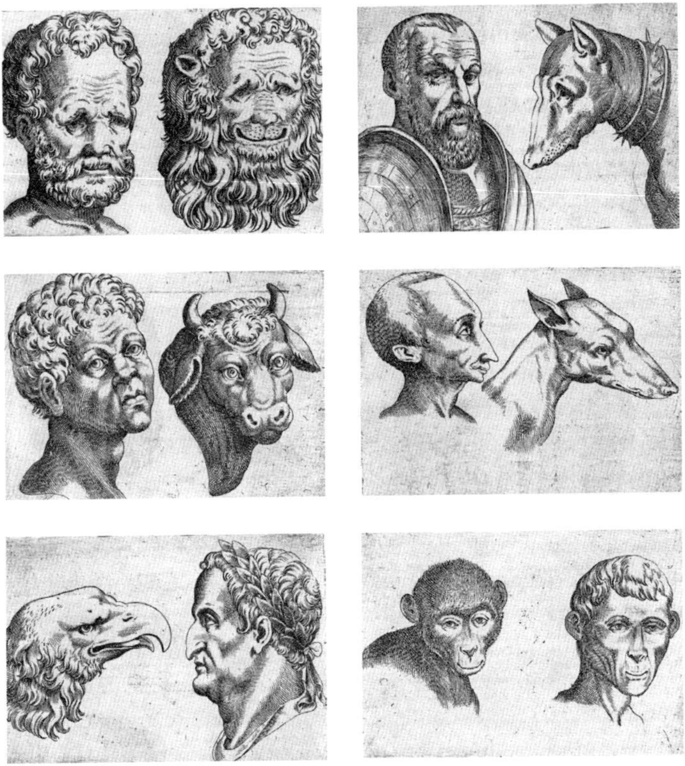

FIGURA 14. Pessoas categorizadas de acordo com animais com que se parecem.

Uma ilustração mais moderna de categorização pela aparência aconteceu numa tarde, na prateleira de uma grande loja de departamentos em Iowa City. Lá, um homem com a barba por fazer, vestindo calça jeans manchada, remendada, e uma camisa surrada, enfiou um pequeno artigo no bolso da jaqueta. Um cliente perto do balcão percebeu. Pouco depois, um homem alinhado, de calças pretas bem-passadas, paletó esportivo e gravata fez o mesmo, observado por outro cliente, que por acaso estava comprando ali perto. Incidentes semelhantes aconteceram de novo naquele dia, mais de cinquenta vezes, até a noite, e houve mais cem episódios do tipo em outras lojas nas proximidades. Era como se uma brigada de furtadores de lojas tivesse sido despachada para limpar a cidade de meias baratas e gravatas bregas. Mas não se tratava de uma comemoração do Dia Nacional dos Cleptomaníacos; era um experimento realizado por dois psicólogos sociais.[10] Com toda a cooperação das lojas envolvidas, o objetivo dos pesquisadores era estudar como a reação dos frequentadores seria afetada pela categoria social dos transgressores.

Os ladrões estavam todos acumpliciados com os pesquisadores. Logo depois de cada episódio de furto, o ladrão saía do alcance auditivo do cliente, porém continuava visível. Em seguida, outro cúmplice do pesquisador, vestido como funcionário da loja, andava até as proximidades do cliente e começava a reorganizar as mercadorias nas prateleiras. Isso dava ao cliente oportunidade de denunciar o crime. Todos os clientes observaram comportamentos idênticos, mas nem todos reagiram da mesma forma.

Sintomaticamente, foram poucos os compradores que viram o homem bem-vestido cometer o crime e o denunciaram, quando comparados aos que viram o indivíduo mal-ajambrado. Ainda mais interessantes foram as diferenças de atitude dos compradores quando eles alertaram o lojista sobre o crime. A análise que fizeram dos eventos foi além dos atos que observaram – eles pareciam formar uma imagem mental do ladrão, baseada tanto em sua categoria social quanto em suas ações. Em geral hesitavam em denunciar o criminoso bem-vestido, mas se mostravam entusiasmados quando denunciavam o elemento malvestido, temperando seus relatos com observações do tipo "Aquele filho da mãe enfiou alguma coisa no bolso do casaco". Era como se a aparência do homem malvestido fosse um sinal para os clientes de que roubar lojas era o menor de seus pecados, indicando uma natureza interna tão maculada quanto suas roupas.

Gostamos de pensar que julgamos as pessoas como indivíduos, e às vezes tentamos de forma consciente avaliar os outros com base em suas características específicas. Em geral conseguimos. Mas, se não conhecemos bem uma pessoa, nossa mente pode procurar as respostas em sua categoria social. Já vimos como o cérebro preenche as lacunas em dados visuais – por exemplo, compensando o ponto cego onde o nervo óptico se liga à retina. Vimos também como nossa audição preenche lacunas, como quando uma tossida confunde uma ou duas sílabas na sentença "Os governadores de estado se reuniram com suas respectivas legislaturas convocadas na capital". E vimos como nossa memória acrescenta detalhes de uma cena de que nos lembramos em pinceladas imprecisas e fornecem uma imagem vívida e completa de um rosto, mesmo que nosso cérebro retenha apenas seus aspectos gerais.

Em cada um desses casos, nossa mente subliminar pega os dados incompletos, usa o contexto ou outras pistas para completar a imagem, faz algumas deduções e produz um resultado algumas vezes exato, outras vezes não, mas sempre convincente. Nossa mente também preenche as lacunas quando julgamos as pessoas, e a categoria a que a pessoa pertence é parte dos dados que usamos para fazer isso.

A percepção de que os vieses perceptivos de categorização estão na raiz do preconceito deve-se em grande parte ao psicólogo Henri Tajfel, o cérebro por trás do estudo dos comprimentos das linhas. Filho de um homem de negócios polonês, Tajfel poderia ter se tornado um químico normal, e não um pioneiro da psicologia social, não fosse pela categoria específica sob a qual fora classificado. Tajfel era judeu, identificação categórica que o proibia de se matricular na faculdade, pelo menos na Polônia. Por isso, ele se mudou para a França, onde estudou química, mas não era apaixonado pela matéria. Preferia frequentar festas – ou, como definiu um colega, "saborear a cultura francesa e a vida em Paris".[11] Essa degustação acabou com o início da Segunda Guerra Mundial, e em novembro de 1939 ele se alistou no Exército francês. Menos saboroso ainda era o local em que foi parar: um campo alemão de prisioneiros. Lá, Tajfel foi apresentado aos extremos da categorização social que mais tarde o levariam à carreira em psicologia social.

Os alemães queriam saber a que grupo social Tajfel pertencia. Era francês? Judeu francês? Judeu de algum outro lugar? Mesmo considerando os judeus menos que humanos, os nazistas os distinguiam entre "pedigrees", como vinhateiros que estabelecessem a diferença entre bons vinhos e vinagre. Ser francês significava ser tratado como inimigo. Ser judeu francês significava ser tratado como animal. Admitir ser um judeu polonês significava morte rápida e certa. Independentemente de suas características pessoais ou da qualidade de sua relação com os captores alemães, como ele mais tarde observaria, se sua identidade fosse descoberta, sua classificação como judeu polonês determinaria seu destino.[12] Mas havia também o perigo de mentir.

Então, no cardápio da estigmatização, Tajfel escolheu o prato do meio: ele passou os quatro anos seguintes fingindo ser judeu francês.[13] Foi libertado em 1945 e, em maio do mesmo ano, como relatou, foi "vomitado com centenas de outros de um trem especial, chegando à Gare d'Orsay, em Paris, ... [para logo descobrir] que quase ninguém que eu conhecia em 1939, inclusive minha família, tinha sobrevivido".[14] Tajfel passou os seis anos seguintes trabalhando com refugiados de guerra, sobretudo crianças e adolescentes, conjecturando sobre as relações entre pensamento categórico, estereotipagem e preconceito. De acordo com o psicólogo William Peter Robinson, a compreensão teórica atual desses temas "pode quase exclusivamente ser remetida à teorização de Tajfel e à sua intervenção em pesquisa direta".[15]

Infelizmente, como foi o caso com outros pioneiros, demorou muitos anos para que esse campo da psicologia social entendesse as sacações de Tajfel. Até a segunda metade dos anos 1980, muitos psicólogos ainda viam a discriminação como um comportamento consciente e intencional, não como algo surgido naturalmente de processos cognitivos normais e inevitáveis, relacionados à propensão vital do cérebro para categorizar.[16] Em 1998, no entanto, um trio de pesquisadores da Universidade de Washington publicou um trabalho que muitos veem como prova irrefutável de que a estereotipagem inconsciente, ou "implícita", é a regra, não a exceção.[17] O trabalho apresentava uma ferramenta computadorizada chamada "Teste de Associação Implícita", ou IAT, na sigla em inglês, que se tornou uma das ferramentas-padrão da psicologia social para medir o grau com que um indivíduo associa inconscientemente traços a categorias sociais. A IAT ajudou a revolucionar a maneira como os cientistas veem a estereotipagem.

EM SEU ARTIGO, os pioneiros da IAT pediram que os leitores "considerassem um experimento mental". Imagine estar vendo uma série de termos que designam parentescos do sexo masculino e feminino, como "irmão" ou "tia". Você terá de dizer "alô" quando apresentado a um parente do sexo masculino e "adeus" quando vir um parente do sexo feminino. (Na versão computadorizada, você vê as palavras numa tela e responde digitando letras no teclado.) A ideia é responder o mais rápido possível sem cometer muitos erros. A maioria das pessoas acha isso fácil e conclui depressa. Em seguida, os pesquisadores pedem para repetir o jogo, só que dessa vez com nomes masculinos e femininos, como "Dick" ou "Jane", em vez de parentescos. Os nomes devem ser inconfundíveis em termos de gênero, e mais uma vez você conclui rapidamente. Mas isso é apenas um aperitivo.

O verdadeiro experimento começa agora: na fase 1, você vai ver uma série de palavras que podem ser tanto um *nome* quanto um *parente*. Vai ter de dizer "alô" para nomes e parentescos masculinos e "adeus" para nomes e parentescos femininos. Trata-se de uma tarefa um pouco mais complexa que a anterior, mas não chega a exigir demais. O importante é o tempo que você leva para fazer cada seleção. Tente agora com a seguinte lista de palavras, e pode dizer "alô" ou "adeus" para si mesmo se não quiser assustar os parentes que podem ouvi-lo (alô = nome ou parentesco masculino); "adeus" = nome ou parentesco feminino):

> John, Joan, irmão, neta, Beth, filha, Mike, sobrinha, Richard, Leonard, filho, tia, avô, Brian, Donna, pai, mãe, neto, Gary, Kathy.

Agora a fase 2. Nela você vê uma lista dos nomes e parentescos outra vez, mas agora você tem de dizer "alô" quando vê um nome masculino ou um parentesco *feminino* e "adeus" quando vê um nome feminino ou parentesco *masculino*. Mais uma vez, o importante é o tempo que você leva para fazer as escolhas. Tente (alô = nome masculino ou parentesco feminino; "adeus" = nome feminino ou parentesco masculino):

John, Joan, irmão, neta, Beth, filha, Mike, sobrinha, Richard, Leonard, filho, tia, avô, Brian, Donna, pai, mãe, neto, Gary, Kathy.

O tempo de resposta da fase 2 em geral é bem maior que o da fase 1, talvez ¾ de segundo por palavra, comparado a apenas ½ segundo. Para entender por quê, vamos observar isso como uma tarefa de separação. Você precisa considerar quatro categorias de objetos: nomes masculinos, parentescos masculinos, nomes femininos e parentescos femininos. Mas essas não são categorias independentes. As categorias de nomes masculinos e parentescos masculinos estão associadas – ambas se referem a homens. Da mesma forma, as categorias de nomes femininos e parentescos femininos se associam. Na fase 1, você precisa rotular as quatro categorias de um modo coerente com essa associação – rotular todos os masculinos da mesma maneira, e todos os femininos da mesma maneira. Na fase 2, porém, você precisa ignorar sua associação para rotular os masculinos de um jeito se você vir um nome, mas de outro jeito se vir um parentesco, e também rotular termos femininos de modo diferente, dependendo se o termo for um nome ou um parentesco. É complicado, e essa complexidade exige recursos mentais, o que retarda o processo.

Esse é o ponto crucial da IAT: *quando o rotulamento segue suas associações mentais, o processo se acelera, mas, quando mistura as associações, o processo fica mais lento*. Em decorrência, examinando a diferença de velocidade entre as duas maneiras de rotular, os pesquisadores conseguem sondar o quanto a pessoa associa traços a uma categoria social.

Por exemplo, vamos supor que, em vez de palavras denotando parentescos masculinos e femininos, eu mostrasse termos relacionados à ciência ou às artes. Se você não tivesse associações mentais relacionando homens e ciência ou mulheres e artes, não faria diferença ter de dizer "alô" para nomes masculinos e termos científicos, e "adeus" para nomes femininos e termos artísticos, ou "alô" para nomes masculinos e termos artísticos e "adeus" para nomes femininos e termos científicos. Por isso, não haveria diferença entre as fases 1 e 2. Mas, se você tivesse fortes associações ligando mulheres a artes e homens a ciência – como acontece com a maioria das pessoas –, o exercício seria bem semelhante à tarefa original, com parentescos masculinos e femininos e nomes masculinos e femininos, e haveria uma considerável diferença nos tempos de resposta nas fases 1 e 2.

Quando os pesquisadores administram testes análogos a esse, os resultados são surpreendentes. Por exemplo, eles constatam que metade do público mostra um forte ou moderado viés na associação de homens à ciência e de mulheres às artes, estejam os pesquisados conscientes ou não dessas ligações. Na verdade, há pouca correlação entre os resultados da IAT e mensurações de vieses "explícitos" ou conscientes de gênero, como relatórios ou questionários sobre atitude. Da mesma forma, os pesquisadores mostraram aos participantes imagens de rostos brancos, negros, palavras hostis (horrível, fracasso, maligno, desagradável e assim por diante), e palavras positivas (paz, alegria, amor, felicidade e assim por diante). Se você fizer associações a favor de brancos ou contra negros, levará mais tempo para separar palavras e imagens quando tiver de relacionar palavras positivas com a categoria negra e palavras hostis para a categoria branca do que quando rostos negros e palavras hostis entrarem na mesma caixa. Cerca de 70% dos que passaram pelo teste mostraram essa associação pró-branca, inclusive muitos que ficaram (conscientemente) surpresos ao saber que mostraram tais atitudes. Aliás, até muitos negros mostraram um viés inconsciente pró-brancos na IAT. É difícil não fazer isso quando se vive numa cultura que incorpora estereótipos negativos envolvendo afro-americanos.

Ainda que sua avaliação de outra pessoa possa parecer racional e deliberada, ela é informada por processos automáticos e inconscientes – os tipos de processo reguladores da emoção sediados no córtex pré-frontal ventromedial. Aliás, lesões no VMPC costumam suprimir a estereotipagem inconsciente de gênero.[18] Como reconheceu Walter Lippmann, não podemos evitar a absorção mental de categorias definidas pela sociedade em que vivemos. Elas permeiam notícias, programação da TV, filmes, todos os aspectos da nossa cultura. Pelo fato de nosso cérebro categorizar naturalmente, somos vulneráveis a agir de acordo com atitudes que essas categorias representam.

Porém, antes de recomendar a extinção de categorizações localizadas no VMPC no curso de treinamento gerencial de sua empresa, lembre-se de que a tendência a classificar até as pessoas em geral é uma bênção. Ela permite que compreendamos a diferença entre motorista de ônibus e passageiro, balconista e comprador, recepcionista e médico, maître e garçom, e entre todos os estranhos com quem interagimos, sem ter de parar para repensar mais uma vez sobre o papel de cada um durante cada encontro. O desafio não é deixar de categorizar, mas como se tornar ciente de quando fazemos isso e conseguir ver as pessoas individualmente, como elas são.

O PIONEIRO NA PSICOLOGIA Gordon Allport escreveu que categorias saturam tudo que elas contêm com o mesmo "sabor ideal ou emocional".[19] Como evidência, citou um experimento de 1948, em que um cientista social canadense escreveu para cem diferentes pousadas com anúncios em jornais perto do período de férias.[20] O cientista escreveu duas cartas para cada pousada requisitando acomodações para a mesma data. Assinou uma das cartas como "sr. Lockwood" e a outra como "sr. Greenberg". O sr. Lockwood recebeu respostas com oferta de acomodações de

95 pousadas. O sr. Greenberg recebeu respostas só de 36. As decisões de rejeitar o sr. Greenberg decerto não se deviam aos méritos, mas à categoria religiosa à qual ele supostamente pertencia.* Prejulgar pessoas de acordo com uma categoria social faz parte de uma longa tradição, mesmo entre os que adotam a causa dos desprivilegiados. Considere a seguinte citação de um famoso defensor da igualdade:

> A nossa é uma luta contínua contra a degradação que nos querem infligir os europeus, que desejam nos degradar até o nível dos primitivos kaffir [africanos negros], ... cuja única ambição é colecionar certo número de gado para comprar uma esposa e depois passar a vida na nudez e na indolência.[21]

A frase é de Mahatma Gandhi. Ou considere as palavras de Che Guevara, revolucionário que, segundo a revista *Time*, deixou seu país natal "para ir em busca da emancipação dos pobres da terra" e ajudou a depor o ditador cubano Fulgêncio Batista.[22] O que esse marxista campeão dos pobres e oprimidos cubanos pensava dos negros pobres dos Estados Unidos? Ele disse: "O negro é indolente e preguiçoso, e gasta seu dinheiro em frivolidades, enquanto o europeu tem perspectivas, é organizado e inteligente."[23] E quanto a esse famoso advogado dos direitos civis:

> Direi que não sou, nem nunca fui, a favor de fomentar de maneira alguma a igualdade social e política entre as raças branca e negra; ... há uma diferença física entre as raças branca e negra, e eu acredito que ela impedirá para sempre que as duas raças vivam juntas em termos de igualdade política e social; ... tanto quanto qualquer um, sou a favor de conferir posição superior à raça branca.

* Greenberg é um nome de origem judaica. (N.T.)

Esse era Abraham Lincoln falando num debate em Charlestown, Illinois, em 1858. Ele era incrivelmente progressista para sua época, mas ainda acreditava que a categorização legal, e não a social, perduraria para sempre. Nós fizemos progressos. Hoje, em muitos países, é difícil imaginar candidato sério a um cargo político nacional declarando pontos de vista como o de Lincoln – se o fizesse, ao menos não seria considerado um candidato *a favor* dos direitos civis. A cultura agora evoluiu a ponto de a maioria das pessoas considerar errado negar intencionalmente uma oportunidade a alguém em decorrência de traços de caráter inferidos a partir de sua identidade classificatória. Mas estamos apenas começando a lidar com esses vieses *inconscientes.*

Infelizmente, se a ciência reconheceu a estereotipagem inconsciente, a lei ainda não. Nos Estados Unidos, por exemplo, indivíduos que denunciam qualquer discriminação baseada em raça, cor, religião, sexo ou origem nacional precisam não só provar que foram tratados de forma diferente mas também que a discriminação foi proposital. Sem dúvida a discriminação contumaz é proposital. Sempre haverá gente como o empregador de Utah, que, de modo consciente, discriminou mulheres e afirmou no tribunal: "Malditas mulheres, odeio essas malditas mulheres trabalhando no escritório."[24] É relativamente fácil acusar de discriminação pessoas que pregam o que praticam. O desafio apresentado pela ciência à comunidade legal é ir além disso, abordar o tema mais difícil da discriminação inconsciente, do viés sutil e oculto até para quem o exerce.

Podemos todos lutar pessoalmente contra os vieses inconscientes, pois as pesquisas têm mostrado que nossa tendência a categorizar as pessoas pode ser influenciada por nossos objetivos inconscientes. Se estivermos cônscios de nossos vieses e motivados para superá-los, conseguiremos fazer isso. Por exemplo, estudos de julgamentos criminais revelam um conjunto de circunstâncias nas quais os vieses das pessoas em relação às aparências começam a ser superados de forma rotineira. Em particular, há muito se sabe que a atribuição de culpa e as recomendações de punição são influenciadas de modo subliminar pela aparência do acusado.[25] Porém, cada vez mais réus atraentes recebem tratamento mais leniente *apenas* quando acusados de crimes menores, como infrações de trânsito ou pequenos golpes, *não* em relação a crimes mais sérios, como assassinato.

Nosso juízo inconsciente, amplamente apoiado em categorias que atribuímos às pessoas, está sempre em competição com nosso pensamento mais deliberativo e analítico, que pode ver essas pessoas como indivíduos. À medida que os dois lados de nossa mente travam essa batalha, o grau com que consideramos uma pessoa como indivíduo versus membro de um grupo genérico varia em grande escala. É o que parece vir acontecendo nos julgamentos criminais. Delitos graves em geral envolvem um exame mais longo e detalhado do acusado, com mais fatores em jogo, e o foco consciente acrescentado parece pesar mais que o viés de simpatia pelo réu.

A moral da história é que é preciso esforço se quisermos superar os vieses inconscientes. Uma boa maneira de começar é olhar com mais atenção quem estamos julgando, mesmo que não seja o caso de um julgamento por assassinato, mas apenas um pedido de emprego ou de empréstimo – ou do nosso voto. Nosso conhecimento pessoal de um membro específico ou de uma categoria pode atropelar nosso viés categórico, porém, mais importante é que, com o tempo, o contato repetido com membros da categoria pode agir como antídoto para os traços negativos que a sociedade atribui às pessoas dessa categoria.

Há pouco tempo, meus olhos foram abertos para a forma como a experiência pode atropelar os preconceitos. Aconteceu depois que minha mãe se mudou para um centro de convivência assistido. A maioria de suas companheiras ali tem em torno de noventa anos. Como fui pouco exposto a grande número de pessoas dessa idade, no início via todas elas da mesma maneira: cabelos brancos, postura curvada, apoiadas em suas bengalas. Imaginei que, se alguma tivesse trabalhado um dia, teria sido na construção das pirâmides. Eu não as via como indivíduos, mas como exemplares de seus estereótipos sociais, supondo que todas fossem (menos minha mãe, claro) pouco lúcidas, caducas e avoadas.

Minha visão mudou de repente, quando um dia, no salão de jantar, minha mãe observou que, de tarde, na hora em que o cabeleireiro ia ao centro de convivência, ela sentia dores e tonturas se baixava a cabeça para lavar o cabelo. Uma das amigas disse-lhe que isso era mau sinal. Meu pensamento inicial foi de desconsideração: "O que ela quer dizer com mau sinal? Será uma previsão astrológica?" Mas a amiga continuou explicando que a queixa de minha mãe era um dos sintomas clássicos de oclusão da artéria carótida, que poderia provocar um derrame, e recomendou que ela consultasse um médico. A amiga de minha mãe não era só uma mulher de noventa anos, era médica. À proporção que fui conhecendo outras mulheres no centro de convivência, comecei a ver as senhoras de noventa anos como pessoas específicas, com muitos e diversos talentos, nenhum deles relacionado às pirâmides.

Quanto mais interagimos com outros indivíduos e nos expomos às suas características particulares, mais munição nossa mente tem para contra-atacar nossa tendência a estereotipar, pois os traços que atribuímos às categorias são produto não só das suposições da sociedade como de nossa própria experiência. Não passei pelo IAT antes e depois, mas imagino que meu preconceito implícito em relação aos mais velhos foi consideravelmente reduzido.

Nos anos 1980, cientistas de Londres estudaram um lojista de 72 anos que havia sofrido um derrame na parte inferior do lobo occipital.[26] O sistema motor e a memória não foram afetados, ele manteve uma boa capacidade de fala e de visão. De modo geral, parecia normal em termos cognitivos, mas tinha um problema. Se lhe mostrassem dois objetos que tivessem as mesmas funções, mas não fossem idênticos – digamos, dois trens diferentes, duas escovas ou dois jarros –, o lojista não conseguia reconhecer a relação entre eles. Não conseguia nem perceber que as letras *a* e A eram a mesma coisa. Em decorrência disso, o paciente mostrava grande dificuldade no dia a dia, mesmo ao tentar realizar tarefas simples, como servir a mesa.

Os cientistas dizem que nós não teríamos sobrevivido como espécie sem nossa capacidade de categorizar, mas eu vou mais adiante: sem ela, mal se consegue sobreviver como *indivíduo*. Nas páginas anteriores, vimos que a categorização, como muitos de nossos processos mentais inconscientes, tem dois lados. No próximo capítulo, vamos descobrir o que acontece quando categorizamos a *nós mesmos*, quando nos definimos como seres relacionados, por algum traço, a outros indivíduos. Como isso afeta a maneira como vemos e tratamos os que fazem parte do nosso grupo e os que estão fora?

8. In-groups e out-groups

> Todos os grupos … desenvolvem uma forma de viver, com códigos e convicções característicos.
>
> GORDON ALLPORT

O ACAMPAMENTO ERA numa área arborizada no sudeste de Oklahoma, a cerca de 10km da cidade mais próxima. Escondido por uma pesada folhagem e rodeado por uma cerca, situava-se no meio de um parque estadual chamado Robbers Cave. O parque recebeu esse nome (Gruta dos Ladrões) por causa de Jesse James, que costumava usar o local como esconderijo; se alguém não queria ser perturbado, ainda era o lugar ideal para se ocultar. Havia duas grandes cabanas no interior do perímetro, separadas por um terreno acidentado e fora do campo de visão e audição, tanto da estrada quanto de uma cabana para a outra. Nos anos 1950, antes dos telefones celulares e da internet, a disposição do lugar era suficiente para assegurar o isolamento dos ocupantes. Às 22h30 do raide, os habitantes de uma das cabanas escureceram o rosto e os braços com terra, percorreram em silêncio a floresta até a outra cabana e, enquanto seus ocupantes dormiam, entraram pela porta destrancada. Os invasores estavam furiosos e queriam vingança. Eles tinham onze anos de idade.

Para aqueles garotos, vingança significava arrancar os mosquiteiros das camas, gritar insultos e pegar um bom par de calças jeans. Em seguida, quando as vítimas acordaram, os invasores correram de volta à própria cabana com a mesma rapidez com que chegaram. A intenção era de infligir insultos, não de machucar. Essa parece mais uma história típica de acampamento de verão mal-organizado, mas esse acampamento era diferente. Enquanto os garotos brincavam, brigavam, comiam, conversavam, planejavam e tramavam, um grupo de adultos os observava e escutava em segredo, estudando todos os movimentos, sem que a molecada soubesse nem consentisse nisso.

Os garotos na Robbers Cave naquele verão haviam sido alistados para um experimento pioneiro e ambicioso – e, pelos padrões atuais, nada ético – em psicologia social.[1] De acordo com um relatório posterior sobre o estudo, os participantes foram escolhidos meticulosamente pela uniformidade. Um pesquisador examinou cada criança antes do recrutamento, observando-a sub-repticiamente na escola e analisando seus registros escolares. Os participantes eram todos de classe média, protestantes, brancos e de inteligência média. Nenhum sabia nada sobre os outros. Depois de selecionar duzentos possíveis participantes, os pesquisadores abordaram os pais oferecendo um bom negócio. Eles poderiam matricular os filhos em um acampamento de verão durante três semanas, por um preço simbólico, desde que concordassem em não ter contato com os filhos durante o período. Ainda foram informados de que os pesquisadores estudariam os garotos em suas "atividades de interação em grupo".

Vinte e dois pares de pais morderam a isca. Os pesquisadores dividiram os garotos em dois grupos de onze, equilibrados por altura, peso, capacidade atlética, popularidade e certas habilidades relacionadas com as atividades que desempenhariam no acampamento. Os grupos foram reunidos em separado, um sem saber da existência do outro, e mantidos isolados durante a primeira semana. Naquele período, havia na verdade dois acampamentos em Robbers Cave, mas os garotos de um não sabiam do outro.

Enquanto se envolviam em jogos de beisebol, cantorias e outras atividades normais, os garotos eram observados de perto por seus monitores, na verdade pesquisadores estudando-os secretamente e fazendo anotações. Um dos pontos de interesse dos pesquisadores era se, como e por que cada facção de garotos se condensaria num grupo coerente. E eles se condensaram, cada grupo formando sua própria identidade, escolhendo um nome (os Rattlers e os Eagles), criando uma bandeira e partilhando "canções preferidas, práticas e normas peculiares" diferentes das do outro grupo. Mas o verdadeiro objetivo da pesquisa era estudar como, assim que se formassem, os grupos reagiriam à presença de um novo grupo. Desse modo, depois da primeira semana, Rattlers e Eagles foram apresentados uns aos outros.

Filmes e romances retratando o passado distante ou um futuro pós-apocalíptico alertam para o fato de que grupos isolados de *Homo sapiens* devem ser sempre abordados com cuidado, pois seus membros tendem mais a cortar o nariz do intruso que a oferecer incenso de graça. O físico Stephen Hawking já fez um alerta famoso nesse sentido, argumentando que seria melhor se manter na defensiva com alienígenas que os convidar para tomar chá. A história colonial da humanidade parece confirmar isso. Quando as pessoas de uma nação chegam até a praia de outra com uma cultura muito diferente, podem até dizer que vieram em paz, mas logo começam a atirar.

Assim, no início da segunda semana, Rattlers e Eagles tiveram seu momento de Cristóvão Colombo. Foi quando um monitor-pesquisador contou em separado para cada grupo sobre a existência do outro. Os grupos tiveram reação semelhante: vamos desafiar o outro para um torneio esportivo. Depois de algumas negociações, foi programada uma série de eventos para a semana seguinte, inclusive jogos de beisebol, competições de cabo de guerra, armação de tendas e caça ao tesouro. Os monitores concordaram em providenciar troféus, medalhas e prêmios para os vencedores.

Não demorou muito para que Rattlers e Eagles estabelecessem uma dinâmica semelhante à de incontáveis facções bélicas que os precederam. No primeiro dia da competição, depois de perder no cabo de guerra, enquanto voltavam para sua cabana, os Eagles por acaso encontraram um campo aberto onde os Rattlers tinham içado sua bandeira num mastro. Perturbados pela derrota, alguns membros dos Eagles subiram no mastro, retiraram a bandeira e puseram fogo nela. Quando o fogo apagou, um deles subiu outra vez ao mastro e colocou a bandeira no lugar. O monitor não interveio na queima da bandeira, apenas cumpriu seu dever e fez anotações sem que ninguém percebesse. Depois, organizou-se o encontro seguinte dos membros dos grupos, que foram informados de que agora competiriam no basquete e em outras atividades.

Na manhã seguinte, depois do café, os Rattlers foram levados ao campo de futebol onde, enquanto esperavam os Eagles chegarem, descobriram a bandeira queimada. Os pesquisadores observaram enquanto eles planejavam sua vingança, que resultou numa briga quando os Eagles chegaram. Os pesquisadores estudaram por um tempo, depois intervieram para acabar com o conflito. Mas a rixa continuou, com o ataque dos Rattlers à cabana dos Eagles na noite seguinte e outros eventos nos dias subsequentes. Os pesquisadores imaginaram que, ao estabelecer grupos com objetivos competitivos e sem diferenças inerentes, eles poderiam observar a geração e evolução de estereótipos sociais derrogatórios, uma hostilidade genuína entre os grupos e todos os outros sintomas de conflito intergrupal pelos quais os homens são conhecidos. Não se desapontaram. Hoje, os garotos de Robbers Cave já estão aposentados, mas a história daquele verão, e das análises dos pesquisadores a respeito, continua citada na bibliografia da área de psicologia.

Os seres humanos sempre viveram em bandos. Se uma competição num cabo de guerra gerou hostilidade intertribal, imagine a rivalidade entre bandos de homens com bocas demais para alimentar e poucas carcaças de elefante para comer. Hoje pensamos na guerra como algo em parte baseado em ideologia, mas a necessidade de comida ou água é a mais forte ideologia. Bem antes de se inventarem comunismo, democracia ou teorias de superioridade racial, grupos de pessoas que viviam perto lutavam com regularidade e até massacravam uns aos outros motivados pela competição por recursos.[2] Nesse contexto, um sentido altamente desenvolvido de "nós contra eles" teria sido crucial para a sobrevivência.

Havia também um sentido de "nós contra eles" *dentro* dos bandos, pois os seres humanos pré-históricos formavam alianças e coalizões no interior de seus próprios grupos, como aconteceu em outras espécies de hominídeos.[3] Embora hoje o talento para a política ocupacional seja útil nos locais de trabalho, 20 mil anos atrás a dinâmica de grupo podia determinar quem comia, e o departamento de recursos humanos só conseguiria disciplinar os preguiçosos com uma lança nas costas. Assim, se a capacidade de captar pistas que sinalizem alianças políticas é importante no trabalho contemporâneo, na pré-história isso era vital, pois ser demitido era equivalente a ser morto.

Os cientistas chamam qualquer grupo de que as pessoas se sentem parte de um "*in-group*", e qualquer grupo que as exclui de "*out-group*". Diferentemente do uso coloquial, no sentido técnico, *in-group* e *out-group* se referem não à popularidade dos que pertencem a grupos, mas apenas à distinção "nós-eles". É uma diferença importante, porque pensamos de forma diversa sobre membros de grupos de que somos parte e de grupos dos quais não participamos; como veremos, também apresentamos comportamentos diferentes em relação a eles. Fazemos isso de forma automática, independentemente de estarmos ou não conscientes da intenção de discriminar. No Capítulo 7 falei sobre como a divisão de pessoas em categorias afeta nossa avaliação. O fato de nos posicionarmos em categorias *in-group* e *out-group* também tem um efeito na maneira como vemos nosso próprio lugar no mundo e como encaramos os outros. Agora vamos descobrir o que acontece quando usamos a categorização para nos definir, para fazer a diferença entre "nós" e "os outros".

TODOS PERTENCEMOS a muitos grupos. Por conseguinte, a maneira como nos identificamos muda de situação para situação. Em diferentes ocasiões, a mesma pessoa pode se ver como mulher, executiva, funcionária da Disney, brasileira ou mãe, dependendo do que for relevante – ou do que a fizer se sentir bem no momento. Alterar a afiliação do grupo que adotamos em dado momento é um truque que todos usamos, e ajuda a manter uma aparência simpática, pois os *in-groups* com que nos identificamos são um importante componente de nossa autoimagem.

Tanto estudos experimentais quanto pesquisas de campo constataram, na verdade, que as pessoas estão dispostas a fazer grandes sacrifícios financeiros para ajudar a estabelecer a sensação de pertencer a um *in-group* de que desejam participar.[4] Há uma razão, por exemplo, para as pessoas pagarem tanto para ser membros de clubes de campo exclusivos, mesmo quando não utilizam suas instalações.

Um executivo da indústria de jogos de computador certa vez me forneceu excelente exemplo da disposição de abrir mão de dinheiro em troca do prestígio de uma identidade grupal cobiçada. Uma de suas produtoras sêniores adentrou seu escritório quando soube que ele tinha concedido promoção e aumento salarial a outro produtor. Meu amigo explicou que ainda não poderia promovê-la por causa de restrições financeiras. Mas ela insistia em receber um aumento, agora que sabia que o colega havia sido aumentado. Foi difícil para o executivo, pois seu negócio era muito competitivo, e outras empresas estavam sempre pairando ao redor, prontas para roubar os bons produtores, mas ele não tinha recursos para dar aumento a todos que mereciam.

Depois de debater o assunto por um tempo, ele percebeu que o que realmente aborrecia sua funcionária não era o aumento, mas o fato de outro produtor, até então júnior, agora ter o mesmo título que ela. Então os dois fizeram um acordo: ela seria promovida a um novo cargo naquele momento, mas o aumento só viria depois. Assim como o escritório de vendas de um clube de campo, em lugar de dinheiro, esse executivo concedeu à funcionária uma participação de mais status no grupo. Os publicitários são muito atentos a essa dinâmica. É por isso, por exemplo, que a Apple gasta centenas de milhões de dólares em campanhas de marketing para associar os *in-groups* do Mac a inteligência, elegância e vanguarda, enquanto associam os *in-groups* do PC ao fracasso.

Quando pensamos em nós mesmos como pertencentes a um clube de campo exclusivo, ocupando um cargo executivo, ou inseridos numa classe de usuário de computadores, os pontos de vista de outros no grupo infiltram-se nos nossos pensamentos e dão cores à maneira como percebemos o mundo. Os psicólogos chamam essa visão de "normas grupais". Talvez o mais puro exemplo de sua influência venha do homem que arquitetou o estudo do acampamento de Robbers Cave. Seu nome era Muzafer Sherif. Nascido na Turquia, Sherif emigrou para os Estados Unidos a fim de estudar e concluiu seu doutorado na Universidade Columbia, em 1935. Sua tese concentrava-se na influência de normas grupais sobre a visão. Você não imaginaria que a visão surge por meio de um processo objetivo, mas o trabalho de Sherif demonstrou que uma norma grupal pode afetar algo tão básico quanto a maneira como percebemos um ponto de luz.

Em um trabalho décadas à frente de seu tempo, Sherif levou voluntários a um quarto escuro e mostrou um pequeno ponto luminoso na parede. Depois de alguns instantes, o ponto parecia se mover. Mas era apenas uma ilusão. A sensação de movimento resultava de minúsculos movimentos dos olhos que faziam a imagem saltitar na retina. Como mencionei no Capítulo 2, sob condições normais, ao detectar o saltitar simultâneo de todos os objetos numa cena, o cérebro corrige esse movimento, e percebemos a cena imóvel. Mas, quando um ponto de luz é visto fora de contexto, o cérebro é enganado e percebe-o como se estivesse se movendo no espaço. Além do mais, como não há outros objetos de referência, a magnitude do movimento fica sujeita a amplo nível de interpretação. Se você perguntar a pessoas diferentes o quanto o ponto se movimentou, vai ter respostas muito variadas.

Sherif mostrou o ponto para três pessoas de cada vez e pediu que relatassem o quanto ele tinha se movido cada vez que o vissem se mexer. Aconteceu um fenômeno interessante: pessoas de um dado grupo disseram números diferentes, alguns mais altos, outros mais baixos, mas, no fim, as estimativas convergiram para uma margem mais estreita, a "norma" daquele grupo de três. Embora a norma variasse muito de grupo para grupo, dentro de cada grupo os membros acabavam concordando com uma norma, a que chegavam sem discussão ou estímulos. Ademais, quando membros individuais de um grupo eram convidados a voltar uma semana depois para refazer o experimento, agora sozinhos, eles repetiam as estimativas a que seu grupo havia chegado. A percepção dos membros do *in-group* tinha se tornado sua própria percepção.

QUANDO NOS VEMOS como membro de um grupo, automaticamente todos ficam marcados com um "nós" ou um "eles". Alguns dos nossos *in-groups*, como nossa família, os colegas de trabalho ou os parceiros de bicicleta, incluem outras pessoas que conhecemos. Outros, como mulheres, hispânicos ou cidadãos idosos, são grupos mais amplos definidos pela sociedade, que a eles confere características. Porém, seja qual for o grupo a que pertencermos, por definição ele consiste em pessoas que percebemos como tendo alguma coisa em comum conosco. Essa experiência partilhada, ou identidade, faz com que vejamos nossa fé como algo interligado com a fé do grupo, e os sucessos e fracassos como também nossos. É natural, então, que tenhamos um lugar especial em nossos corações para os membros do grupo a que pertencemos.

Podemos não gostar muito das pessoas de maneira geral, mas nosso ser subliminar tende a gostar mais dos companheiros do nosso *in-group*. Considere seu grupo de profissão. Em um estudo, pesquisadores perguntaram aos participantes qual era a taxa de simpatia que sentiam por médicos, advogados, garçons e cabeleireiros, numa escala de um a cem.[5] A distorção é que todos os participantes do experimento eram médicos, advogados, garçons ou cabeleireiros. Mas os resultados foram muito coerentes: membros de três entre as quatro profissões classificaram os membros das *outras* profissões, em média, com uma taxa de simpatia de cinquenta. Mas classificaram os de sua profissão com uma taxa de setenta.

Houve só uma exceção: os advogados, que classificaram os membros das outras profissões *e* os advogados com cinquenta. Isso sem dúvida nos traz à cabeça diversas piadas de advogados; portanto, não é preciso que eu faça outra piada. No entanto, os advogados não favorecerem colegas advogados não se deve necessariamente ao fato de que a única diferença entre um advogado e um peixe-gato é que um vive nas profundezas, se alimentando de lixo, e o outro é um peixe. Dos quatro grupos avaliados pelos pesquisadores, os advogados, como se pode ver, são parte do único grupo cujos membros regularmente se *opõem* a outros membros do próprio grupo. Assim, mesmo que outros advogados possam estar em dado *in-group* de advogados, eles também estão potencialmente em seu *out-group*. A despeito dessa anomalia, a pesquisa sugere que, no que se refere a religião, raça, nacionalidade, uso de computadores ou à nossa unidade operacional de trabalho, em geral, temos uma tendência inata de preferir os membros do nosso *in-group*. Estudos mostram que pertencer a um grupo em comum pode até superar atributos pessoais negativos.[6] Como enunciou um pesquisador: "Podemos gostar de pessoas como membros do grupo mesmo quando não gostamos delas como indivíduos."

Essa constatação – de que gostamos mais de pessoas apenas por estarmos associados a elas de alguma forma – tem um corolário natural: também tendemos a favorecer membros do nosso grupo nos relacionamentos sociais e nos negócios, e a avaliarmos o trabalho e os produtos deles de maneira mais favorável do que faríamos em outras circunstâncias, mesmo quando pensamos que estamos tratando todo mundo de forma igualitária.[7] Por exemplo, num estudo, os pesquisadores dividiram pessoas em grupos de três. Cada grupo foi pareado com outro, e depois se pediu a cada grupo pareado que realizasse três tarefas diferentes: usar um brinquedo de criança para produzir uma obra de arte, esboçar um plano para o projeto de uma casa e escrever uma fábula simbólica que apresentasse uma moral ao leitor. Para cada tarefa, um membro de cada grupo do par (o "não participante") foi separado de seus parceiros e não tomou parte na atividade. Depois que cada par de grupos terminou a tarefa, pediu-se aos dois não participantes que julgassem os resultados dos trabalhos de ambos os grupos.

Os não participantes não tinham interesses escusos nos produtos realizados por seus grupos; nem os grupos tinham sido formados em relação a qualquer característica distinta partilhada. Como os não participantes tinham um objetivo, seria de esperar que na média eles teriam preferido os produtos dos *out-groups* na mesma proporção em que preferiam os de seus *in-groups*. Mas não foi o que aconteceu. Em dois casos entre três, quando os não participantes tinham preferência, era pelo trabalho produzido por seus *in-groups*.

Outra maneira com que somos afetados pelas diferenças entre *in-groups* e *out-groups* é que tendemos a pensar nos membros do nosso grupo como mais diversificados e complexos que os do *out-group*. Por exemplo, o pesquisador que conduziu o estudo envolvendo médicos, advogados, garçons e cabeleireiros pediu a todos os participantes que estimassem o quanto cada profissão variava em relação a criatividade, flexibilidade e diversas outras características. Todos classificaram as outras profissões como bem mais homogêneas que as do próprio grupo. Outros estudos chegaram à mesma conclusão em relação a grupos que diferem segundo idade, nacionalidade, gênero, raça e até faculdades que as pessoas cursavam e a irmandade universitária a que as mulheres pertenciam.[8] É por essa razão que, como alguns pesquisadores sugeriram, jornais dirigidos pelo establishment branco imprimem manchetes como "Negros discordam radicalmente sobre o Oriente Médio", como se fosse novidade os afro-americanos não pensarem a mesma coisa; mas não estampam manchetes como "Brancos discordam radicalmente sobre a reforma da Bolsa de Valores".[9]

Pode parecer natural observar mais diversificação nos grupos a que pertencemos, pois em geral conhecemos melhor seus integrantes como indivíduos. Por exemplo, conheço pessoalmente grande número de físicos teóricos e para mim eles parecem uma turma bem diversificada. Alguns gostam de música para piano; outros preferem violino. Alguns leem Nabokov; outros leem Nietzsche. Tudo bem, talvez eles não sejam *tão* diversificados. Mas vamos supor que eu pense em banqueiros de investimentos. Conheço muito poucos, mas, na minha cabeça, eu os vejo menos diversificados ainda que os físicos teóricos: imagino que *todos* só leiam o *Wall Street Journal*, dirijam carros de luxo e não ouçam música nenhuma, preferindo assistir ao noticiário de economia na televisão (a não ser que as notícias sejam ruins, nesse caso eles mudam de canal e abrem uma garrafa de vinho de US$ 500).

A surpresa é que a sensação que temos de que o nosso grupo é mais diversificado que o *out-group não depende* de conhecer melhor nosso *in-group*. Na verdade, a categorização das pessoas em *in-groups* e *out-groups* já é suficiente para acionar esse julgamento. Aliás, como veremos adiante, nossos sentimentos especiais em relação ao grupo a que pertencemos persistem mesmo quando pesquisadores separam artificialmente estranhos em *in-groups* e *out-groups* aleatórios. Quando Marco Antônio se dirigiu à multidão depois do assassinato de César e declarou, na versão de Shakespeare, "Concidadãos, romanos, bons amigos, concedei-me atenção", ele estava na verdade dizendo: "Membros *in-group*, membros *in-group*, membros *in-groups*..." Um apelo inteligente.

ALGUNS ANOS ATRÁS, três pesquisadores de Harvard aplicaram um difícil teste de matemática a dezenas de mulheres americanas de origem asiática.[10] Mas, antes de começar, os pesquisadores pediram que elas preenchessem um questionário sobre si mesmas. As mulheres eram membros de dois grupos diferentes, com normas conflitantes: eram asiáticas, grupo identificado como bom em matemática; e eram mulheres, grupo identificado como fraco em matemática.

Uma parte das mulheres recebeu um questionário sobre idiomas que elas, os pais e os avós falavam e há quantas gerações a família vivia nos Estados Unidos. Essas perguntas estavam destinadas a acionar a identidade das mulheres como americanas de origem asiática. Outras participantes responderam a questões sobre política de alojamento coletivo, destinadas a acionar sua identidade de mulheres. Um terceiro grupo, de controle, foi questionado sobre os serviços telefônico e de TV a cabo de que dispunham.

Depois do teste, os pesquisadores aplicaram em todas as participantes um questionário final. Mensurado em relação às respostas das pesquisadas nesse questionário final, o questionário inicial não teve impacto numa avaliação consciente de suas habilidades ou do teste. Mas certamente algo havia afetado as mulheres de modo subliminar, pois aquelas que foram orientadas para se ver como americanas de origem asiática tinham se saído melhor no teste que o grupo de controle, que, por sua vez, tinha se saído melhor que as mulheres remetidas ao *in-group* feminino. A identidade *in-group* influencia a maneira como julgamos as pessoas, mas também a forma como nos sentimos sobre nós mesmos, como nos comportarmos e às vezes até nosso próprio desempenho.

Nós todos pertencemos a múltiplos *in-groups*; assim como o grupo de mulheres americanas de origem asiática, eles podem ter normas conflitantes. Descobri também que podemos tirar vantagem disso, quando tomamos consciência do fato. Por exemplo, eu às vezes fumo um charuto e, quando faço isso, sinto certa identificação *in-group* com meu colega e melhor amigo, com meu orientador do doutorado e com Albert Einstein, todos companheiros físicos que gostavam de charuto. Mas quando penso que meu hábito tabagista está fugindo ao controle, percebo que posso eliminar a fissura rapidamente ao me concentrar em outro *in-group* de fumantes, o que inclui meu pai, que sofreu de problemas pulmonares, e do meu primo, que teve câncer na boca.

As normas conflitantes de nossos *in-groups* podem às vezes levar a curiosas contradições em nosso comportamento. De vez em quando a mídia divulga anúncios de utilidade pública em campanhas para reduzir crimes menores, como sujar as ruas ou furtar bens públicos de parques nacionais. Esses anúncios costumam apontar a alarmante frequência com que esses crimes ocorrem. Num deles, um índio vestido de forma tradicional atravessa de canoa um rio coberto de resíduos. Quando desembarca na margem oposta, cheia de sujeira, um motorista – um zé-ninguém – chega por uma estrada adjacente e joga lixo do seu carro aos pés do índio. A cena corta para um close mostrando uma lágrima solitária rolando pelo rosto do aborígene. Para nossa mente consciente, o anúncio apregoa uma mensagem explícita contra jogar lixo na natureza. Mas também tem uma mensagem para nosso inconsciente: os que pertencem ao nosso *in-group*, os que frequentam os parques, *jogam* lixo. Então, que mensagem sai vencedora, o apelo ético ou a lembrança de uma norma grupal?

Ninguém observou os efeitos desse anúncio específico, mas, num estudo realizado sobre divulgações de utilidade pública, uma propaganda que denunciava a falta de cuidado com o lixo era bem-sucedida ao inibir essa prática, enquanto outra semelhante, que incluía a frase "Os americanos vão produzir cada vez mais lixo!", levou ao *aumento* da produção de dejetos.[11] Sem dúvida ninguém interpretou conscientemente "Os americanos vão produzir cada vez mais lixo!" como uma ordem, e não uma crítica; porém, ao identificar a produção de lixo como uma norma grupal, acabou gerando esse resultado.

Em um estudo correlacionado ao tema, pesquisadores criaram um cartaz condenando o fato de muitos visitantes roubarem pedaços de madeira do Parque Nacional da Floresta Petrificada.[12] Eles afixaram o cartaz num caminho muito transitado, junto a alguns pedaços de madeira marcados intencional e discretamente. Depois observaram para ver qual tinha sido o efeito do cartaz. Descobriram que, sem o cartaz, os caçadores de suvenires roubavam cerca de 3% de pedaços de madeira num período de dez horas. Mas, com o cartaz de advertência, o número quase triplicou, chegando a 8%. Mais uma vez, não se sabe se muitos dos que não costumam praticar esses furtos disseram a si mesmos: "Se todo mundo faz, por que não eu?" Mas essa parece ter sido a mensagem recebida pelo inconsciente dessas pessoas.

Os pesquisadores dizem que mensagens que condenam e ao mesmo tempo ressaltam normas sociais indesejadas são comuns, e que apresentam resultados contraproducentes. Assim, mesmo que a administração de uma faculdade pense que está *alertando* os alunos quando diz "Lembre-se! É preciso acabar com as bebedeiras, que são comuns no campus!", ela pode estar fazendo um chamado à ação: "Lembre-se! As bebedeiras são comuns no campus!"

Quando eu era criança e tentava usar os hábitos de meus amigos para justificar, digamos, jogar beisebol aos sábados, em vez de ir à sinagoga, minha mãe dizia algo como: "Então, se Joey saltasse dentro de um vulcão, você faria o mesmo?" Agora, décadas mais tarde, percebo que eu deveria ter dito: "Sim, mãe. As pesquisas dizem que eu faria isso."

JÁ DISSE QUE TRATAMOS nossos *in-groups* e *out-groups* de forma diferente no nosso pensamento, quer tenhamos ou não a intenção de fazer essa distinção. Ao longo dos anos, psicólogos curiosos têm tentado determinar as exigências mínimas necessárias para uma pessoa sentir alguma afinidade com um *in-*

group. Eles descobriram que não há uma exigência mínima. Não é necessário partilhar qualquer atitude ou característica com os companheiros do grupo, nem ao menos conhecer outros membros do grupo. É o simples ato de saber que você pertence a um grupo que aciona sua afinidade com ele.

Em um estudo, pesquisadores fizeram alguns voluntários olharem imagens de pinturas do artista suíço Paul Klee e do pintor russo Wassily Kandinsky e perguntaram qual eles preferiam.[13] Os pesquisadores rotularam cada participante como admirador de Kandinsky ou de Klee. Os dois pintores têm estilos bem diferentes, mas só estudantes de arte fanáticos, especializados em pintores europeus de vanguarda do início do século XX, teriam razão para se sentir especialmente atraídos pelos que tivessem a mesma opinião. Afinal, para a grande maioria das pessoas, numa escala de paixão, Klee versus Kandinsky não é exatamente uma partida entre Brasil e Argentina, nem um casaco de pele versus um agasalho de pano.

Depois de rotular os participantes, os pesquisadores fizeram algo que pode parecer estranho. Eles deram um pote de dinheiro para cada grupo e pediram que dividissem entre os voluntários da forma que achassem melhor. A divisão foi feita em particular. Nenhum dos voluntários conhecia os outros, nem pôde vê-los no decorrer do experimento. Mesmo assim, ao distribuir o dinheiro, eles favoreceram seu *in-group*, os que tinham o mesmo rótulo do grupo.

Grande número de pesquisas confirma a descoberta de que nossa identidade social baseada no grupo é tão forte que chegamos a discriminar entre *eles* e *nós* até quando a regra que distingue *eles* de *nós* for equivalente a jogar uma moeda para o alto. É isso aí: não apenas identificamos um grupo baseado na mais tênue distinção como também vemos os membros de um grupo de modo diferente – mesmo que o fato de ser membro do grupo não esteja relacionado a qualquer característica pessoal relevante ou significativa. Isso não é importante só em nossa vida pessoal; afeta também as organizações.

As empresas, por exemplo, podem ganhar fomentando a identificação *in-group* de seus funcionários, algo que pode ser obtido criando-se e salientando-se uma cultura corporativa distinta, como foi feito de maneira muito bem-sucedida por companhias como Disney, Apple e Google. Por outro lado, pode ser perigoso quando divisões ou departamentos *internos* de uma empresa desenvolvem forte identificação de grupo, pois isso talvez leve a favoritismos *in-group* e à discriminação *out-group*. Pesquisas sugerem que a hostilidade irrompe mais prontamente entre grupos que entre indivíduos.[14] Mas, independentemente do tipo de identidade partilhada que exista ou não dentro de uma empresa, muitas delas consideram eficiente usar o marketing para fomentar uma identidade de grupo em seus *clientes*. É por essa razão que *in-groups* baseados em Mac versus PC ou em Mercedes versus BMW versus Cadillac são mais que apenas clubes de computadores ou automóveis. Nós damos mais significado a essas categorizações, e num sentido bem mais amplo do que elas merecem.

Pessoas que gostam de cães versus pessoas que gostam de gatos. Carne malpassada versus ao ponto. Detergente em pó versus líquido. Será que realmente fazemos grandes inferências a partir de distinções tão pequenas assim? O estudo Klee versus Kandinsky, bem como dezenas de outros semelhantes, seguiu o paradigma de um experimento clássico inventado por Henri Tajfel, o que realizou o estudo sobre o comprimento das linhas.[15] Nesse paradigma, os participantes foram alocados em dois grupos. Foram informados de que a escolha do grupo havia sido feita na base de algo que eles partilhavam com outros membros do grupo, mas que, em termos objetivos, era insignificante como motivo para a afiliação a um grupo – como a preferência entre Klee e Kandinsky, ou os que superestimaram ou subestimaram o número de pontos piscando depressa numa tela.

Como no estudo já citado, Tajfel permitiu que seus voluntários dessem prêmios aos companheiros. Para ser mais preciso, ele distribuiu pontos que poderiam depois ser trocados por dinheiro. Os participantes não conheciam a identidade das pessoas para quem estavam dando os pontos. Contudo, em todos os casos, eles sabiam a que grupo as pessoas pertenciam. No estudo original, a distribuição de pontos era um pouco complicada, mas o crucial está justamente na forma como foi feita, por isso vale a pena descrever o experimento.

O estudo consistia em mais de uma dezena de estágios. A cada estágio, um participante ("doador") tinha de fazer uma escolha sobre como dar os pontos a outros dois participantes ("receptores"), que, como eu disse, eram anônimos. Algumas vezes, os dois receptores podiam ser membros do próprio grupo do participante; ou os dois membros do outro grupo; outras vezes, um era membro do grupo do participante e outro era membro do outro grupo.

A pegadinha era que as escolhas oferecidas aos doadores não representavam um jogo de soma zero, ou seja, não envolviam apenas decidir como dividir um número fixo de pontos. As opções oferecidas somavam totais de pontos variáveis, assim como diferentes maneiras de dividir esses pontos entre os dois receptores. Em cada estágio, o doador tinha de escolher entre mais de uma dezena de formas alternativas de dar os pontos. Se os doadores não sentissem um favoritismo *in-group*, a atitude lógica seria escolher qualquer alternativa que concedesse aos dois receptores o maior número total de pontos. Mas os doadores só faziam isso em uma circunstância: quando estavam dividindo os pontos entre dois membros de seu *in-group*. Quando distribuíam os pontos para dois membros do *out-group*, eles escolhiam opções que resultavam em doar muito menos pontos. É realmente extraordinário como, quando as opções exigiam dos doadores que dividissem pontos entre membros do *in-group* e membros do *out-group*, eles tendiam a fazer escolhas que maximizavam a *diferença* entre as recompensas que davam aos dois membros dos grupos, *mesmo que essa atitude resultasse numa recompensa menor para o membro de seu próprio grupo*!

Isso mesmo: como tendência, em dezenas de decisões individuais de recompensa, os participantes procuravam não maximizar as recompensas para o próprio grupo, mas sim a diferença entre a recompensa que seu grupo receberia e a que o outro grupo receberia. Lembre-se de que esse experimento foi repetido muitas vezes, com amostragens de todas idades e de muitas nacionalidades diferentes, e todos chegaram à mesma conclusão: nós investimos muito em nos sentir diferentes uns dos outros – e superiores –, não importa quão tênue seja a base de nosso senso de superioridade e independentemente do quanto de autossabotagem isso possa envolver.

Você pode achar desestimulante saber que, mesmo quando divisões em grupos são anônimas e desimportantes, e mesmo em detrimento do custo pessoal do próprio grupo, as pessoas sempre escolhem discriminar em favor de seu *in-group*, em lugar de agir pelo bem maior. Mas isso não nos condena a um mundo de intermináveis discriminações sociais. Assim como os estereótipos inconscientes, a discriminação inconsciente pode ser superada. Aliás, embora não seja muito custoso estabelecer as bases para a discriminação de grupo, é preciso menos do que imaginamos para eliminá-las.

No experimento de Robbers Cave, Sherif percebeu que o mero contato entre Eagles e Rattlers não reduziu a atitude negativa de cada grupo em relação ao outro. Mas outra tática funcionou: ele estabeleceu uma série de dificuldades que só seriam superadas se os grupos trabalhassem *juntos*.

Em um desses cenários, Sherif arranjou para que o suprimento de água do acampamento fosse cortado. Ele anunciou o problema, disse que a causa era um mistério e convocou 25 voluntários para ajudar a verificar o sistema de água. Na verdade, os pesquisadores tinham fechado a válvula principal e colocado duas pedras em cima, e também entupiram uma torneira. Os garotos trabalharam juntos durante quase uma hora, encontraram o problema e o consertaram. Em outro cenário, Sherif fez com que um caminhão que deveria ir buscar comida para os garotos não desse partida. Os pesquisadores que dirigiam o caminhão "batalharam e suaram", produzindo todos os tipos de ruídos, enquanto cada vez mais garotos se juntavam para observar. Afinal os garotos perceberam que o motorista poderia dar partida se eles empurrassem o caminhão. Mas este estava numa ladeira de subida. Assim, vinte garotos dos dois grupos amarraram a corda do cabo de guerra ao caminhão e o puxaram até que desse partida.

Esses e diversos outros cenários que deram aos grupos objetivos comuns e exigiram ações em conjunto, como os pesquisadores notaram, reduziram muito os conflitos intergrupais. Sherif escreveu: "A mudança nos padrões de comportamento de interação entre os grupos foi surpreendente."[16] Quanto mais as pessoas em grupos considerados tradicionalmente diferentes, como os baseados em raça, etnia, classe, gênero ou religião, julgarem vantajoso trabalhar juntas, menos elas discriminam umas às outras.[17]

Como alguém que morava perto do World Trade Center, na cidade de Nova York, vivenciei isso pessoalmente no dia 11 de setembro de 2001 e nos meses que se seguiram. Nova York é considerada um caldeirão de mistura racial, mas os diferentes elementos jogados no caldeirão em geral não se misturam nem combinam muito bem uns com os outros. Talvez a cidade seja mais um ensopado de diversos ingredientes – banqueiros e padeiros, jovens e velhos, negros e brancos, ricos e pobres – que podem não se misturar e às vezes até se chocam.

Enquanto eu estava debaixo da Torre Norte do World Trade Center, até as 8h45 daquele 11 de setembro, entre a multidão de camelôs migrantes, tipos de terno e gravata de Wall Street e judeus ortodoxos em suas indumentárias habituais, as divisões étnicas e de classe da cidade eram bem aparentes. Mas às 8h45 da manhã, quando o primeiro avião se chocou com a Torre Norte e o caos irrompeu, quando os fragmentos em chamas caíram em nossa direção e um horroroso suspiro de morte se desdobrou diante de nós, algo de mágico e sutil também transpareceu. Todas aquelas divisões pareceram evaporar, e as pessoas começaram a ajudar umas às outras, independentemente de quem fossem.

Durante alguns meses, pelo menos, nós éramos, antes de mais nada e acima de tudo, nova-iorquinos. Com milhares de mortos, dezenas de milhares de pessoas de todas as profissões, raças e condição econômica que de repente ficaram sem teto ou sem emprego, porque seu local de trabalho havia sido fechado, e com milhões de nós chocados pelo que aqueles à nossa volta tinham sofrido, nós nova-iorquinos de todos os tipos nos juntamos como nunca. Enquanto quarteirões inteiros continuavam esfumaçados, enquanto o cheiro corrosivo da destruição enchia o ar que respirávamos, enquanto as fotos dos desaparecidos nos olhavam de edifícios, postes de iluminação, estações de metrô e dos cordões de isolamento, nós mostramos uma generosidade sem precedentes uns com os outros, em grandes e pequenas atitudes. Foi a expressão do melhor de nossa natureza social humana em funcionamento, uma vívida exposição do poder positivo de cura do nosso instinto como grupo humano.

9. Sentimentos

> Cada um de nós é uma narrativa singular, construída de modo contínuo e inconsciente, por, através e em nós.
>
> OLIVER SACKS

NO INÍCIO DOS ANOS 1950, uma mulher de 25 anos chamada Chris Costner Sizemore entrou no consultório de um jovem psiquiatra queixando-se de fortes dores de cabeça.[1] Além do mais, continuou ela, as dores às vezes eram seguidas por desmaios. Chris Sizemore parecia uma mãe jovem e normal, com um péssimo casamento, mas sem grandes problemas psicológicos. Seu médico depois a descreveria como reservada e contida, circunspecta e meticulosamente sincera. Os dois debateram vários temas emocionais; contudo, nada do que aconteceu nos poucos meses de tratamento indicava que ela tinha perdido o juízo ou que sofresse de algum problema mental sério. Nem sua família tinha ciência de qualquer episódio incomum.

Então, um dia, durante a terapia, Chris mencionou que parecia ter feito uma viagem recentemente, mas não se lembrava de nada. O médico hipnotizou-a, e a amnésia clareou a impressão. Alguns dias depois, o médico recebeu uma carta anônima. Pelo carimbo postal e pela caligrafia conhecida, teve certeza de que a carta era de Chris. Na missiva, a moça dizia que estava perturbada pela lembrança recuperada – como podia ter certeza de se lembrar de tudo e como saberia que a perda de memória não aconteceria outra vez? Havia também outra sentença rabiscada no pé da página, numa caligrafia diferente e muito difícil de decifrar.

Na sessão seguinte, Chris Sizemore negou ter mandado a carta, embora se lembrasse de ter começado a escrevê-la, mas não de concluí-la. Em seguida começou a mostrar sinais de estresse e agitação. De repente, ela perguntou – com óbvio constrangimento – se ouvir uma voz imaginária significaria que estava louca. Enquanto o terapeuta pensava a respeito, Chris mudou de posição, cruzou as pernas e assumiu um ar "ousado e infantil" que o terapeuta nunca a vira adotar até então. Como ele descreveu depois: "Mil pequenas alterações de modos, gestos, expressão, atitude, nuances das reações reflexas ou instintivas no olhar, na posição das sobrancelhas ou no movimento dos olhos, tudo mostrava que aquela só poderia ser outra mulher." Então aquela "outra mulher" começou a falar sobre Chris Sizemore e seus problemas na terceira pessoa, usando "ela" ou "dela" em todas as referências.

Quando indagada a respeito de sua identidade, Chris agora atendia por um nome diferente. Segundo declarou, fora ela, essa pessoa que de repente tinha outro nome, que havia encontrado a carta não concluída, acrescentara uma frase e a enviara pelo correio. Nos meses seguintes, o médico de Chris aplicou testes psicológicos de personalidade nas duas identidades da paciente. Apresentou os testes a pesquisadores independentes, que não foram informados de que se tratava da mesma mulher.[2] Os analistas concluíram que as duas personalidades tinham autoimagens radicalmente diferentes. A mulher que começara a terapia se via como passiva, fraca e má. Não sabia nada de sua outra metade, uma mulher que se considerava ativa, forte e boa. Chris Sizemore acabou se curando, mas isso demorou dezoito anos.[3]

Chris Sizemore era um caso extremo, mas todos nós temos muitas identidades. Não apenas somos pessoas diferentes aos trinta e aos cinquenta anos como também mudamos no decorrer do dia, dependendo das circunstâncias e do ambiente social – e também dos nossos níveis hormonais. Nós agimos de um ou de outro modo quando estamos de bom ou de mau humor. Nosso comportamento é diferente quando almoçamos com o nosso chefe ou com subordinados. Estudos mostram que as pessoas tomam decisões morais diversas depois de assistir a um filme alegre,[4] e que as mulheres, quando estão ovulando, usam roupas mais provocantes, tornam-se mais competitivas sexualmente e ampliam sua preferência por homens sexualmente competitivos.[5] Nossa personalidade não está carimbada em nós de maneira indelével; é dinâmica e mutável. Como revelam estudos sobre preconceitos implícitos, podemos ser duas pessoas diversas ao mesmo tempo: um "eu" inconsciente, que nutre sentimentos negativos em relação a negros – ou a pessoas mais velhas, mais gordas, gays, muçulmanos –, e um "eu" consciente, que abomina o preconceito.

Mesmo assim, os psicólogos tradicionalmente consideram que a maneira como uma pessoa se sente e se comporta reflete traços fixos formados no cerne da personalidade desse indivíduo. Eles acreditam que as pessoas sabem quem são e agem de forma coerente, como resultado de deliberações conscientes.[6] Esse modelo era sedutor, e, nos anos 1960, um pesquisador sugeriu que, em vez de realizar experimentos tão dispendiosos e demorados, os psicólogos poderiam reunir informações confiáveis simplesmente pedindo às pessoas que previssem como se sentiriam e se comportariam em certas circunstâncias.[7] Por que não? Boa parte da psicoterapia clínica baseia-se no que é essencialmente uma só ideia: por uma reflexão intensa, orientada pela terapia, podemos conhecer nossos verdadeiros sentimentos, atitudes e motivações.

Mas você se lembra das estatísticas dos Brown que se casam com Brown? E dos investidores que subestimam a OPA de empresas com nomes de dar nó na língua? Nenhum dos Brown tinha decidido conscientemente escolher um cônjuge de mesmo nome; nem os investidores profissionais pensaram que suas impressões acerca de uma nova empresa fossem influenciadas pela facilidade da pronúncia de seu nome. Por causa dos processos subliminares, a fonte de nossos sentimentos costuma ser um mistério para nós, assim como os próprios sentimentos. Sentimos muitas coisas de que não temos ciência. Pedir para falarmos de nossos sentimentos pode ter valor, mas alguns deles, mais recônditos, não revelarão seus segredos sequer com a mais profunda introspecção. Por conseguinte, muitas das suposições da psicologia tradicional sobre nossos sentimentos simplesmente não se mantêm.

"JÁ FIZ ANOS DE PSICOTERAPIA para tentar descobrir por que me comporto de certas maneiras", disse-me um conhecido neurocientista.

> Eu penso sobre meus sentimentos, minhas motivações. Falo com meu terapeuta sobre eles, e finalmente saio com uma história que parece fazer sentido, que me satisfaz. Eu preciso de uma história para acreditar. Mas será verdade? Provavelmente não. A verdade real está em estruturas como meu tálamo, hipotálamo e amígdala, e a isso eu não tenho acesso consciente, não importa o quanto sonde meu interior.

Se quisermos ter um entendimento válido de quem somos e, portanto, de como reagiremos a certas situações, temos de entender os motivos de nossas decisões e comportamentos; e, ainda mais fundamental, precisamos entender nossos sentimentos e suas origens. De *onde* eles vêm?

Vamos começar com algo simples: a sensação de dor. A impressão sensorial e emocional da dor se origina de sinais neurais distintos e tem um papel óbvio e bem-definido em nossa vida. A dor faz com que você largue aquela frigideira quente, castiga-o por martelar o dedão e lembra-o de que, se você quiser degustar seis marcas de uísque *single* malte, é melhor não tomar doses duplas. Um amigo poderia ter esclarecido você sobre seus sentimentos em relação à análise financeira que o levou a ir a um bar ontem à noite, mas uma bela dor de cabeça é uma sensação com a qual você consegue entrar em contato sem a ajuda de ninguém. Mas nem isso é assim tão simples, como fica evidenciado com o famoso efeito placebo.

Quando pensamos no efeito placebo, podemos imaginar uma pílula de açúcar inerte que alivia uma leve dor de cabeça assim como um Tylenol, desde que acreditemos que tomamos o verdadeiro remédio. Mas o efeito pode ser radicalmente mais poderoso que isso. Por exemplo, a angina de peito, moléstia crônica causada por um suprimento de sangue inadequado no músculo da parede do coração, costuma gerar forte dor. Se você sofre de angina e tenta se exercitar – o que pode significar simplesmente andar para atender à porta –, os nervos do músculo de seu coração agem como um sensor para "verificar o motor"; podem levar sinais, via medula espinhal, até o cérebro para alertar que exigências impróprias estão sendo feitas no seu sistema circulatório. O resultado pode ser uma dor lancinante, uma luz de alerta difícil de ignorar.

Nos anos 1950, era prática comum entre os cirurgiões amarrar certas artérias na cavidade peitoral como tratamento para pacientes com fortes dores de angina. Eles acreditavam que novos canais brotariam próximo ao músculo do coração, melhorando assim a circulação do sangue. A cirurgia foi realizada em grande número de pacientes e com aparente êxito. Mas faltava alguma coisa: patologistas que depois examinaram os cadáveres desses pacientes jamais viram os esperados vasos sanguíneos novos.

Aparentemente, a cirurgia era um sucesso no alívio dos sintomas dos pacientes, mas um fracasso na abordagem de sua causa. Em 1958, alguns curiosos cirurgiões cardíacos realizaram um experimento que hoje não seria permitido por motivos éticos: falsas operações. Em cinco pacientes, os cirurgiões cortaram a pele até expor as artérias, mas depois fecharam os pacientes sem na verdade amarrá-las. Fizeram também a cirurgia verdadeira num grupo de treze pacientes. Os cirurgiões não contaram aos pacientes nem a seus cardiologistas quem tinha passado pela verdadeira cirurgia.

Entre os pacientes que foram realmente operados, 76% sentiram uma melhora nas dores de angina. Mas também melhoraram *todos os cinco* que fizeram a falsa operação. Os dois grupos, acreditando terem passado por um procedimento cirúrgico grave, relataram dores bem mais suaves que as sentidas antes da operação. Como a cirurgia não produziu qualquer mudança física nos dois grupos (em termos do desenvolvimento de novos vasos sanguíneos para melhorar a circulação no coração), os dois grupos teriam continuado a sentir o mesmo nível de informação sensorial dos centros de dor de seus cérebros. Mas ambos tiveram grande redução da *consciência* da dor. Parece que o conhecimento de nossos sentimentos – até os sentimentos físicos – é tão tênue que não podemos saber ao certo quando estamos sentindo uma dor lancinante.[8]

A visão dominante sobre a emoção, hoje, não deve ser atribuída a Freud – que acreditava que o conteúdo do inconsciente era bloqueado da consciência via mecanismo de repressão –, mas a William James, cujo nome já surgiu em vários outros contextos. James era um personagem enigmático. Nascido na cidade de Nova York, em 1842, e filho de um homem muito rico, que usou parte de sua vasta fortuna para financiar grandes viagens para si mesmo e sua família, ele frequentou pelo menos quinze escolas diferentes na Europa e nos Estados Unidos até os dezoito anos – em Nova York, Newport, Rhode Island; Londres, Paris, Boulogne-sur-Mer (no norte da França), Genebra e Bonn. Seus interesses variaram na mesma proporção, saltando de um assunto a outro, pousando por um tempo em arte, química, forças armadas, anatomia e medicina. Esse adejar consumiu-lhe quinze anos.

Em algum momento, durante esse período, James aceitou um convite do famoso biólogo de Harvard, Louis Agassiz, para uma expedição à bacia do rio Amazonas, no Brasil, durante a qual James enjoou a maior parte do tempo, além de ter contraído varíola. No fim, a medicina foi o curso que James concluiu, formando-se em Harvard em 1869, aos 27 anos. Mas nunca praticou nem ensinou medicina.

Foi uma visita às fontes minerais da Alemanha em 1867 – aonde fora recuperar sua saúde dos problemas resultantes da viagem à Amazônia – que levou James à psicologia. Assim como Münsterberg dezesseis anos antes, James assistiu a algumas palestras de Wilhelm Wundt e ficou fascinado com o assunto, em especial com o desafio de transformar a psicologia em ciência. Começou a ler os trabalhos de psicologia e filosofia alemãs, mas voltou a Harvard para concluir seus estudos em medicina. Depois de se formar em Harvard, passou por uma fase depressiva. Seu diário daquela época revela pouco menos que infelicidade e baixa autoestima. O sofrimento era tão sério que ele mesmo se internou para tratamento numa clínica em Somerville, Massachusetts; mas não creditou sua recuperação ao tratamento recebido, e sim à descoberta de um ensaio sobre livre-arbítrio do filósofo francês Charles Renouvier. Depois da leitura, ele resolveu usar o próprio livre-arbítrio para pôr fim à depressão. Na verdade, não parece ter sido tão simples, pois ele continuou incapacitado por mais dezoito meses e sofreu de depressão crônica pelo resto da vida.

FIGURA 15. Autorretrato de William James.

Ainda assim, em 1872 James estava bem o suficiente para aceitar um cargo de professor de fisiologia, e em 1875 ministrava o curso de "Relações entre fisiologia e psicologia", fazendo de Harvard a primeira universidade nos Estados Unidos a ensinar psicologia experimental. Demorou mais uma década até James apresentar ao público sua teoria das emoções, traçando seu esboço num artigo publicado em 1884, intitulado "What is an emotion?". O artigo apareceu numa publicação filosófica chamada *Mind*, e não numa revista de psicologia, pois o primeiro periódico em inglês sobre pesquisa psicológica só seria fundado em 1887.

Em seu artigo, James abordava emoções como "surpresa, curiosidade, enlevo, medo, raiva, luxúria, ganância etc.", que são acompanhadas por alterações corporais como aceleração da respiração ou da pulsação, ou movimentos do corpo ou no rosto.[9] Talvez pareça óbvio que essas alterações corporais sejam causadas por tais emoções, mas James argumentou que a interpretação estava invertida. Escreveu ele:

> Minha tese, ao contrário, é que as alterações corporais seguem diretamente a *percepção* de [um] fato estimulante, e que nossa sensação desse fato *à medida que* ele ocorre *é* a emoção. … Sem o estado corporal seguinte à percepção, o ato seria puramente cognitivo em sua forma, pálido, descorado, destituído de calor emocional.

Em outras palavras, não trememos porque estamos zangados nem choramos porque nos sentimos tristes; nós tomamos ciência de que estamos zangados porque trememos, nos sentimos tristes porque choramos. James propunha uma base fisiológica para a emoção, ideia que tem ganhado corpo hoje, em parte graças à tecnologia de mapeamento do cérebro que nos permite observar os processos mentais no momento em que ocorrem no cérebro.

As emoções, na perspectiva neojamesiana atual, são como percepções e memórias – reconstruídas a partir dos dados à mão. Muito desses dados vêm da mente inconsciente, à medida que ela processa estímulos ambientais captados por seus sentidos e cria uma resposta psicológica. O cérebro também emprega outros dados, como convicções e expectativas preexistentes e informações sobre as circunstâncias correntes. Toda essa informação é processada, produzindo um sentimento consciente de emoção. Esse mecanismo pode explicar os estudos sobre a angina – e, de forma mais geral, o efeito dos placebos sobre a dor. Se a experiência subjetiva de dor é construída tanto a partir de nosso estado psicológico quanto dos dados contextuais, não surpreende que nossa mente possa interpretar os mesmos dados psicológicos – os impulsos nervosos que representam a dor – de maneiras diferentes. Em consequência, quando as células nervosas enviam um sinal aos centros da dor em seu cérebro, a experiência da dor pode variar mesmo que os sinais não variem.[10]

James elaborou sua teoria da emoção, entre muitas outras publicações, em seu livro *Os princípios da psicologia*, que mencionei no Capítulo 4 em relação ao experimento de Angelo Mosso nos cérebros de pacientes com lacunas no crânio em consequência de cirurgias. James assinou um contrato para escrever o livro em 1878 e começou o trabalho, todo animado, em plena lua de mel. Mas, depois da lua de mel, levaria doze anos para terminar. A obra tornou-se um clássico, tão revolucionária e influente que, numa pesquisa de historiadores da psicologia, de 1991, James ficou em segundo lugar entre as figuras mais importantes da área, atrás apenas de Wundt, seu inspirador original.[11]

Ironicamente, nem Wundt nem James gostaram do livro. Wundt ficou insatisfeito porque a revolução de James tinha se desviado de sua corrente de psicologia experimental, na qual tudo devia ser mensurado. Como, por exemplo, se podem quantificar e medir emoções? Em 1890, James decidiu que já não poderia fazer isso. A psicologia devia ir além do puro experimento; e ironizou o trabalho de Wundt como "psicologia de instrumentos de bronze".[12] Wundt, por outro lado, escreveu sobre o livro de James: "É literatura, é bonito, mas não é psicologia."[13]

James foi muito mais cáustico em sua crítica ao próprio trabalho.

> Ninguém poderia estar mais insatisfeito que eu com o livro. Nenhum assunto merece ser tratado em mil páginas. Tivesse eu dez anos mais, poderia reescrevê-lo em quinhentas; mas, afinal, é isso ou nada – uma massa repugnante, extensa, densa, inchada e hidrópica que atesta nada além de dois fatos; primeiro, que não existe algo como uma *ciência* da psicologia; segundo, que W.J. é um incapaz.[14]

Depois da publicação, James resolveu abandonar a psicologia em favor da filosofia, o que o levou a trazer Münsterberg da Alemanha para assumir o laboratório. James tinha 48 anos na época.

A TEORIA DA EMOÇÃO de James dominou a psicologia por um tempo, mas acabou dando lugar a outras abordagens. Nos anos 1960, quando a psicologia tomou o rumo cognitivo, suas ideias – agora chamadas de teoria de James-Lange – ganharam nova popularidade, pois a noção de que diferentes tipos de dados eram processados pelo cérebro para criar emoções se encaixava lindamente na estrutura de James. Mas uma bela teoria não quer dizer necessariamente que ela esteja correta, por isso os cientistas buscaram evidências adicionais.

O mais famoso entre os primeiros estudos foi um experimento realizado por Stanley Schachter, o famoso dr. Zilstein do experimento da Universidade de Minnesota, que então lecionava em Columbia. Ele fez parceria na pesquisa com Jerome Singer, depois definido como o "segundo melhor autor em psicologia", por ocupar essa posição em inúmeros estudos de caso famosos.[15] Se as emoções são construídas a partir de dados limitados, e não pela percepção direta, semelhante à forma como visão e memória são construídas, então, assim como a percepção e a memória, deve haver circunstâncias em que a maneira pela qual a mente preenche as lacunas nos dados resulta em "entender errado". A consequência seriam "ilusões emocionais", análogas a ilusões de ótica ou de memória.

Vamos supor, por exemplo, que você tenha os sintomas fisiológicos de agitação emocional sem qualquer razão aparente. A resposta lógica seria pensar: "Ué, meu corpo está sentindo alterações fisiológicas inexplicáveis sem motivo aparente. O que está acontecendo?" Mas vamos além e imaginemos que, quando você vive essas sensações, elas ocorrem num contexto que o estimula a interpretar sua reação como resultado de alguma emoção – digamos, medo, raiva, felicidade ou atração sexual –, mesmo que não haja uma causa real para essa emoção. Nesse sentido, sua experiência seria uma ilusão emocional.

Para demonstrar esse fenômeno, Schachter e Singer criaram dois contextos emocionais artificiais diferentes – um "feliz" e outro "raivoso" – e estudaram voluntários psicologicamente estimulados expostos a essas situações. O objetivo dos pesquisadores era ver se esses cenários poderiam ser usados para "enganar" os voluntários, a fim de que eles sentissem a emoção que os psicólogos haviam escolhido.

O experimento funcionava da seguinte maneira. Schachter e Singer diziam a todos os seus sujeitos que o propósito do experimento de que participavam era determinar como a injeção de uma vitamina chamada "Suproxin" afetaria suas capacidades visuais. Na verdade, a droga era adrenalina, que causa aumento dos batimentos cardíacos e da pressão sanguínea, provoca uma sensação de enrubescimento e acelera a respiração – todos esses sintomas de agitação emocional. Os sujeitos foram divididos em três grupos. Um grupo (o "informado") sabia em detalhes que os resultados da injeção eram "efeitos colaterais" da Suproxin. Outro grupo (o "ignorante") não foi informado de nada. Seus integrantes sentiriam as mesmas alterações psicológicas, mas não teriam explicações para elas. O terceiro grupo, que funcionava como controle, foi injetado com uma solução salina inerte. Esse grupo não sentiria nenhum dos efeitos fisiológicos nem foi informado de que devia sentir qualquer coisa.

Depois de aplicar a injeção, o pesquisador pediu licença e deixou os participantes sozinhos por vinte minutos, com outro suposto participante, que na verdade era um cúmplice dos cientistas. No ambiente que foi chamado de cenário de "felicidade", essa pessoa demonstrou uma estranha euforia pelo privilégio de participar do experimento, fornecendo um contexto social artificial. Schachter e Singer também projetaram um cenário "raivoso", em que a pessoa com quem os participantes ficaram a sós reclamou incessantemente do experimento e de como ele estava sendo conduzido.

A hipótese dos pesquisadores era de que, dependendo do contexto social a que fossem expostos, os sujeitos "ignorantes" interpretariam seu estado fisiológico estimulado como felicidade ou raiva, enquanto os sujeitos "informados" não teriam experiência subjetiva de emoção, porque, embora tivessem sido expostos ao mesmo contexto social, já tinham uma boa explicação para suas alterações fisiológicas; portanto, não precisariam atribuí-las a qualquer tipo de emoção. Schachter e Singer esperavam que os integrantes do grupo de controle, que não vivenciaram nenhum estímulo fisiológico, também não sentissem emoção alguma.

As emoções dos voluntários foram julgadas de dois modos. Primeiro, foram observados sub-repticiamente, através de um falso espelho, por espectadores imparciais, que decodificaram seus comportamentos de acordo com rubricas predeterminadas. Segundo, os sujeitos recebiam depois questionários por escrito, nos quais relatavam seus níveis de felicidade numa escala de zero a quatro. De acordo com todas as mensurações, os três grupos reagiram exatamente como Schachter e Singer esperavam.

Tanto os integrantes do grupo informado quanto os do grupo de controle observaram as emoções aparentes – euforia e raiva – do cúmplice plantado em seu meio, mas não sentiram eles próprios tais emoções. Os "ignorantes", no entanto, observaram o sujeito e, dependendo de se ele expressasse euforia ou raiva a respeito do experimento, chegaram à conclusão de que as sensações físicas que eles próprios estavam vivenciando consistiam em felicidade ou raiva. Em outras palavras, foram vítimas de uma "ilusão emocional", acreditando erroneamente que reagiam à situação com as mesmas "emoções" do falso participante.

O paradigma de Schachter e Singer foi repetido de muitas outras formas no decorrer dos anos, utilizando maneiras mais delicadas que a adrenalina para estimular a reação psicológica e examinar inúmeros contextos emocionais diferentes, um dos quais – a sensação de excitação sexual – foi especialmente popular. Assim como a dor, o sexo está na área em que pensamos saber o que estamos sentindo e por quê. Mas, afinal, as sensações sexuais não se mostraram tão diretas assim.

Em um dos estudos, os pesquisadores recrutaram alunos universitários do sexo masculino para participar de dois experimentos em sequência, um deles ostensivamente relacionado aos efeitos de exercícios, e outro no qual eles classificariam uma série de "pequenos trechos de um filme".[16] Na verdade, as duas fases eram parte do mesmo experimento. (Os psicólogos jamais contam aos sujeitos o motivo dos experimentos; se o fizessem, a experiência estaria comprometida.)

Na primeira fase, o exercício fez o papel da injeção de adrenalina para fornecer uma fonte não reconhecível de estímulo fisiológico. Seria razoável ponderar que espécie de imbecil não perceberia que a aceleração do pulso e da respiração era efeito da corrida de mais de um quilômetro na esteira? Mas acontece que há um intervalo de vários minutos depois do exercício, durante o qual o corpo já se acalmou, mas ainda se encontra em estado estimulado. Foi durante esse intervalo que os pesquisadores mostraram ao grupo "desinformado" os trechos de um filme. O grupo "informado", por outro lado, viu o filme imediatamente depois dos exercícios; assim, sabia qual era a fonte de seu estado fisiológico acelerado. Como no experimento de Schachter e Singer, havia também um grupo de controle, que não fazia exercícios; portanto, não sentia estímulo algum.

Agora, quanto ao sexo. Como você já pode ter imaginado, na segunda fase, os "pequenos trechos de um filme" não foram tirados de uma produção da Disney. Era um filme erótico francês, *A garota da motocicleta*, que nos Estados Unidos se chamou *Naked Under Leather* ("Nua debaixo do couro"). Os dois títulos descrevem bem a produção. O título francês está relacionado ao enredo: trata-se de um *road movie* sobre uma recém-casada que abandona o marido e sai de motocicleta para visitar seu amante em Heidelberg.[17] A sinopse pode soar atraente para os franceses, mas parece que o distribuidor americano tinha uma ideia diferente de como codificar para a plateia a natureza da película. Foi na verdade o fator "nua debaixo do couro" que inspirou a escolha dos trechos pelos pesquisadores.

Sob esse aspecto, porém, o filme deixou a desejar. Quando indagados sobre o grau de estímulo sexual, os estudantes do grupo de controle deram ao filme nota 31, numa escala de cem. O grupo informado concordou, e seus integrantes classificaram o estímulo sexual em apenas 28. Mas os participantes do grupo desinformado – estimulados por seus recentes exercícios, mas que não o sabiam – parece que classificaram o estímulo como de natureza sexual. E deram 52 ao filme.

Resultado semelhante foi obtido por outro grupo de pesquisadores que contratou uma atraente entrevistadora para pedir a transeuntes do sexo masculino que preenchessem um questionário para o projeto de uma escola. Alguns dos participantes eram interceptados sobre uma sólida ponte de madeira a apenas 3m de altura de um riacho. Outros eram abordados numa oscilante ponte de tábuas de 1,5m de largura e 140m de comprimento, 70m acima de um solo rochoso. Depois da interação, as entrevistadoras passaram um telefone de contato, caso os entrevistados "tivessem alguma pergunta a fazer".

Os entrevistados sobre a ponte assustadora devem ter sentido a pulsação acelerada e outros efeitos da adrenalina. Também devem ter tomado consciência, até certo ponto, de suas reações corporais diante dos perigos da ponte. Mas será que confundiram essas reações com uma química sexual? Entre os entrevistados na ponte baixa e segura, o apelo da mulher foi aparentemente limitado: só dois dos dezesseis telefonaram para ela. Mas entre os que estavam sobre a ponte de alta ansiedade, oito dos dezoito telefonaram para a mulher.[18] Para um significativo número de homens entrevistados, a perspectiva de cair dezenas de metros sobre um monte de rochas parece ter surtido o mesmo efeito que o sorriso de um flerte ou uma camisolinha de seda.

Esses experimentos ilustram como nosso cérebro subliminar combina informações sobre nosso estado físico com outros dados originados de contextos sociais e emocionais para determinar o que estamos sentindo. Acho que existe aqui uma lição para a vida cotidiana. Há, claro, uma analogia direta: o interessante corolário de que subir alguns lances de escada antes de avaliar uma proposta de negócio pode fazer você dizer "Uau", quando normalmente você diria "Hum".

Mas vamos pensar também no estresse. Todos sabemos que o estresse mental leva a efeitos físicos indesejáveis; mas a outra metade do arco de retroalimentação é menos debatida: a tensão física que causa ou perpetua o estresse mental. Vamos dizer que você tenha um conflito com um amigo ou colega que resulta num estado físico agitado. Seus ombros e o pescoço ficam tensos, você sente dor de cabeça, o pulso acelera. Se esse estado persiste, e você de repente está conversando com alguém que não tem nada a ver com o conflito na origem dessas sensações, isso pode fazer com que você interprete mal seus sentimentos em relação a essa pessoa.

Uma amiga editora de livros, por exemplo, me contou um caso em que ela teve um intercâmbio áspero com um agente e concluiu que se tratava de um tipo especialmente beligerante, alguém com quem ela não gostaria de trabalhar no futuro. Mas, no decorrer de nossa conversa, tornou-se claro que a raiva que ela sentira pelo agente não havia surgido de um tema presente, fora induzida por seu inconsciente, a partir de um incidente desagradável, porém sem relação com o conflito com o agente.

Há muito tempo os professores de ioga vêm dizendo: "Acalme seu corpo, acalme sua mente." A neurociência social agora fornece evidências que apoiam essa receita. De fato, alguns estudos vão além e sugerem que assumir ativamente o estado físico de uma pessoa feliz – digamos, forçar um sorriso – pode fazer você se sentir realmente mais feliz.[19] Meu filho mais novo, Nicolai, parece entender isso intuitivamente; depois de quebrar a mão num acidente jogando basquete, de repente ele parou de chorar e começou a rir. Mais tarde explicou que, quando começou a dar risada, a dor melhorou. A velha receita de "fingir até conseguir", que Nicolai redescobriu, é agora tema de sérias pesquisas científicas.

Os exemplos de que falei até agora implicam que, com frequência, não compreendemos nossos sentimentos. Mas, apesar disso tudo, em geral achamos que entendemos. E ainda mais: quando nos pedem para justificar por que nos sentimos de certa maneira, a maioria de nós, depois de pensar um pouco, não tem problema em explicar as razões. Mas onde encontramos essas razões para sentimentos que podem não ser o que pensamos? Nós as inventamos.

Numa interessante demonstração desse fenômeno, um pesquisador apresentou fotos do rosto de duas mulheres, cada uma do tamanho de uma carta de baralho, uma em cada mão. Pediu aos participantes que escolhessem a mais atraente.[20] Em seguida, pôs as fotos tapadas na mesa e empurrou a escolhida para o participante. Depois pediu que ele a pegasse e justificasse sua escolha. Em seguida o pesquisador fez o mesmo com duas outras fotos, chegando até uma dúzia de pares ao todo.

O truque é que, em alguns casos, o pesquisador fez uma troca: com um rápido golpe de mão, empurrou para o sujeito a fotografia da mulher que ele tinha achado *menos* atraente. Só em ¼ das vezes os sujeitos perceberam a troca. Mas realmente interessante foi o que aconteceu nas 75% das vezes em que eles não perceberam: quando indagados por que preferiram o rosto que na verdade não tinham escolhido, eles disseram coisas como "Ela é radiante. Num bar, eu ia preferir me aproximar dela que da outra", ou "Eu gosto dos brincos dela", ou "Ela parece uma tia minha", ou "Acho que ela parece mais simpática que a outra". Vezes seguidas, com a maior confiança, eles descreveram suas razões de preferir o rosto que na verdade não tinham indicado.

Esse não foi um resultado casual. Cientistas aplicaram truque semelhante num supermercado, agora em relação às preferências dos consumidores em testes de degustação de chá e geleia.[21] No teste da geleia, perguntou-se aos consumidores qual de dois tipos eles preferiam; depois os participantes receberam uma segunda colher de prova, supostamente com a que disseram preferir, para que analisassem as razões da escolha. Mas os potes de geleia tinham uma divisória interna e uma tampa de cada lado, permitindo aos espertos pesquisadores mergulhar a colher na geleia não preferida, na segunda degustação. Mais uma vez, só ⅓ dos participantes percebeu a troca, enquanto ⅔ não tiveram problema em explicar as razões de suas "preferências". Enganação semelhante e com resultado igual aconteceu num experimento envolvendo chá.

Parece o pesadelo de um pesquisador de mercado: perguntar a opinião das pessoas sobre um produto ou embalagem para obter dados sobre seu apelo e receber maravilhosas explicações, sinceras, detalhadas e enfáticas, mas que na verdade têm pouca relação com a verdade. É também o problema das pesquisas políticas, que costumam perguntar às pessoas por que votaram como votaram ou por que vão votar como estão planejando. Uma coisa é as pessoas afirmarem que não têm opinião, outra bem diferente é quando não se pode confiar sequer que elas sabem o que pensam. As pesquisas sugerem que não sabem.[22]

As melhores dicas a respeito do que acontece vêm de pesquisas com pessoas com anomalias cerebrais – por exemplo, uma série de estudos famosos sobre pacientes com o cérebro seccionado.[23] Lembre-se de que a informação apresentada a um lado do cérebro de um desses pacientes não chega ao outro hemisfério. Quando o paciente vê alguma coisa no lado esquerdo de seu campo visual, só o hemisfério direito do cérebro fica ciente, e vice-versa. Da mesma forma, só o hemisfério direito controla o movimento da mão esquerda, e só o hemisfério esquerdo controla a mão direita. Uma exceção a essa simetria é que (na maioria das pessoas) os centros da fala estão localizados no hemisfério esquerdo; assim, se o paciente fala, em geral é o hemisfério esquerdo que está se expressando.

Aproveitando essa falta de comunicação entre os hemisférios cerebrais, pesquisadores instruíram pacientes com o cérebro seccionado, via hemisfério direito, a realizar uma tarefa; depois pediram ao hemisfério esquerdo que explicasse por que tinham feito aquilo. Por exemplo, os pesquisadores pediram a um paciente para acenar, via hemisfério direito. Depois perguntaram ao paciente por que ele tinha acenado. O hemisfério esquerdo tinha observado o aceno, mas não sabia da instrução para acenar. Mesmo assim, o hemisfério esquerdo não permitiu que o paciente admitisse sua ignorância, e ele disse que acenara porque julgou ter avistado um conhecido. Da mesma forma, quando pesquisadores pediram para o paciente dar uma risada, via hemisfério direito, e depois perguntaram por que estava rindo, o paciente disse que tinha rido porque os pesquisadores eram engraçados. Em todas as ocasiões, o hemisfério esquerdo respondeu como se soubesse a resposta.

Nesse estudo e em outros semelhantes, o cérebro esquerdo gerou muitos falsos relatos, mas o cérebro direito não, levando os pesquisadores a especular se o hemisfério esquerdo do cérebro tem um papel que vai além do simples registro e identificação de nossas sensações emocionais, para tentar entendê-las. É como se o hemisfério esquerdo tivesse montado uma busca de sentido de ordem e razão no mundo como um todo.

Oliver Sacks escreveu sobre um paciente portador da síndrome de Korsakoff, um tipo de amnésia em que as pessoas podem perder a capacidade de elaborar novas memórias.[24] Esses pacientes podem esquecer o que foi dito em segundos, ou o que veem, em minutos. Ainda assim, eles costumam se iludir e pensar que sabem o que está acontecendo. Quando Sacks entrou para examinar o paciente chamado Thompson, este não conseguiu se lembrar de seu encontro anterior. Mas Thompson não percebia que não sabia, por isso sempre pegava alguma dica disponível e se convencia de que se lembrava de Sacks. Em uma ocasião, como Sacks estava usando um paletó branco e Thompson era merceeiro, o paciente lembrou-se dele como o açougueiro da mesma rua. Instantes depois ele esqueceu aquela "lembrança" e mudou a história, lembrando-se de Sacks como um cliente especial. A compreensão de mundo de Thompson, de sua situação, de sua pessoa, estava em constante estado de mudança. Mas ele acreditava em cada uma das explicações que se alteravam depressa, e as desenvolvia em busca de um sentido do que estava vendo. Como observou Sacks, Thompson "precisa procurar significado, *produzir* significado, de uma maneira desesperada, continuamente inventando, lançando pontes de significado sobre abismos de falta de significado".

O termo "confabulação" em geral significa a substituição de uma lacuna na memória de alguém pela falsificação do que se acredita ser verdade. Mas nós também confabulamos para preencher lacunas no conhecimento dos nossos sentimentos. Todos temos essas tendências. Perguntamos a nós mesmos e aos nossos amigos coisas como "Por que você dirige esse carro?", ou "Por que você gosta desse sujeito?", ou "Por que você riu daquela piada?". As pesquisas sugerem que achamos que sabemos as respostas a essas perguntas, mas na verdade não sabemos.

Quando nos pedem uma explicação, nos envolvemos numa busca da verdade que pode parecer uma espécie de introspecção. Mas, ainda que julguemos saber o que estamos sentindo, em geral não conhecemos nem o conteúdo nem as origens inconscientes desse conteúdo. Assim, nos saímos com explicações plausíveis, mas que não são verdadeiras, ou são apenas parcialmente precisas, e acreditamos nelas.[25] Cientistas que estudam esses erros vêm percebendo que eles não acontecem por acaso.[26] São regulares e sistemáticos. E têm suas bases num repositório de informações sociais, emocionais e culturais de que todos partilhamos.

IMAGINE QUE VOCÊ está voltando para casa, vindo de uma festa na cobertura de um hotel de luxo. Você comenta que se divertiu muito, e quem está dirigindo o carro pergunta do que você gostou na festa. "Das pessoas", você responde. Mas será que sua alegria se origina mesmo do fascinante colóquio com aquela mulher que escreveu o best-seller sobre as virtudes de uma dieta vegana? Ou foi algo muito mais sutil, como a qualidade da música de harpa? Ou o aroma de rosas que enchia o recinto? Ou a champanhe cara que você bebeu a noite toda? Se sua resposta não foi resultado de uma verdadeira e precisa introspecção, com que bases você chegou a essa conclusão?

Quando tentamos dar uma explicação para nossos sentimentos e comportamentos, o cérebro realiza uma ação que sem dúvida o surpreenderia: faz uma busca no seu banco de dados mental de normas culturais e escolhe algo plausível. Por exemplo, nesse caso, o cérebro pode ter procurado no registro "Por que alguém gosta de festas" e escolhido "As pessoas" como a hipótese mais provável. Pode parecer o caminho mais preguiçoso, mas estudos sugerem que é o que percorremos. Quando nos perguntam como estamos, ou como vamos nos sentir, tendemos a responder com descrições ou previsões concordantes com um padrão de razões, expectativas e explicações culturais e sociais de um dado sentimento.

Se a imagem que acabei de montar estiver correta, existe uma consequência óbvia que pode ser verificada por experimentos. Uma introspecção acurada faz uso do nosso conhecimento particular de nós mesmos. A identificação de uma explicação genérica, baseada em normas sociais e culturais, não faz isso. Em consequência, se estivermos realmente em contato com nossos sentimentos, devemos ser capazes de fazer previsões sobre nós mesmos que são mais precisas que as previsões que os outros fazem a nosso respeito; mas, se confiarmos apenas em normas sociais para explicar nossos sentimentos, observadores externos deverão ser tão precisos quanto nós mesmos ao prever nossos sentimentos; e também devem cometer exatamente os mesmos enganos.

Um contexto usado pelos cientistas para examinar essa questão é conhecido por qualquer um envolvido em fechar um contrato.[27] Contratar é difícil porque se trata de uma decisão importante, e não é fácil conhecer alguém a partir da limitada exposição resultante de uma entrevista e de um currículo. Se você já teve de contratar alguém, deve ter se perguntado por que achou que um indivíduo específico seria a escolha certa. Sem dúvida sempre é possível encontrar uma justificativa, porém, em retrospecto, você tem certeza de que selecionou aquela pessoa pelas razões que considerou para escolher? Talvez seu raciocínio tenha feito o percurso inverso – você teve uma sensação a respeito de alguém, formou uma preferência e depois, retroativamente, seu inconsciente utilizou normas sociais para explicar seus sentimentos em relação àquela pessoa.

Um médico amigo me disse que teve a certeza de ter entrado na melhor faculdade de medicina a que se candidatara por uma só razão: sua identificação com um dos professores que o entrevistaram; os pais do homem, assim como os dele, tinham imigrado de certa cidade da Grécia. Depois de se matricular na escola, ele conheceu aquele professor, que lhe afirmou que as razões de a entrevista ter ido tão bem foram os títulos, as notas e o caráter de meu amigo – os critérios exigidos pelas normas escolares. Mas os títulos e as notas do meu amigo estavam abaixo da média da escola, e por isso ele continua a acreditar que foi a origem comum das famílias que realmente influenciou o professor.

Para analisar por que algumas pessoas conseguem uma vaga e outras não, e se os responsáveis pelas contratações estão conscientes do que motiva suas escolhas, pesquisadores recrutaram 128 voluntárias. Cada recrutada – todas mulheres – teve de estudar e avaliar em profundidade um portfólio que descrevia uma mulher se candidatando ao emprego de conselheira num centro de gerência de crises. Os documentos incluíam uma carta de recomendação e o detalhado relatório de uma entrevista que a candidata tivera com o diretor do centro. Depois de estudar o portfólio, foram feitas diversas perguntas às participantes sobre as qualificações da candidata, inclusive se a achavam inteligente, flexível, empática em relação aos problemas dos clientes, e o quanto tinham gostado dela.

A chave para o estudo é que as informações fornecidas às diferentes voluntárias diferiam em inúmeros detalhes. Por exemplo, algumas participantes liam portfólios mostrando que a candidata tinha se formado em segundo lugar na turma, no ensino médio, e agora era estudante de destaque na faculdade, enquanto outras liam que ela ainda não havia decidido se iria ou não cursar faculdade; algumas viam menção ao fato de a candidata ser bem atraente, outras não sabiam nada sobre sua aparência; algumas liam no relatório do centro que a candidata tinha derramado café na mesa do diretor, enquanto outras não viam menção ao incidente; e alguns portfólios indicavam que a candidata estivera envolvida num grave acidente de automóvel, enquanto outros não diziam nada disso. Algumas participantes eram informadas de que depois iriam conhecer a candidata, outras não. Esses elementos variáveis foram embaralhados em todas as combinações possíveis para criar dezenas de cenários distintos. Ao estudar a correlação dos fatos a que as participantes eram expostas com os julgamentos que fariam, os pesquisadores poderiam computar matematicamente a influência de cada parcela de informação na avaliação. O objetivo era comparar a influência real de cada fator à percepção das voluntárias sobre a influência de cada fator, e também as previsões de observadores externos que não conheciam as participantes.

A fim de entender o que as selecionadoras pensavam influenciá-las, depois de avaliar a candidata, as participantes eram pesquisadas a respeito de cada questão. "Você julgou a inteligência da candidata por suas credenciais acadêmicas?" "Foi influenciada em sua avaliação pela probabilidade de seus atrativos físicos?" "O fato de ter derramado uma xícara de café na mesa do diretor afetou sua avaliação de quanto ela seria simpática?" E assim por diante. Para descobrir ainda o que um observador externo acharia da influência de cada fator, outro grupo de voluntárias ("externas") foi recrutado. Elas não leram nenhum portfólio, simplesmente responderam à pergunta de quanto consideravam cada fator influente no julgamento de uma pessoa.

Os fatos revelados sobre a candidata foram escolhidos com muito critério. Alguns, como as altas notas da candidata, eram aspectos que as normas sociais dizem exercer influência positiva nos avaliadores de propostas. Os pesquisadores esperavam que tanto as participantes quanto as observadoras externas indicassem esses fatores como influentes. Outros aspectos, como o incidente do café derramado e a possibilidade de uma reunião com a candidata, eram questões não determinadas pelas normas sociais. Por isso, os pesquisadores esperavam que as observadoras externas não reconhecessem sua influência.

Contudo, os pesquisadores tinham escolhido esses fatores porque estudos mostram que, ao contrário das expectativas ditadas pelas normas, eles na verdade *têm* um efeito sobre nosso julgamento acerca das pessoas; um equívoco isolado, como o incidente do café derramado, tende a aumentar a simpatia por uma pessoa competente, e a possibilidade de um encontro tende a melhorar a avaliação da personalidade de um indivíduo.[28] A questão crucial era se as selecionadoras, com todas as suas reflexões, se dariam melhor que as observadoras externas; e se reconheceriam que haviam sido motivadas por esses fatores surpreendentemente influentes.

Quando examinaram as respostas das participantes e das observadoras externas, os pesquisadores descobriram uma impressionante concordância; e também que os dois grupos erravam o alvo. Aparentemente, os dois grupos tiraram suas conclusões sobre quais fatores eram influentes a partir de explicações baseadas em normas sociais, ignorando as verdadeiras razões. Por exemplo, tanto as participantes quanto as observadoras externas disseram que o incidente do café derramado não afetaria a simpatia pela candidata, mas teve o maior efeito entre todos os fatores. Os dois grupos achavam que o fator acadêmico seria importante na aprovação da candidata, mas o efeito foi nulo. E os dois grupos relataram que a expectativa de encontrar a candidata não teria efeito nenhum, mas teve. Em todos os casos, os dois grupos estavam enganados sobre quais fatores os afetariam e quais não os afetariam. Como a teoria psicológica havia previsto, as participantes não mostraram maior consciência de si próprias que as observadoras externas.

A EVOLUÇÃO NÃO PROJETOU o cérebro humano para entender a si mesmo com precisão, mas para nos ajudar a sobreviver. Observamos a nós mesmos e ao mundo e entendemos as coisas apenas o bastante para seguir em frente. Alguns de nós, interessados em nos conhecer com mais profundidade – talvez para tomar decisões melhores na vida, talvez para ter uma vida mais rica, talvez por curiosidade –, procuram ultrapassar nossas ideias intuitivas acerca de nós mesmos. É possível. É possível usar a mente consciente para estudar, identificar e penetrar nossas ilusões cognitivas. Ao ampliar nossa perspectiva para levar em conta como nossa mente funciona, podemos chegar a uma visão mais esclarecida de quem somos. Todavia, mesmo enquanto ganhamos um maior entendimento sobre nós mesmos, devemos manter nosso reconhecimento do fato de que, se a visão natural do mundo da nossa mente é distorcida, existe uma razão para isso.

Um dia, durante uma viagem que fiz a São Francisco, entrei numa loja de antiguidades com a intenção de comprar um lindo vaso que vi na vitrine e estava em oferta, com o preço reduzido de US$ 100 para US$ 50. Saí de lá levando um tapete persa de

US$ 2.500. Para ser exato, não sei ao certo se era um tapete persa de US$ 2.500; só sei que eu tinha pagado US$ 2.500 por ele. Eu não queria comprar um tapete, não planejava gastar US$ 2.500 dólares numa lembrança de São Francisco, nem pretendia levar para casa nada maior que uma caixa de sapatos.

Não sei por que fiz aquilo, e nenhuma das introspecções que realizei nos dias subsequentes explicou alguma coisa. Mas existem normas sociais até a respeito de comprar tapetes persas como um capricho de férias. O que sei é que gosto do jeito como o tapete combinou com minha sala de jantar. Gosto porque faz a sala parecer mais aconchegante, e as cores combinam bem com a mesa e as paredes. Ou será que na verdade faz a sala parecer um salão de café da manhã num hotel barato? Talvez a verdadeira razão de eu gostar do tapete seja que não me sinto confortável pensando que gastei US$ 2.500 dólares num tapete feio para estender sobre meu lindo assoalho de madeira. Essa percepção não me aborrece; ela me faz apreciar melhor meu parceiro invisível, meu inconsciente, sempre fornecendo o apoio de que preciso para ir levando a vida aos trancos e barrancos.

10. O eu

> O segredo da governança é combinar a convicção na própria infalibilidade e o poder de aprender com erros do passado.
>
> George Orwell

Em 2005, o furacão Katrina devastou a costa do golfo da Louisiana e o Mississippi. Mais de mil pessoas perderam a vida e centenas de milhares foram desalojadas. Nova Orleans foi inundada, algumas partes da cidade ficaram cobertas por 5m de água. A resposta do governo dos Estados Unidos foi desastrosa, sob todos os aspectos. Bem, sob quase todos os aspectos.

Quando Michael Brown, chefe da Agência Federal de Administração de Emergência, foi acusado de má administração e falta de liderança, e o Congresso instaurou uma comissão para investigar, será que o inexperiente Brown admitiu suas deficiências? Não. Ele disse que a resposta insatisfatória à situação fora "culpa da falta de coordenação e planejamento da governadora da Louisiana, Kathleen Blanco, e do prefeito de Nova Orleans, Ray Nagin". De fato, Brown parecia se ver como uma espécie de figura trágica, ao estilo de Cassandra: "Eu já estava prevendo há muitos anos", declarou, "que nós chegaríamos a esse ponto [de crise] pela falta de recursos e de atenção ao problema."[1]

Talvez, no fundo, Brown aceitasse uma responsabilidade maior. Talvez suas declarações fossem apenas uma tentativa desastrada de minimizar as acusações públicas de negligência e inoperância. A falsidade é mais difícil de esconder no caso de

O.J. Simpson, o ex-herói do esporte acusado de assassinar duas pessoas e que foi inocentado pelo Tribunal de Justiça. Depois daquilo, ele não conseguiu mais se livrar das encrencas. Em 2007, ele e alguns amigos invadiram o quarto de um hotel de Las Vegas e roubaram, a mão armada, raridades esportivas de colecionadores. Ao ser sentenciado, O.J. Simpson teve oportunidade de se desculpar e pedir clemência ao juiz. Com certeza ele tinha boas razões para mostrar um pouco de honestidade ou praticar falsa autocrítica. Mas você acha que ele fez a coisa certa para si mesmo, tentando reduzir alguns anos de sua pena e expressando algum arrependimento por se comportar como um criminoso? Não, ele continuou firme em sua posição. Sua resposta foi sincera. Ele lamentava suas ações, declarou, mas não acreditava que fizera algo de errado. Mesmo com anos de prisão em jogo, Simpson não sentiu que precisava se justificar.

Parece que quanto mais forte for a ameaça ao fato de alguém se sentir bem consigo mesmo, maior a tendência a enxergar a realidade através de uma lente distorcida. No clássico *Como fazer amigos e influenciar pessoas*, Dale Carnegie descreveu como alguns gângsteres famosos dos anos 1930 se enxergavam.[2] Dutch Schultz, que aterrorizava Nova York, não tinha nada contra assassinatos – e sem dúvida não teria se diminuído aos olhos de seus colegas de crime ao se definir como o homem que construiu um bem-sucedido império matando pessoas. Mas ele preferiu dizer ao repórter de um jornal, durante uma entrevista, que se via como "benfeitor público".

Da mesma forma, Al Capone, comerciante de bebidas ilegais responsável por centenas de mortes, declarou: "Passei a maior parte da minha vida propiciando pequenos prazeres às pessoas, ajudando-as a se divertir, e tudo que recebo são maus-tratos, a existência de um homem caçado." Quando um notório assassino chamado "Two Gun" Crowley foi condenado à cadeira elétrica por matar um policial que pediu para ver sua carteira de motorista, ele não expressou tristeza por ter tirado a vida de um homem. Não, ainda reclamou: "É isso que eu ganho por ter me defendido."

Será que acreditamos mesmo nas versões melhoradas de nós mesmos que oferecemos às nossas plateias? Será que conseguimos nos convencer de que seguimos uma estratégia corporativa brilhante, mesmo quando os rendimentos caíram? Que merecemos um benefício de US$ 50 milhões no desligamento da empresa quando ela perdeu vinte vezes essa quantia nos três anos em que a dirigimos? Que defendemos um caso de forma brilhante, embora nosso cliente tenha sido condenado à morte? Ou que somos apenas fumantes sociais quando continuamos a consumir um maço por dia, na presença ou não de outro ser humano? Com que exatidão percebemos a nós mesmos?

Considere uma pesquisa com quase 1 milhão de estudantes do ensino médio.[3] Diante da pergunta de como avaliavam a própria capacidade de se relacionar com outras pessoas, 100% se classificaram pelo menos na média, 60% se classificaram entre os 10% melhores, e 25% se consideraram entre o 1% superior. Quando indagados sobre a capacidade de liderança, apenas 2% se avaliaram abaixo da média. Os professores não são muito mais realistas: 94% dos professores universitários dizem que fazem um trabalho acima da média.[4]

Os psicólogos chamam essa tendência de autoavaliação inflacionada de "efeito acima da média", e têm documentado o fenômeno em contextos que variam de habilidade para dirigir a capacidade gerencial.[5] Em engenharia, quando os profissionais classificaram o próprio desempenho, 30% a 40% se puseram entre os 5% melhores.[6] Nas Forças Armadas, as avaliações dos oficiais acerca de suas qualidades de liderança (carisma, intelecto etc.) são bem mais cor-de-rosa que as avaliações feitas por seus subordinados e superiores.[7] Na medicina, a avaliação feita pelos médicos sobre suas próprias habilidades interpessoais está muito acima da realizada por seus pacientes e supervisores, e as estimativas que fazem dos próprios conhecimentos são muito mais altas que as demonstradas em testes objetivos.[8] Em um dos estudos, aliás, médicos que diagnosticaram pneumonia em seus pacientes relataram uma média de 88% de confiança no diagnóstico, que na verdade só se provou correto 20% das vezes.[9]

Esse tipo de inflação também é regra no mundo corporativo. A maioria dos executivos acha que sua empresa tem mais probabilidade de dar certo que outras no mesmo negócio, só porque eles trabalham nela;[10] e diretores executivos se mostram superconfiantes quando entram em novos mercados ou embarcam em projetos de risco.[11] Um dos resultados disso é que, quando adquirem outras firmas, em geral as empresas pagam 41% a mais que a cotação da companhia na Bolsa e que seu preço corrente, achando que podem gerar mais lucro, enquanto o valor combinado de empresas que se fundem em geral cai, indicando que observadores imparciais pensam o contrário.[12]

Especuladores das bolsas também se mostram otimistas demais com a própria capacidade de escolher vencedores. O excesso de confiança pode até levar investidores sensatos e racionais a achar que podem prever uma alteração no mercado de ações, apesar de, intelectualmente, acreditarem no contrário. Na verdade, numa pesquisa conduzida pelo economista Robert Schiller depois do craque da Black Monday de outubro de 1987, cerca de ⅓ dos investidores afirmou que tinha "uma boa noção de quando aconteceria um ricochete", embora poucos deles, quando indagados, conseguissem oferecer uma teoria explícita para apoiar sua confiança na previsão do futuro do mercado.[13]

Ironicamente, as pessoas tendem a reconhecer que a autoavaliação e a autoconfiança infladas podem ser um problema – mas só para os outros.[14] É verdade, nós superestimamos até nossa capacidade de resistir à nossa capacidade de superestimar nossa capacidade. O que está acontecendo?

Em 1959, o psicólogo social Milton Rokeach reuniu três pacientes de psiquiatria para habitar o mesmo quarto no hospital Ypsilanti State, em Michigan.[15] Os três pacientes achavam que eram Jesus Cristo. Já que pelo menos dois tinham de estar enganados, Rokeach imaginou como eles processariam em conjunto essa ideia. Havia precedentes. Num famoso caso do século XVII, um sujeito chamado Simon Morin foi mandado para um manicômio por fazer a mesma alegação. Lá encontrou outro Jesus e "ficou tão chocado com a loucura de seu companheiro que reconheceu a própria sandice". Infelizmente, em seguida, ele voltou à convicção original e, assim como Jesus, acabou sendo morto – nesse caso, queimado numa fogueira por blasfêmia.

Ninguém morreu queimado em Ypsilanti. Um dos pacientes, como Morin, renunciou à sua convicção; o segundo achou que os outros eram mentalmente insanos, mas não ele próprio; e o terceiro conseguiu se esquivar completamente do assunto. Então, nesse caso, dois entre três pacientes conseguiram manter a autoimagem contra a realidade. A desconexão pode ser menos radical, mas o mesmo pode ser considerado verdade, ainda que muitos de nós não acreditem que podem andar sobre a água. Se fizermos uma sondagem – ou, em muitos casos, se simplesmente prestarmos um pouco de atenção –, a maioria de nós vai notar que nossa autoimagem e a imagem mais objetiva que os outros têm de nós não estão bem sincronizadas.

Com dois anos de idade, a maioria de nós tem um sentido de si mesmo como agente social.[16] No tempo em que aprendemos que fraldas não estão mais exatamente na moda, começamos a nos engajar como adultos para elaborar visões de nossas experiências passadas. No jardim de infância, conseguimos fazer isso sem ajuda dos adultos. Mas também tivemos de aprender que o comportamento das pessoas é motivado por seus desejos e convicções. Desse tempo em diante, precisamos reconciliar a pessoa que gostaríamos de ser com a pessoa que tem os pensamentos e ações com os quais vivemos todos os momentos do dia.

Já falei muito sobre como os psicólogos experimentais rejeitam muito da teoria freudiana, mas uma ideia com que terapeutas freudianos e psicólogos experimentais concordam hoje é que o nosso ego luta ferozmente para defender sua honra. Esse é um consenso relativamente recente. Por muitas décadas, os psicólogos experimentais viam as pessoas como observadoras isentas que avaliavam eventos e aplicavam a razão para descobrir a verdade e decifrar a natureza do mundo social.[17] Diziam-nos para reunir dados sobre nós mesmos e construir nossa autoimagem baseados em inferências em geral boas e precisas.

Nessa visão tradicional, uma pessoa bem-ajustada era vista como um cientista de si mesma, enquanto um indivíduo cuja autoimagem era turvada pela ilusão era considerado vulnerável à doença mental, se não já vítima de enfermidade. Hoje sabemos que o oposto está mais próximo da verdade. Indivíduos normais e saudáveis – estudantes, professores, engenheiros, coronéis, médicos, executivos – tendem a pensar em si mesmos não só como competentes, mas também como eficientes, mesmo que não o sejam.

Será que uma executiva de negócios, ao perceber que seu departamento continua a não alcançar as metas, se pergunta sobre sua capacidade? Será que um coronel, quando não consegue conquistar aquele objetivo, se pergunta se está apto a ser coronel? Como nos convencemos de que temos talento, de que o sujeito ao lado só ganha a promoção porque o chefe está enganado?

Como enuncia o psicólogo Johathan Haidt, há duas maneiras de chegar à verdade: a maneira do cientista e a do advogado. Os cientistas reúnem evidências, buscam regularidades, formam teorias que expliquem suas observações e as verificam. Os advogados partem de uma conclusão acerca da qual querem convencer os outros, e depois buscam evidências que a apoiem, ao mesmo tempo que tentam desacreditar as evidências em desacordo. A mente humana foi projetada para ser tanto cientista quanto advogado, tanto um buscador consciente da verdade objetiva quanto um advogado inconsciente e apaixonado por aquilo em que *quer* acreditar. Essas duas abordagens juntas competem para criar nossa visão de mundo.

Acreditar no que você quer que seja verdade e depois procurar provas para justificá-la não parece ser a melhor abordagem para as decisões do dia a dia. Por exemplo, se você curte corridas, é racional apostar no cavalo que acredita ser o mais seguro, mas não tem cabimento crer que um cavalo é mais veloz só porque apostou nele. Da mesma forma, faz sentido escolher um emprego que você acredita ser atraente, mas é irracional achar que o emprego é atraente porque você aceitou a proposta. Mesmo assim, embora, nesses dois casos, a segunda abordagem não faça sentido racional, o mais provável é que a escolha irracional o torne mais feliz. E a mente em geral parece optar pela felicidade. Nesses dois exemplos, segundo as pesquisas, o mais provável é que as pessoas façam a segunda escolha.[18] A "seta causal" nos processos de pensamento humano tende de forma consistente a partir da crença para a evidência, não vice-versa.[19]

Podemos dizer que o cérebro é um bom cientista, mas é um advogado absolutamente *brilhante*. O resultado é que, na batalha para moldar uma visão coerente e convincente de nós mesmos e do resto do mundo, é o advogado apaixonado que costuma vencer o verdadeiro buscador da verdade. Já vimos em capítulos anteriores como a mente inconsciente é mestra em usar dados limitados para construir uma versão do mundo que parece completa e realista para sua parceira, a mente consciente. Percepção visual, memória e até as emoções são construções feitas a partir de uma mistura de dados brutos, incompletos e às vezes conflitantes. Usamos o mesmo tipo de processo criativo para gerar nossa autoimagem. Quando fazemos uma pintura do nosso eu, o lado advogado do nosso inconsciente mistura fato e ilusão, exagerando nossas forças, minimizando nossas fraquezas, criando uma série de distorções picassianas em que algumas partes foram ampliadas em proporções enormes (as partes de que gostamos) e outras encolheram até quase se tornar invisíveis. Os cientistas racionais da nossa mente consciente depois admiram o autorretrato com inocência, acreditando ser um trabalho fotográfico de precisão.

Os psicólogos chamam a abordagem feita pelo nosso advogado interior de "raciocínio motivado". Ele nos ajuda a acreditarmos na nossa bondade e competência, a nos sentirmos no controle e a nos vermos sob uma luz positiva. Também molda a forma como entendemos e interpretamos nosso ambiente, em especial nosso ambiente social, e nos auxilia a justificar nossas convicções preferidas. Ainda assim, não é possível que 40% estejam espremidos entre os 5% melhores, 60% apertados entre os 10% melhores, ou 94% estejam na metade superior. Por isso, nem sempre é uma tarefa fácil nos convencer de nosso grande valor. Felizmente, para conseguir essa façanha, nossa mente tem um grande aliado, um aspecto da vida cuja importância já vimos antes: a ambiguidade. Esta cria uma gama de interpretações no que seria inequivocamente verdade; nossa mente inconsciente usa essa gama de interpretações para elaborar uma narrativa sobre nós mesmos, os outros e nosso ambiente que faz o melhor do nosso destino, que nos impulsiona nos bons tempos e nos consola nos maus momentos.

O QUE VOCÊ VÊ quando olha para a Figura 16? Num primeiro momento, você pode ver um cavalo; ou uma foca. Se continuar olhando, depois de algum tempo enxerga a outra criatura. Quando já a tiver visto dos dois modos, sua percepção tende automaticamente a alternar entre os dois animais. Na verdade, a figura é as duas coisas e nenhuma delas. É apenas uma sugestiva reunião de linhas, um esboço que, assim como seu caráter, sua personalidade e seus talentos, pode ser interpretado de diferentes maneiras.

FIGURA 16

Já mencionei que a ambiguidade abriu a porta para o estereótipo, para julgarmos mal pessoas que não conhecemos muito bem. Também abre a porta para nos julgarmos mal. Se nossos talentos e habilidades, nossa personalidade e nosso caráter são definidos por mensurações científicas escavadas em inalteráveis blocos de pedra, seria difícil manter uma imagem parcial de quem somos. Contudo, nossas características são mais como a imagem do cavalo/foca, abertas a diferentes interpretações.

O quanto é fácil para nós recortar a realidade para se encaixar em nossos desejos? David Dunning passou anos ponderando questões como essa. Psicólogo social na Universidade Cornell, dedicou boa parte de sua carreira profissional estudando como e quando a percepção das pessoas em relação à realidade é moldada por suas preferências. Vamos considerar a imagem cavalo/foca. Dunning e um colega a inseriram num computador, recrutaram dezenas de voluntários e apresentaram uma motivação para eles enxergarem a figura como cavalo ou foca.[20]

A coisa funcionava da seguinte maneira: os cientistas disseram aos participantes que eles deveriam tomar um entre dois drinques. Um era um saboroso suco de laranja. O outro era um "frappé saudável" com aparência e um cheiro tão vil que alguns preferiram desistir do experimento. Os participantes foram informados de que a identidade da beberagem que iam tomar seria comunicada a eles por meio do computador, que acenderia uma imagem – a Figura 16 – na tela por um segundo. Em geral, um segundo não é tempo suficiente para uma pessoa ver a imagem das duas formas, por isso, cada participante veria só um cavalo ou só uma foca.[21]

Isso é crucial para o experimento, pois metade dos participantes foi informada de que, se a figura fosse um "animal de fazenda", eles tomariam o suco; se fosse uma "criatura marinha", eles tomariam o frappé; para a outra metade foi dito o contrário. Assim, depois que os participantes tinham visto a imagem, os pesquisadores pediam para identificar o animal. Se as motivações dos estudantes conduzissem sua percepção, a mente inconsciente dos participantes para os quais um animal de fazenda era igual a suco de laranja faria com que eles enxergassem um cavalo. Da mesma forma, a mente inconsciente dos que achavam que o animal de fazenda era igual ao frappé nojento os levaria a enxergar a foca. Foi exatamente o que aconteceu: entre os que queriam ver um animal de fazenda, 67% relataram ter visto um cavalo, enquanto entre os que queriam ver uma criatura marinha, 73% identificaram a foca.

Sem dúvida o estudo de Dunning foi convincente quanto ao impacto da motivação sobre a percepção, mas a ambiguidade disponível era muito clara e simples. As experiências da vida cotidiana, por outro lado, apresentam questões muito mais complexas do que decidir que animal você está vendo. Talento para administrar um negócio ou uma unidade militar, capacidade de se dar bem com pessoas, desejo de agir de forma ética e uma miríade de outros traços que nos definem são características muito complicadas. Por essa razão, nosso inconsciente pode escolher entre um número enorme de interpretações para alimentar nossa mente consciente. No fim, sempre vamos achar que estamos lidando com fatos, embora na verdade estejamos lidando com a conclusão preferida.

Interpretações parciais de eventos ambíguos estão no cerne de alguns dos nossos mais acalorados argumentos. Nos anos 1950, dois professores de psicologia, um de Princeton e outro de Dartmouth, resolveram ver se, um ano depois de determinado evento, estudantes das duas universidades conseguiriam ser objetivos a respeito de uma importante partida de futebol americano.[22] O jogo em questão foi um confronto brutal em que o time de Dartmouth foi muito violento, mas Princeton saiu-se melhor.

Os cientistas mostraram o filme do jogo a um grupo de estudantes de cada universidade e pediram que eles anotassem cada infração que percebessem, especificando se eram "flagrantes" ou "leves". Os estudantes de Princeton viram o time de Dartmouth cometer duas vezes mais infrações que seu próprio time, enquanto os alunos de Dartmouth contaram mais ou menos um número igual nos dois times. Os alunos de Princeton classificaram a maioria das faltas de Dartmouth como flagrantes, mas poucas foram flagrantes em seu time; os alunos de Dartmouth classificaram umas poucas de suas próprias infrações como flagrantes, mas viram metade das de Princeton como tal. Quando indagados se Dartmouth estava jogando de forma intencionalmente violenta ou suja, a grande maioria dos fãs de Princeton disse que "sim", enquanto a vasta maioria dos fãs de Dartmouth com uma opinião definida disse que "não". Os pesquisadores escreveram:

> As mesmas experiências sensoriais emanando de um campo de futebol, transmitidas pelo mecanismo visual do cérebro, ... deram origem a diferentes experiências em pessoas diversas. ... Não há algo como um jogo que tem existência independente "lá fora", e que as pessoas simplesmente "observam".

Gosto dessa última observação porque, embora seja sobre futebol, parece se aplicar ao jogo da vida de maneira geral. Mesmo no meu campo, a ciência, em que se venera a objetividade, é comum que a maneira como as pessoas analisam uma evidência esteja correlacionada com seus interesses velados. Por exemplo, nos anos 1950 e 1960, foi travado um fervoroso debate para saber se o Universo teve um início ou sempre existiu. Um dos lados apoiava a teoria do big bang, dizendo que o cosmo começou da maneira indicada pelo nome da teoria. O outro lado acreditava na teoria do estado estacionário, a ideia de que o Universo sempre esteve aqui, mais ou menos no mesmo estado em que se encontra hoje.

No fim, para qualquer imparcial dos dois lados, as provas apoiaram claramente a teoria do big bang, em particular depois de 1964, quando o lampejo difuso do brilho do big bang foi detectado por um acaso fortuito por dois pesquisadores de satélites de comunicação dos Laboratórios Bell. A descoberta ganhou a primeira página do *New York Times*, que proclamou a vitória do big bang. E o que proclamaram os defensores do estado estacionário? Após três anos, um dos proponentes afinal aceitou o fato com as seguintes palavras: "O Universo de fato é um trabalho grosseiro, mas acho que vamos ter de nos virar com isso." Trinta anos depois, outro destacado teórico do estado estacionário, na época já de cabelos brancos, ainda acreditava numa versão modificada de sua teoria.[23]

As poucas pesquisas aplicadas por cientistas em si próprios mostram que não é incomum que eles funcionem como advogados, e não como juízes imparciais, em especial nas ciências sociais. Por exemplo, em um estudo, alunos formados pela Universidade de Chicago tiveram de avaliar relatórios de pesquisa relacionados a temas sobre os quais já tinham uma opinião.[24] Sem que os pesquisados soubessem, os relatórios eram todos falsos. Para cada tema, metade dos voluntários viu um relatório apresentando dados que apoiavam um lado, enquanto outra metade viu um relatório em que os dados apoiavam o lado oposto. Mas apenas os números diferiam – a metodologia da pesquisa e a apresentação eram idênticas em ambos os casos.

Quando questionada, a maioria dos pesquisados negou que sua avaliação da pesquisa fora influenciada pelos dados que comprovavam sua opinião prévia. Mas estavam enganados. A análise dos pesquisadores mostrou que eles na verdade tinham considerado os estudos que apoiavam suas convicções mais coerentes em termos metodológicos e mais bem-apresentados que estudos idênticos contrariando suas convicções.[25]

Não estou dizendo que as afirmações científicas sejam uma impostura – pois não são. A história vem mostrando repetidas vezes que a melhor teoria acaba vencendo. Essa é a razão de o big bang ter triunfado, e não a teoria do Universo estacionário. E ninguém sequer se lembra da fusão a frio. Mas também é verdade que cientistas que investiram numa teoria estabelecida com frequência se apegam teimosamente às velhas convicções. Às vezes, como escreveu o economista Paul Samuelson, "a ciência avança um funeral de cada vez".[26]

Como o raciocínio motivado é inconsciente, as pessoas podem ser sinceras ao afirmar que não são afetadas por vieses ou interesses próprios, mesmo quando tomam decisões que na verdade atendem a seus próprios interesses. Por exemplo, muitos médicos acreditam ser imunes à influência monetária, mas estudos recentes mostram que aceitar hospitalidade e presentes da indústria tem um efeito subliminar importante nas decisões de atendimento ao paciente.[27] Da mesma forma, estudos têm mostrado que médicos pesquisadores que mantêm ligações financeiras com laboratórios farmacêuticos são bem mais propensos a relatar descobertas que apoiam os medicamentos dos patrocinadores e tendem menos a relatar resultados desfavoráveis que pesquisadores independentes; que as estimativas de administradores de investimentos sobre as probabilidades de vários eventos estão significativamente relacionadas ao quanto esses eventos são desejáveis; que os julgamentos dos auditores são influenciados pelos incentivos oferecidos; e que, pelo menos na Grã-Bretanha, metade da população acredita no céu, mas apenas ¼ acredita no inferno.[28]

Estudos recentes de mapeamentos do cérebro começam a lançar uma luz sobre como o cérebro cria esses vieses inconscientes. Mostram que, ao acessar dados emocionalmente relevantes, nosso cérebro, *de modo automático*, inclui nossos desejos, sonhos e vontades.[29] Nossas computações internas, que acreditamos ser objetivas, não são as operações que uma máquina isenta realizaria, pois estão implicitamente coloridas pelo que somos e pelo que estamos buscando. Na verdade, o raciocínio motivado com que nos engajamos quando temos interesse pessoal em alguma questão é um tema que acontece via um processo físico diferente dentro do cérebro da análise fria e objetiva que realizamos quando não estamos envolvidos. Em particular, o raciocínio motivado envolve uma rede de regiões do cérebro que não está associada ao raciocínio "frio", que inclui córtex orbitofrontal e córtex cingulado anterior – partes do sistema límbico –, e córtex cingulado posterior e pré-cúneo, partes ativadas quando fazemos julgamentos morais carregados de emoção.[30] Esse é o mecanismo *físico* com o qual nosso cérebro consegue nos enganar. Mas qual é o mecanismo *mental*? Quais são as técnicas de raciocínio subliminar que empregamos para apoiar nossas visões de mundo preferidas?

A PARTE CONSCIENTE DA MENTE não é trouxa. Por isso, quando a parte inconsciente distorce a realidade de alguma forma canhestra e óbvia, nós percebemos e não engolimos. O raciocínio motivado não funciona quando se leva a credibilidade longe demais, pois nossa mente consciente começa a duvidar, e isso é o fim do jogo da autoilusão. É de crucial importância haver limites para o raciocínio motivado, pois uma coisa é ter uma visão inflada de nossa perícia ao preparar uma lasanha, outra bem diferente é acreditar que se pode passar de um prédio a outro com um salto. A fim de que sua autoimagem inflada cumpra seu papel, para que isso resulte em benefícios na sobrevivência, ela deve estar inflada na medida certa, não mais que isso. Psicólogos definem esse equilíbrio dizendo que a distorção resultante deve manter a "ilusão de objetividade". O talento com que fomos aquinhoados a esse respeito é a capacidade de justificar nossa imagem cor-de-rosa de nós mesmos lançando mão de argumentos críveis, de uma forma que não vá para o espaço diante de fatos óbvios. Quais instrumentos nossa mente inconsciente usa para moldar a experiência enevoada e ambígua numa visão distintamente positiva do eu que desejamos ver?

Um dos métodos remete a uma antiga piada sobre um católico, um judeu – os dois brancos – e um negro, todos mortos e se aproximando dos portões do céu. O católico diz: "Eu fui um homem bom a vida toda, mas sofri um bocado de discriminação. O que devo fazer para ir para o céu?"

"Essa é fácil", responde Deus. "Para entrar no céu você só precisa soletrar uma palavra."

"Que palavra?", pergunta o católico.

"Deus", responde o Senhor.

O católico soletra D-E-U-S e entra no céu. Então o judeu se aproxima. Ele também diz: "Eu fui um homem bom." E acrescenta: "E não foi fácil, pois tive de lidar com discriminação a vida toda. O que devo fazer para entrar no céu?"

Deus responde: "Essa é fácil. Você só precisa soletrar uma palavra."

"Qual palavra?", pergunta o judeu.

"Deus", responde o Senhor.

O judeu diz D-E-U-S e também entra no céu. Depois o negro se aproxima e diz que foi legal com todo mundo, mesmo tendo enfrentado muita discriminação por causa da cor da pele.

Deus diz: "Não se preocupe, aqui não existe discriminação."

"Obrigado", diz o negro. "Então como eu faço para entrar no céu?"

"Essa é fácil", responde Deus. "Você só precisa soletrar uma palavra!"

"Qual palavra?", pergunta o negro.

"Tchecoslováquia", responde o Senhor.

O método de discriminação do Senhor é clássico, e nosso cérebro o emprega com frequência: quando uma informação favorável à nossa maneira de ver o mundo tenta entrar pelo portão da nossa mente, nós pedimos para soletrar "Deus"; mas quando uma informação desfavorável bate à porta, pedimos para soletrar "Tchecoslováquia".

Em um estudo, por exemplo, voluntários receberam uma tira de papel a fim de fazer um teste para grave deficiência de uma enzima chamada TAA, que indicaria propensão a uma variedade de disfunção do pâncreas.[31] Os pesquisadores disseram que todos deviam lamber a tira de papel e esperar dez segundos para ver se o papel ficava verde. Metade dos pesquisados foi informada de que o papel verde significava que eles *não* tinham a deficiência da enzima, enquanto a outra metade foi informada do contrário, da propensão a uma séria deficiência se a tira ficasse verde. Na verdade, não havia essa enzima, e a tira era um pedaço de papel normal; portanto, nenhum dos pesquisados veria qualquer mudança de cor.

Os pesquisadores ficaram observando enquanto os voluntários realizavam o teste. Os que foram levados a não ver mudança nenhuma lambiam o papel e, quando nada acontecia, aceitavam logo a resposta feliz e decidiam que o teste estava completo. Mas os que foram levados a querer ver o papel esverdear olhavam a tira por cerca de trinta segundos, na média, antes de aceitar o veredicto. Além disso, mais da metade dos testados quis fazer outros testes. Um deles chegou a lamber o papel doze vezes, como uma criança insistindo com os pais. "Vamos ficar verde? Vamos? Por favor? Por favor?"

Essas pessoas testadas podem parecer tolas, mas todos nós lambemos e tornamos a lamber o papel tentando fomentar nossas visões preferidas. As pessoas encontram razões para continuar apoiando os candidatos políticos de sua preferência mesmo quando eles são acusados de graves e comprovados deslizes; mas acreditam em comentários de terceira mão sobre qualquer ilegalidade como prova de que o candidato do outro partido deveria ser banido da política de uma vez para sempre.

Da mesma maneira, quando querem acreditar numa conclusão científica, as pessoas podem aceitar um novo e vago relatório de um experimento realizado em algum lugar como evidência convincente. Quando pessoas não querem aceitar alguma coisa, a Academia Nacional de Ciência, a Associação Americana para o Progresso da Ciência, a União Geofísica Americana, a Sociedade Meteorológica Americana e mil outros estudos unânimes podem convergir numa só conclusão; ainda assim as pessoas vão continuar encontrando razões para não acreditar.

Foi exatamente o que aconteceu no caso do inconveniente e custoso tema da mudança climática global. As organizações que citei acima, com mais de mil artigos acadêmicos sobre o tema, foram unânimes em concluir que a atividade humana é responsável pelo aquecimento; porém, nos Estados Unidos, mais da metade das pessoas conseguiu se convencer de que a ciência do aquecimento global ainda não está confirmada.[32] Na verdade, seria difícil fazer com que todas essas organizações e seus cientistas concordassem em algo que não fosse uma declaração de que Albert Einstein era um sujeito inteligente. Portanto, esse consenso só demonstra que a ciência do aquecimento global está *muito bem* estabelecida. Só que não é uma boa notícia. Para muita gente, a ideia de que descendemos dos macacos também não é uma boa notícia. Por essa razão, eles arranjaram maneiras de não aceitar esse fato.

Quando alguém com alguma tendência política ou com interesses velados vê uma situação de forma diferente de como a encaramos, tendemos a pensar que a pessoa deliberadamente deixa de ver o óbvio para justificar sua política ou obter algum ganho pessoal. Mas o raciocínio motivado faz com que cada lado encontre formas de justificar sua conclusão preferida e de desacreditar o outro, sempre se mantendo convicto quanto à própria objetividade. Assim, os que estão dos dois lados de questões importantes acreditam sinceramente que sua interpretação é a única racional.

Considere a seguinte pesquisa a respeito da pena de morte. Pessoas que defendiam ou que se opunham à pena capital, baseadas na teoria de que esse tipo de punição reduz (ou não) o crime, foram expostas a estudos falsos. Cada estudo empregou um método estatístico diferente para demonstrar uma tese. Vamos chamá-los de método A e método B. Para metade dos sujeitos, o estudo que usou o método A concluiu que a pena capital funciona como intimidação; o estudo que usava o método B concluiu que não. Outro grupo de pesquisados viu estudos em que as conclusões foram invertidas. Se as pessoas fossem objetivas, os dois lados concordariam em que o método A ou o método B eram a melhor abordagem, independentemente de apoiar ou contrariar suas arraigadas convicções (ou concordariam se tratar de um impasse).

Mas não foi o que aconteceu. As pessoas logo fizeram críticas do tipo "Havia variáveis demais", "Acho que os dados coletados não são suficientes" e "As provas apresentadas são relativamente insignificantes". Porém, os dois lados aprovaram fosse qual fosse o método que apoiasse o que já acreditavam, e descartaram o método que não fazia isso. Nitidamente, foram as conclusões do relatório, e não seus métodos, que inspiraram essas análises.[33]

Expor pessoas a argumentos bem-fundamentados contra e a favor da pena de morte não aumenta a compreensão do outro ponto de vista. Ao contrário, como costumamos ver furos nas evidências que desaprovamos e tapamos os furos nas evidências que aprovamos, o efeito claro desses estudos é aumentar a intensidade do desacordo. Pesquisa semelhante constatou que, depois de assistir a amostras idênticas da grande cobertura de TV sobre o massacre de 1982 em Beirute, tanto os adeptos dos árabes quanto os de Israel classificaram os programas e as redes de TV como preconceituosos contra o lado com que simpatizam.[34]

Há razões críticas nessa pesquisa. Primeiro, devemos ter em mente que os que discordam de nós não são necessariamente falsos ou desonestos quando se recusam a reconhecer o erro óbvio de sua maneira de pensar. Mais importante, seria esclarecedor para todos nós encarar o fato de que nosso próprio raciocínio com frequência também não é tão objetivo.

Ajustar nossos padrões para aceitar evidências em favor de nossas conclusões preferidas é apenas um instrumento da caixa de ferramentas do raciocínio motivado subliminar da mente. Outras formas que encontramos para apoiar nossa visão de mundo (inclusive nossa visão de nós mesmos) incluem ajustar a importância que atribuímos a alguns segmentos de evidência e, às vezes, ignorar totalmente as evidências desfavoráveis. Por exemplo, você já percebeu como os fãs de esporte, depois de uma vitória, se entusiasmam com a grande partida de seu time, mas depois de uma derrota costumam ignorar a qualidade do jogo e se concentrar no fator sorte ou na arbitragem?[35] Da mesma maneira, executivos de empresas se cumprimentam com tapinhas nas costas pelos bons resultados, mas estão prontos a reconhecer a importância de fatores aleatórios ambientais quando o desempenho se mostra fraco.[36] Pode ser difícil dizer se essas tentativas de justificar um mau resultado são sinceras e produto do raciocínio motivado inconsciente, ou se são conscientes e em proveito próprio.

Uma situação em que a ambiguidade não deveria ser levada em conta é num cronograma. Não há uma boa razão para fazer promessas não realistas em relação a prazos, pois afinal você vai ter de cumprir essas promessas e entregar o trabalho. Porém, tanto contratantes quanto homens de negócio costumam perder prazos, mesmo quando há penalidades financeiras, e estudos mostram que o raciocínio motivado é a principal causa desses erros de cálculo. Acontece que, quando calculamos uma data de entrega, o método que planejamos seguir para chegar até ela é dividir o projeto nos passos necessários, estimar o tempo exigido em cada passo e somar tudo no final. Ou seja, a data prevista exerce uma grande e inconsciente influência em nossa estimativa do tempo exigido para completar cada passo intermediário. Na verdade, estudos mostram que nossas estimativas de quanto tempo levará para terminar um trabalho dependem diretamente do quanto estamos comprometidos com a conclusão do projeto.[37]

Se é importante para um fabricante produzir uma nova PlayStation nos próximos dois meses, a mente dele vai encontrar razões para acreditar que a programação e os testes de segurança e controle de qualidade estarão mais livres de problemas do que nunca. Da mesma forma, se precisamos de trezentos sacos de pipoca prontos para o Dia das Bruxas, conseguimos nos convencer de que as crianças vão ajudar na linha de montagem da cozinha sem sobressaltos pela primeira vez na história da família. É por tomarmos essas decisões, e por acreditarmos sinceramente que são realistas, que todos nós, estejamos organizando um jantar para dez pessoas ou construindo um novo caça a jato, costumamos criar estimativas otimistas demais quanto à conclusão de um projeto.[38] De fato, o Gabinete de Contabilidade Geral dos Estados Unidos estimava que, quando os militares criavam um equipamento envolvendo nova tecnologia, a entrega só acontecia dentro do prazo e do orçamento em 1% das vezes.[39]

No Capítulo 9, mencionei como há pesquisas mostrando que os empregadores raramente estão sintonizados com as verdadeiras razões para contratar alguém. Um entrevistador pode gostar ou não de um candidato por causa de fatores que têm pouco a ver com as qualificações objetivas do pretendente. Os dois podem ter frequentado a mesma escola ou gostar de observar pássaros. Ou talvez o candidato desperte no entrevistador a lembrança de um tio querido. Seja qual for a razão, quando o entrevistador toma uma decisão visceral, seu inconsciente costuma empregar o raciocínio motivado para apoiar sua inclinação intuitiva. Se gostar do candidato, sem perceber, sua motivação vai atribuir grande importância a áreas em que o pretendente for bem-qualificado e levar menos a sério aquelas em que ele deixa a desejar.

Em um estudo desse tipo, os participantes avaliaram currículos de um homem e de uma mulher para cargo de chefe de polícia. Essa é uma posição tipicamente masculina, por isso, os pesquisadores imaginaram que os participantes favoreceriam o pretendente de sexo masculino e restringiram os critérios pelos quais poderiam julgar os candidatos levando esse fato em conta. Eis como o estudo funcionou. Havia dois tipos de currículo. Os pesquisadores projetaram o primeiro para retratar um indivíduo tarimbado, com formação acadêmica limitada e falta de capacidade administrativa. O segundo corresponderia a um tipo sofisticado, de boa formação e boas ligações políticas, mas com pouca vivência nas ruas. Alguns dos participantes receberam um par de currículos em que o candidato homem tinha o currículo de alguém tarimbado nas ruas, e o feminino, de alguém sofisticado. Outros receberam o par de currículos em que os pontos fortes do homem e da mulher estavam invertidos. Os participantes não deveriam só fazer a escolha, mas também justificá-la.

O resultado mostrou que, quando o candidato masculino tinha um currículo de experiência nas ruas, os participantes decidiam que era o critério importante para o trabalho e o escolhiam; contudo, quando o candidato homem tinha o currículo sofisticado, eles decidiam que a experiência mundana era algo superestimado, e também escolhiam o homem. Todos nitidamente tomavam suas decisões baseados em gênero, e não na diferença entre experiência nas ruas e sofisticação; mas não estavam conscientes de fazer isso. Aliás, quando indagados, nenhum dos sujeitos mencionou o gênero como motivo influente.[40]

Nossa cultura gosta de retratar situações em preto e branco. Antagonistas são desonestos, insinceros, gananciosos e malignos. São confrontados a heróis que ostentam características opostas. A verdade é que, de criminosos a executivos gananciosos e ao vilão da rua, as pessoas que agem de uma forma que abominamos estão convencidas de que estão certas.

O poder de interesses velados na determinação de como pesamos as evidências em situações sociais foi bem ilustrado numa série de experimentos em que os pesquisadores atribuíram a voluntários o papel de queixoso ou réu num falso processo legal baseado num julgamento real ocorrido no Texas.[41] Num desses experimentos, os pesquisadores entregaram aos dois lados documentos a respeito do caso, que envolvia um motociclista ferido processando o motorista de um automóvel depois de uma colisão. Os participantes eram informados de que, no caso verdadeiro, o juiz tinha concedido ao querelante uma quantia entre US$ 0 e US$ 100 mil. Depois eram nomeados para representar um ou outro lado nas falsas negociações e tinham meia hora para apresentar suas propostas de acordo. Os pesquisadores disseram aos sujeitos que eles seriam pagos com base no sucesso dessas negociações. Porém, a parte mais interessante do estudo veio a seguir: os participantes também eram informados de que cada um receberia um bônus em dinheiro se conseguisse *adivinhar* – com uma margem de US$ 5 mil, para mais ou para menos – a verdadeira quantia que o juiz havia concedido ao queixoso.

Ao fazer essa adivinhação, era de interesse do participante ignorar se estava fazendo o papel de advogado do queixoso ou de réu. Ele teria maior chance de ganhar o bônus em dinheiro se avaliasse um pagamento justo, baseado apenas na lei e nas provas. A questão era se conseguiria manter a objetividade.

Na média, os voluntários designados para representar o lado do queixoso estimaram que o juiz teria estabelecido um acordo em torno de US$ 40 mil, enquanto os voluntários designados para representar o réu calcularam esse número em apenas US$ 20 mil. Pense nisso: US$ 40 mil versus US$ 20 mil. Apesar da recompensa financeira oferecida pelo cálculo mais exato do montante de um acordo justo e apropriado, os participantes designados artificialmente em lados opostos tiveram um desacordo de 100%; imagine então a magnitude de um desacordo *real* entre verdadeiros advogados representando os diferentes lados de um caso, ou negociadores em oposição num encontro de negociação. O fato de avaliarmos a informação de modo tendencioso, e não de estarmos cientes de fazer isso, pode ser um grande empecilho nas negociações, mesmo que os dois lados busquem, com sinceridade, um acordo justo.

Outra versão do experimento, criada em torno do mesmo processo legal, estudou o mecanismo de raciocínio empregado pelos sujeitos para chegar às conclusões conflitantes. Nesse estudo, no final do encontro de negociação, os pesquisadores pediram que os voluntários comentassem explicitamente os argumentos de cada lado para formular julgamentos concretos em temas como "Pedir uma pizza de cebola pelo telefone celular afeta a capacidade de alguém dirigir?", ou "Uma só cerveja uma hora ou duas antes de subir na motocicleta diminui a segurança?". Assim como no exemplo dos currículos para chefe de polícia, os participantes de ambos os lados atribuíram mais importância aos fatores que favoreciam as conclusões desejadas do que aos que favoreciam o oponente. Esses experimentos sugerem que, ao lerem os dados do caso, o fato de saber de que lado estariam na disputa afetou o julgamento dos participantes de forma sutil e inconsciente, atropelando qualquer motivação de analisar a situação de modo justo.

Para sondar ainda mais essa ideia, em outra variante do experimento, os pesquisadores pediram que voluntários avaliassem as informações sobre o acidente antes de saber que lado representariam. Quando os voluntários recebiam seus papéis, precisavam avaliar a compensação apropriada, mais uma vez com a promessa de um bônus em dinheiro caso chegassem perto. Os participantes ainda estavam imparciais quando pesaram as evidências, mas formularam seus palpites sobre a compensação depois, quando seus vieses já estavam estabelecidos. Nessa situação, a discrepância na avaliação caiu de cerca de US$ 20 mil para apenas US$ 7 mil, com uma redução de quase ⅔. Ademais, os resultados mostraram que, como o participante analisara os dados antes de assumir um lado da disputa, a proporção de vezes que os advogados do queixoso e os do réu deixaram de chegar a um acordo na meia hora estabelecida caiu de 28% para 6%. Trata-se de um clichê, mas a experiência de sentir onde o sapato do outro lado aperta no pé parece ser a melhor forma de entender o ponto de vista alheio.

Como esses estudos indicam, a sutileza de nossos mecanismos de raciocínio nos permite manter nossas ilusões de objetividade mesmo quando enxergamos o mundo através de lentes parciais. Nossos processos de tomada de decisão vergam mas não quebram as regras habituais. Costumamos nos ver como formadores de julgamentos de baixo para cima, lançando mão de dados para chegar a uma conclusão, quando na verdade decidimos de cima para baixo, recorrendo à nossa conclusão preferida para moldar a análise dos dados. Quando aplicamos o raciocínio motivado nas avaliações acerca de nós mesmos, produzimos essa imagem positiva de um mundo em que estamos todos acima da média. Se somos melhores em gramática que em aritmética, damos ao conhecimento linguístico mais peso e importância; mas se formos bons em somar e subtrair, e ruins em gramática, pensamos que a aptidão na linguagem não é tão crucial.[42] Se somos ambiciosos, determinados e persistentes, acreditamos que pessoas objetivas são os líderes mais eficientes; contudo, se nos vemos como acessíveis, amistosos e extrovertidos, sentimos que os melhores líderes são tipos mais subjetivos.[43]

Chegamos inclusive a recrutar nossas memórias para iluminar nossa imagem de nós mesmos. Vamos considerar as notas escolares, por exemplo. Um grupo de pesquisadores pediu que 99 universitários voltassem no tempo alguns anos e relembrassem as notas obtidas no colégio, nas aulas de matemática, ciências, história, línguas estrangeiras e inglês.[44] Os estudantes não tiveram nenhum incentivo para mentir, pois foram informados de que suas lembranças seriam verificadas nos registros escolares, e todos assinaram formulários dando permissão para isso. Ao todo, os pesquisadores verificaram lembranças de 3.220 notas dos estudantes.

Aconteceu uma coisa engraçada. Era de se imaginar que os anos transcorridos teriam grande efeito sobre a lembrança dos estudantes acerca de suas notas, mas não foi o que ocorreu. Os anos pareciam não afetar muito as lembranças dos estudantes – eles se lembraram das notas dos anos anteriores com a mesma precisão, cerca de 70%. Mas havia *lacunas* de memória. O que produzia o esquecimento? Não foi a névoa dos anos, mas a névoa do fraco desempenho: a precisão das lembranças declinava regularmente de 89% para notas A até 64% para notas B, 51% para notas C e 29% para notas D. Então, se você se sentir deprimido por ter recebido uma nota baixa, anime-se. A probabilidade é que as coisas melhorem com o passar do tempo.

Meu filho Nicolai, agora no ensino médio, recebeu uma carta um dia desses. A missiva era de uma pessoa que morava na minha casa, e, no entanto, já não existe. Isto é, a carta foi escrita pelo próprio Nicolai quatro anos antes. Apesar de ter viajado muito pouco no espaço, a carta tinha viajado muito no tempo, pelo menos no tempo de vida de uma criança. Ele escreveu a carta na sexta série, como parte de um trabalho escolar. Era uma mensagem de um Nicolai de onze anos falando com o Nicolai de quinze anos do futuro. As cartas dos alunos foram reunidas e guardadas durante esses quatro anos por um maravilhoso professor de inglês, que afinal as mandou pelo correio para os adolescentes que seus alunos da sexta série tinham se tornado.

O mais surpreendente na carta de Nicolai foi que dizia: "Caro Nicolai, … você quer jogar na NBA. Estou ansioso para jogar basquete nos times da sétima e da oitava séries, e depois no ensino médio, onde agora você está, no segundo ano." Mas Nicolai não jogou no time da sétima série; nem da oitava. O que aconteceu foi que o técnico que o vetou nesses times também se tornou técnico do ensino médio, e mais uma vez excluiu Nicolai do time. Naquele ano, apenas um punhado dos garotos que tentaram foi recusado, o que tornou a rejeição ainda mais amarga para Nicolai.

O notável aqui não é que Nicolai não tenha sido inteligente o bastante para saber quando desistir, mas o fato de ter mantido por todos esses anos seu sonho de jogar basquete, a ponto de dedicar cinco horas por dia durante o verão treinando sozinho numa quadra vazia. Se você entende de garotos, vai compreender que, se um garoto continua a insistir em que um dia vai jogar na NBA, mas ano após ano não consegue nem jogar no time da escola, isso não vai ser um fator positivo em sua vida social. Garotos podem gostar de provocar um perdedor, mas *adoram* provocar um perdedor para o qual vencer teria sido tudo de bom. Por isso, Nicolai só conseguiu manter sua convicção a um alto preço.

A história da carreira de Nicolai no basquete ainda não acabou. No fim da primeira série do ensino médio, o novo técnico universitário da escola o viu treinando dia após dia, às vezes até estar tão escuro que ele mal conseguia enxergar a bola, e convidou Nicolai a treinar com o time naquele verão. Neste outono afinal ele entrou para o time. Aliás, ele é o capitão da equipe.

Já mencionei o sucesso dos computadores Apple algumas vezes neste livro, e muito foi dito sobre a capacidade do cofundador da Apple, Steve Jobs, de criar o que veio a se chamar de um "campo de distorção da realidade" que fez com que convencesse a si mesmo e a outros de que podiam conseguir o que queriam. No entanto, esse campo de distorção da realidade não foi apenas sua criação; foi também a de Nicolai, e – até certo ponto – é um presente para a mente consciente de qualquer um, uma ferramenta construída sobre nossa propensão natural a se engajar em um raciocínio motivado.

Há algumas realizações, grandes ou pequenas, que até certo ponto não dependem de o realizador acreditar em si mesmo, e as maiores realizações podem vir de pessoas que não são apenas otimistas, mas otimistas até demais. Não é uma boa ideia acreditar que você é Jesus, mas acreditar que é possível se tornar um jogador da NBA – ou, como Jobs, superar a humilhante derrota de ser expulso da própria empresa, ou ser um grande cientista, escritor, ator ou cantor – pode ser muito bom. Mesmo que não acabe sendo verdade nos detalhes daquilo que você realizar, acreditar em si mesmo é uma força positiva na vida. Como disse Steve Jobs: "Você não pode ligar os pontos olhando para a frente; só pode ligar os pontos olhando para trás. Então, precisa confiar em que os pontos de alguma forma se ligarão no futuro."[45] Se você acredita que os pontos vão se ligar no caminho, terá confiança para seguir seu coração, mesmo quando isso o afastar de um caminho muito percorrido.

Ao escrever este livro, tentei esclarecer as muitas maneiras com que a mente inconsciente de uma pessoa funciona. Para mim, a extensão em que o meu eu interior desconhecido guia minha mente consciente foi uma grande surpresa. Surpresa ainda maior foi a percepção do quanto eu estaria perdido sem isso. Porém, de todas as vantagens que nosso inconsciente propicia, esta é a que mais valorizo. Nosso inconsciente está em suas melhores condições quando nos ajuda a criar um sentido positivo e sólido do nosso eu, uma sensação de poder e de controle num mundo cheio de poderes muito maiores que o meramente humano. O pintor Salvador Dalí disse certa vez: "Toda manhã, quando acordo, vivencio um supremo prazer: o de ser Salvador Dalí. E pergunto a mim mesmo, maravilhado, que coisas prodigiosas ele vai fazer hoje, esse Salvador Dalí?"[46] Dalí pode ter sido um sujeito meigo ou pode ter sido um irrecuperável egomaníaco, mas existe algo de maravilhoso nessa irrestrita e desavergonhada visão de seu futuro.

Os livros de psicologia estão cheios de estudos ilustrando os benefícios – tanto pessoais quanto sociais – de manter "ilusões" positivas acerca de nós mesmos.[47] Pesquisadores percebem que, ao induzirem um estado de espírito positivo, seja quais forem os meios, as pessoas tendem a interagir umas com as outras e a ajudar mais umas às outras. Pessoas que se sentem bem consigo mesmas são mais cooperativas na administração de situações e mais propensas a encontrar soluções construtivas para seus conflitos. São também melhores para resolver problemas, mais motivadas para se dar bem, e tendem a persistir diante de um desafio.

O raciocínio motivado permite que nossa mente nos defenda contra a infelicidade. Nesse processo, nos dá força para superar os muitos obstáculos que a vida nos impõe. Quanto mais fazemos isso, mais chances temos de ser melhores, pois isso nos inspira a lutar para nos tornarmos o que achamos que somos. De fato, estudos mostram que pessoas com uma percepção de si mesmas mais acurada tendem a ser um pouco mais depressivas, a sofrer de baixa autoestima, ou as duas coisas.[48] Uma autoavaliação abertamente positiva, por outro lado, é normal e saudável.[49]

Imagino que, 50 mil anos atrás, qualquer um em seu juízo normal que olhasse para os duros invernos do norte da Europa se encolheria numa caverna e desistiria. Mulheres viam os filhos morrer de violentas infecções, homens viam suas mulheres morrer de parto, tribos humanas sofriam com secas, enchentes e fome, e devem ter achado difícil manter a coragem para seguir em frente. Mas, com tantas barreiras aparentemente insuperáveis na vida, a natureza nos forneceu os meios para criar uma atitude irrealista e cor-de-rosa a fim de superá-las – o que nos ajuda a fazer exatamente isso.

Ao confrontar o mundo, o otimismo irrealista pode ser um colete salva-vidas que nos mantém à tona. A vida moderna, como nosso passado primitivo, tem seus obstáculos intimidantes. O físico Joe Polchinski disse que, quando começou a escrever seu livro sobre teoria das cordas, esperava que o projeto levasse um ano. Levou dez. Olhando para trás, se eu tivesse feito uma sóbria avaliação do trabalho e do esforço exigidos para escrever este livro, ou para me tornar físico teórico, eu teria me encolhido diante dos dois desafios. O raciocínio motivado, a memória motivada e todas as outras idiossincrasias de como pensamos em nós mesmos e no nosso mundo podem ter seu lado negativo; contudo, quando estamos diante de grandes desafios – seja perder um emprego, entrar num tratamento de quimioterapia, escrever um livro, encarar uma década de faculdade de medicina, com internato e residência, passar as milhares de horas de prática necessárias para se tornar um bom violinista ou uma bailarina, passar anos trabalhando oitenta horas por semana para estabelecer um novo negócio ou começar de novo em outro país, sem dinheiro ou recursos –, o otimismo natural da mente humana é um de nossos maiores dons.

Antes de meus irmãos e eu nascermos, meus pais viviam num pequeno apartamento na zona norte de Chicago. Meu pai trabalhava horas a fio costurando roupas numa oficina, mas seu baixo salário não permitia que ele pagasse o aluguel. Então, um dia, meu pai chegou em casa entusiasmado e contou à minha mãe que estavam procurando uma costureira, e que ele tinha arranjado o emprego para ela. "Você começa amanhã", falou. Parecia uma boa perspectiva, pois isso quase dobraria o rendimento dos dois, os tiraria da pobreza e ainda possibilitaria que passassem mais tempo juntos. Havia só um problema: minha mãe não sabia costurar. Antes de Hitler invadir a Polônia, antes de perder tudo o que tinha, antes de se tornar uma refugiada numa terra estranha, minha mãe era uma criança rica. Costurar não era algo que uma adolescente de sua família precisasse aprender.

Assim, meus futuros pais tiveram uma pequena discussão. Meu pai disse a minha mãe que poderia ensiná-la a costurar. Eles treinariam juntos a noite toda, e na manhã seguinte pegariam o trem até a oficina, e ela faria um trabalho passável. De qualquer forma, ele costurava bem rápido e poderia compensar até ela melhorar. Minha mãe se considerava desajeitada e, pior, tímida demais para entrar num esquema daqueles. Mas meu pai insistiu em que ela era capaz e corajosa. Era uma sobrevivente como ele, insistiu. Os dois conversaram sobre as características que realmente definiam minha mãe.

Nós escolhemos os fatos em que queremos acreditar. Escolhemos também nossos amigos, namorados e cônjuges não apenas por causa da forma como os percebemos, mas pelo modo como eles nos percebem. Ao contrário dos fenômenos da física, na vida, os eventos com frequência podem obedecer a uma teoria ou a outra; o que acontece na verdade pode depender muito da teoria em que escolhemos acreditar. É um dom da mente humana estar aberta para aceitar a teoria de nós mesmos que nos impulsiona em direção à sobrevivência e até a felicidade. Assim, meus pais não dormiram naquela noite, e meu pai ficou ensinando minha mãe a costurar.

Notas

Prefácio (p.7-14)

1. Joseph W. Dauben, "Peirce and the History of Science", in Kenneth Laine Ketner (org.), *Peirce and Contemporary Thought*, Nova York, Fordham University Press, 1995, p.146-9.
2. Charles Sanders Peirce, "Guessing", *Hound and Horn*, n.2, 1929, p.271.
3. Ran R. Hassin et al. (orgs.), *The New Unconscious*, p.77-8.
4. T. Sebeok e J.U. Sebeok, "You know my method", in Thomas A. Sebeok, *The Play of Musement*, Bloomington, Indiana University Press, 1981, p.17-52.
5. Carl Jung (org.), *Man and His Symbols*, Londres, Aldus Books, Limited, 1964, p.5 (trad. bras., *O homem e seus símbolos*, Rio de Janeiro, Nova Fronteira, 2008).
6. Thomas Naselaris et al, "Bayesian reconstruction of natural images from human brain activity", *Neuron*, n.63, 24 set 2009, p.902-15.
7. Kevin N. Ochsner e Matthew D. Lieberman, "The emergence of social cognitive neuroscience", *American Psychologist*, v.56, n.9, set 2001, p.717-28.

1. O novo inconsciente (p.17-42)

1. Yael Grosjean et al., "A glial amino-acid transporter controls synapse strength and homosexual courtship in *Drosophila*", *Nature* Neuroscience, n.1, 11 jan 2008, p.54-61.
2. Ibid.
3. Boris Borisovich Shtonda e Leon Avery, "Dietary choice in *Caenorhabditis elegans*", *The Journal of Experimental Biology*, n.209, 2006, p.89-102.
4. S. Spinelli et al., "Early life stress induces long-term morphologic changes in primate brain", *Archives of General Psychiatry*, v.66, n.6, p.658-65, 2009; Stephen J. Suomi, "Early determinants of behavior, evidence from primate studies", *British Medical Bulletin*, v.53, n.1, 1997, p.170-84.

5. David Galbis-Reig, "Sigmund Freud, MD, forgotten contributions to neurology, neuropathology, and anesthesia", *The Internet Journal of Neurology*, v.3, n.1, 2004.

6. Timothy D. Wilson, *Strangers to Ourselves, Discovering the Adaptive Unconscious*, Cambridge, MA, Belknap Press, 2002, p.5.

7. Ver "The simplifier, a conversation with John Bargh", *Edge*; disponível em: http://www.edge.org/3rd_culture/bargh09/bargh09_index.html.

8. John A. Bargh (org.). *Social Psychology and the Unconscious, the Automaticity of Higher Mental Processes*, Nova York, Psychology Press, 2007, p.1.

9. Os cientistas encontraram poucas evidências do complexo de Édipo ou da inveja de pênis.

10. Heather A. Berlin, "The neural basis of the dynamic unconscious", *Neuropsychoanalysis*, v.13, n.1, 2011, p.5-31.

11. Daniel T. Gilbert, "Thinking lightly about others, automatic components of the social inference process", in James S. Uleman e John A. Bargh (orgs.), *Unintended Thought*, Nova York, Guilford Press, 1989, p.192; Ran R. Hassan et al. (orgs.), *The New* Unconscious, Nova York, Oxford University Press, 2005, p.5-6.

12. John F. Kihlstrom et al., "The psychological unconscious, found, lost, and regained", *American Psychologist*, v.47, n.6, jun 1992, p.789.

13. John T. Jones et al., "How do I love thee? Let me count the Js, implicit egotism and interpersonal attraction", *Journal of Personality and Social Psychology*, v.87, n.5, 2004, p.665-83. Os estados estudados – Geórgia, Tennessee e Alabama – foram escolhidos por causa das possibilidades de busca propiciadas pelos bancos de dados de casamentos por estado.

14. N.J. Blackwood, "Self-responsibility and the self-serving bias, an fMRI investigation of causal attributions", *Neuroimage*, n.20, 2003, p.1076-85.

15. Brian Wansink e Junyong Kim, "Bad popcorn in big buckets, portion size can influence intake as much as taste", *Journal of Nutrition Education and Behavior*, v.37, n.5, set-out 2005, p.242-5.

16. Brian Wansink, "Environmental factors that increase food intake and consumption volume of unknowing consumers", *Annual Review of Nutrition*, n.24, 2004, p.455-79.

17. Brian Wansink et al., "How descriptive food names bias sensory perceptions in restaurants", *Food and Quality Preference*, v.16, n.5, jul 2005, p.393-400; Brian Wansink et al., "Descriptive menu labels' effect on sales",

Cornell Hotel and Restaurant Administrative Quarterly, v.42, n.6 dez 2001, p.68-72.

18. Norbert Schwarz et al., "When thinking is difficult, metacognitive experiences as Information", in Michaela Wänke, ed., *Social Psychology of Consumer Behavior* (Nova York, Psychology Press, 2009) p.201-223.

19. Benjamin Bushong et al., "Pavlovian processes in consumer choice, the physical presence of a good increases willingness-to-pay", *American Economic Review*, v.100, n.4, 2010, p.1.556-71.

20. Vance Packard, *The Hidden Persuaders*, Nova York, David McKay Company, Inc., 1957, p.16.

21. Adrian C. North et al., "In-store music affects product choice", *Nature*, n.390, 13 nov 1997, p.132.

22. Donald A. Laird, "How the consumer estimates quality by subconscious sensory impressions", *Journal of Applied Psychology*, n.16, 1932, p.241-6.

23. Robin Goldstein et al., "Do more expensive wines taste better? Evidence from a large sample of blind tastings", *Journal of Wine Economics*, v.3, n.1, primavera 2008, p.1-9.

24. Hilke Plassmann et al., "Marketing actions can modulate neural representations of experienced pleasantness", *Proceedings of the National Academy of Sciences of the United States of America*, v.105, n.3, 22 jan 2008, p.1.050-4.

25. Ver, por exemplo, Morten L. Kringelbach, "The human orbitofrontal cortex, linking reward to hedonic experience", *Nature Reviews, Neuroscience*, n.6, set 2005, p.691-702.

26. M.P. Paulus e L.R. Frank, "Ventromedial prefrontal cortex activation is critical for preference judgments", *Neuroreport*, n.14, 2003, p.1.311-5; M. Deppe et al., "Nonlinear responses within the medial prefrontal cortex reveal when specific implicit information influences economic decision-making", *Journal of Neuroimaging*, n.15, 2005, p.171-82; M. Schaeffer et al., "Neural correlates of culturally familiar brands of car manufacturers", *Neuroimage*, n.31, 2006, p.861-5.

27. Michael R. Cunningham, "Weather, mood, and helping behavior, quasi experiments with sunshine samaritan", *Journal of Personality and Social Psychology*, v.37, n.11, 1979, p.1947-56.

28. Bruce Rind, "Effect of beliefs about weather conditions on tipping", *Journal of Applied Social Psychology*, v.26, n.2, 1996, p.137-47.

29. Edward M. Saunders Jr., "Stock prices and wall street weather", *American Economic Review*, n.83, 1993, p.1.337-45. Ver também Mitra Akhtari, "Reassessment of the weather effect, stock prices and Wall Street weather", *Undergraduate Economic Review*, v.7, n.1, art.19, 2011; disponível em: http://digitalcommons.iwu.edu/uer/vol7/iss1/19.
30. David Hirshleiter e Tyler Shumway, "Good day sunshine, stock returns and the weather", *The Journal of Finance*, v.LVIII, n.3, jun 2003, p.1.009-32.

2. Sentidos + mente = realidade (p.43-71)

1. Ran R. Hassin et al. (orgs.), *The New Unconscious*, Oxford, The Oxford University Press, 2005, p.3.
2. Louis Menand, *The Metaphysical Club*, Nova York, Farrar, Straus and Giroux, 2001, p.258.
3. Donald Freedheim, *Handbook of Psychology*, p.2.
4. Alan Kim, "Wilhelm Maximilian Wundt", *Stanford Encyclopedia of Philosophy*, disponível em: http://plato.stanford.edu/entries/wilhelm-wundt/ (2006); Robert S. Harper, "The first psychology laboratory", *Isis*, n.41, jul 1950, p.158-61.
5. Apud E.R. Hilgard, *Psychology in America, A Historical Survey*, Orlando, Harcourt Brace Jovanovich, 1987, p.37.
6. Menand, op.cit., p.259-60.
7. William Carpenter, *Principles of Mental Physiology*, D. Appleton and Company, 1874, p.526.
8. Menand, op.cit., p.159.
9. M. Zimmerman, "The nervous system in the context of information theory", in R.F. Schmidt e G. Thews (orgs.), *Human Physiology*, Berlim, Springer, 1989, p.166-73. Apud Ran R. Hassin, et al. (orgs.), *The New Unconscious*, p.82.
10. Christof Koch, "Minds, brains, and society", palestra no Caltech, 21 jan 2009.
11. R. Toro et al., "Brain size and folding of the human cerebral cortex", *Cerebral Cortex*. v.18, n.10, 2008, p.2.352-7.
12. Alan J. Pegna et al., "Discriminating emotional faces without primary visual cortices involves the right amygdala", *Nature Neuroscience*, v.8, n.1, jan 2005, p.24-5.

13. P. Ekman e W.P. Friesen, *Pictures of Facial Affect*, Palo Alto, Consulting Psychologists Press, 1975.
14. Disponível em: http://www.moillusions.com/2008/12/who-says-we-dont-have-barack-obama.html; acessado em 30 de março de 2009. Contato: vurdlak@gmail.com.
15. Ver, por exemplo, W.T. Thach, "On the specific role of the cerebellum in motor learning and cognition, clues from PET activation and lesion studies in man", *Behavioral and Brain Sciences*, n.19, 1996, p.411-31.
16. Beatrice de Gelder et al., "Intact navigation skills after bilateral loss of striate cortex", *Current Biology*, v.18, n.24, 2008, p.1.128-9.
17. Benedict Carey, "Blind, yet seeing, the brain's subconscious visual sense", *New York Times*, 23 dez 2008.
18. Christof Koch, *The Quest for Consciousness*, Englewood, Roberts, 2004, p.220.
19. Ian Glynn, *An Anatomy of Thought*, Oxford, Oxford University Press, 1999, p.214.
20. Ronald S. Fishman, "Gordon Holmes, the cortical Retina, and the wounds of war", *Documenta Ophthalmologica*, n.93, 1997, p.9-28.
21. L. Weiskrantz et al., "Visual capacity in the hemianopic field following a restricted occipital ablation", *Brain*, n.97, 1974, p.709-28; L. Weiskrantz, *Blindsight, A Case Study and Its Implications*, Oxford, Clarendon, 1986.
22. N. Tsuchiya e C. Koch, "Continuous flash suppression reduces negative afterimages", *Nature Neuroscience*, n.8, 2005, p.1.096-101.
23. Yi Jiang et al., "A gender and sexual orientation, dependent spatial attentional effect of invisible images", *Proceedings of the National Academy of Sciences of the United States of America*, v.103, n.45, 7 nov 2006, p.1.7048-52.
24. I. Kohler, "Experiments with Goggles", *Scientific American*, n.206, 1961, p.62-72.
25. Richard M. Warren, "Perceptual restoration of missing speech sounds", *Science*, v.167, n.3.917, 23 jan 1970, p.392-3.
26. Richard M. Warren e Roselyn P. Warren, "Auditory illusions and confusions", *Scientific American*, n.223, 1970, p.30-6.
27. Este estudo foi relatado in Warren e Warren, op.cit., e citado em outros estudos, mas aparentemente nunca foi publicado.

3. Lembrança e esquecimento (p.72-107)

1. Jennifer Thompson-Cannino, Ronald Cotton e Erin Torneo, *Picking Cotton*, Nova York, St. Martin's, 2009; ver também a transcrição de "What Jennifer saw", *Frontline*, n.1.508, 25 fev 1997.
2. Gary L. Wells e Elizabeth A. Olsen, "Eyewitness testimony", *Annual Review of Psychology*, n.54, 2003, p.277-91.
3. G.L. Wells, "What do we know about eyewitness identification?", *American Psychologist*, n.48, mai 1993, p.553-71.
4. Disponível em: http://www.innocenceproject.org/understand/Eyewitness-Misidentification.php.
5. Erica Goode e John Schwartz, "Police lineups start to face fact, eyes can lie", *New York Times*, 28 ago 2011. Ver também Brandon Garrett, *Convicting the Innocent, Where Criminal Prosecutors Go Wrong*, Cambridge, MA, Harvard University Press, 2011.
6. Thomas Lundy, "Jury Instruction corner", *Champion Magazine*, mai-jun 2008, p.62.
7. Daniel Schacter, *Searching for Memory: The Brain, the Mind, and the Past*, Nova York, Basic Books, 1996, p.111-2; Ulric Neisser (org.), "John Dean's memory, a case study", *Memory Observed, Remembering in Natural Contexts*, São Francisco, Freeman, 1982, p.139-59.
8. Loftus e Ketcham, op.cit.
9. B.R. Hergenhahn, *An Introduction to the History of Psychology*, 6ª ed., Belmont, Wadsworth, 2008, p.348-50; "H. Münsterberg", in Allen Johnson e Dumas Malone (orgs.), *Dictionary of American Biography*, Nova York, Charles Scribner's Sons, 1928-36.
10. H. Münsterberg, *On the Witness Stand: Essays on Psychology and Crime*, Nova York, Doubleday, 1908.
11. Ibid. Para a importância do trabalho de Münsterberg, ver Siegfried Ludwig Sporer, "Lessons from the origins of eyewitness testimony research in Europe", *Applied Cognitive Psychology*, n.22, 2008, p.737-57.
12. Para um pequeno sumário da vida e do trabalho de Münsterberg, ver D.P. Schultz e S.E. Schultz, *A History of Modern Psychology*, Belmont, Wadsworth, 2004, p.246-52.
13. Michael T. Gilmore, *The Quest for Legibility in American Culture*, Oxford, Oxford University Press, 2003, p.11.

14. H. Münsterberg, *Psychotherapy*, Nova York, Moffat Yard, 1905, p.125.

15. A.R. Luria, *The Mind of a Mnemonist: A Little Book About a Vast Memory*, Nova York, Basic Books, 1968; ver também Schachter, *Searching for Memory*, p.81; e Gerd Gigerenzer, *Gut Feelings*, Nova York, Viking, 2007, p.21-23.

16. John D. Bransford e Jeffery J. Franks, "The abstraction of linguistic ideas, a review", *Cognition*, v.1, n.2-3, 1972, p.211-49.

17. Arthur Graesser e George Mandler, "Recognition memory for the meaning and surface structure of sentences", *Journal of Experimental Psychology, Human Learning and Memory*, v.104, n.3, 1975, p.238-48.

18. Schacter, *Searching for Memory*, p.103; H.L. Roediger III e K.B. McDermott, "Creating false memories, remembering words not presented in lists", *Journal of Experimental Psychology, Learning, Memory, and Cognition*, n.21, 1995, p.803-14.

19. Conversa particular, 24 set 2011. Ver também Christopher Chabris e Daniel Simons, *The Invisible Gorilla*, Nova York, Crown, 2009, p.66-70.

20. Para resumos detalhados da vida e do trabalho de Bartlett sobre a memória, ver H.L. Roediger, "Sir Frederic Charles Bartlett, experimental and applied psychologist", in G.A. Kimble e M. Wertheimer (orgs.), *Portraits of Pioneers in Psychology*, v.4, Mahwah, Erlbaum, 2000, p.149-61; e H.L. Roediger, E.T. Bergman e M.L. Meade, "Repeated reproduction from memory", in A. Saito (org.), *Bartlett, Culture and Cognition*, Londres, Psychology Press, 2000, p.115-34.

21. Sir Frederic Charles Bartlett, *Remembering, A Study in Experimental and Social Psychology*, Cambridge, Cambridge University Press, 1932, p.68.

22. Friedrich Wulf, "Beiträge zur Psychologie der Gestalt, VI. Über die Veränderung von Vorstellungen (Gedächtniss und Gestalt)", *Psychologische Forschung*, n.1, 1922, p.333-75; G.W. Allport, "Change and decay in the visual memory image", *British Journal of Psychology*, n.21, 1930, p.133-48.

23. Bartlett, *Remembering*, p.85.

24. Ulric Neisser, *The Remembering Self, Construction and Accuracy in the Self- Narrative*, Cambridge, Cambridge University Press, 1994, p.6; ver também Elizabeth Loftus, *The Myth of Repressed Memory, False Memories and Allegations of Sexual Abuse*, Nova York, St. Martin's Griffin, 1996, p.91-2.

25. R.S. Nickerson e M.J. Adams, "Long-term memory for a common object", *Cognitive Psychology*, n.11, 1979, p.287-307.

26. Por exemplo, Lionel Standing et al., "Perception and memory for pictures, single-trial learning of 2500 visual stimuli", *Psychonomic Science*, v.19, n.2, 1970, p.73-4; e K. Pezdek et al., "Picture memory, recognizing added and deleted details", *Journal of Experimental Psychology, Learning, Memory, and Cognition*, v.14, n.3, 1988, p.468; apud Daniel J. Simons e Daniel T. Levin, "Change blindness", *Trends in the Cognitive Sciences*, v.1, n.7, out 1997, p.261-7.

27. J. Grimes, "On the failure to detect changes in scenes across saccades", in K. Atkins (org.), *Perception*, v.2, *Vancouver Studies in Cognitive Science*, Oxford, Oxford University Press, 1996, p.89-110.

28. Daniel T. Levin e Daniel J. Simons, "Failure to detect changes to attended objects in motion pictures", *Psychonomic Bulletin & Review*, v.4, n.4, 1997, p.501-6.

29. Daniel T. Levin e Daniel J. Simons, "Failure to detect changes to people during a real-world interaction", *Psychonomic Bulletin & Review*, v.5, n.4, 1998, p.644-8.

30. David G. Payne et al., "Memory illusions, recalling, recognizing, and recollecting events that never occurred", *Journal of Memory and Language*, n.35, 1996, p.261-85.

31. Kimberly A. Wade et al., "A picture is worth a thousand lies, using false photographs to create false childhood memories", *Psychonomic Bulletin & Review*, v.9, n.3, 2002, p.597-602.

32. Elizabeth F. Loftus, "Planting misinformation in the human mind, a 30-year investigation of the malleability of memory", *Learning & Memory*, n.12, 2005, p.361-6.

33. Kathryn A. Braun et al., "Make my memory, how advertising can change our memories of the past", *Psychology and Marketing*, v.19, n.1, jan 2002, p.1-23; Elizabeth Loftus, "Our changeable memories, legal and practical implications", *Nature Reviews Neuroscience*, n.4, mar 2003, p.231-4.

34. Loftus, "Our changeable memories"; Shari R. Berkowitz et al., "Pluto behaving badly, false beliefs and their consequences", *American Journal of Psychology*, v.121, n.4, verão 2008, p.643-60.

35. S.J. Ceci et al., "Repeatedly thinking about non-events", *Consciousness and Cognition*, n.3, 1994, p.388-407; S.J. Ceci et al, "The possible role of source misattributions in the creation of false beliefs among preschoolers", *International Journal of Clinical and Experimental Hypnosis*, n.42, 1994, p.304-20.

36. I.E. Hyman e F.J. Billings, "Individual differences and the creation of false childhood memories", *Memory*, v.6, n.1, 1998, p.1-20.
37. Ira E. Hyman et al., "False memories of childhood experiences", *Applied Cognitive Psychology*, n.9, 1995, p.181-97.

4. A importância de ser social (p.108-43)

1. J. Kiley Hamlin et al., "Social evaluation by preverbal infants", *Nature*, n.450, 22 nov 2007, p.557-9.
2. James K. Rilling, "A neural basis for social cooperation", *Neuron*, v.35, n.2, jul 2002, p.395-405.
3. Stanley Schachter, *The Psychology of Affiliation*, Palo Alto, Stanford University Press, 1959.
4. Naomi I. Eisenberger et al., "Does rejection hurt? An fMRI study of social exclusion", *Science*, v.10, n.5.643, out 2003, p.290-2.
5. C. Nathan DeWall et al., "Tylenol reduces social pain, behavioral and neural evidence", *Psychological Science*, n.21, 2010, p.931-7.
6. James S. House et al., "Social relationships and health", *Science*, n.241, 29 jul 1988, p.540-5.
7. Richard G. Klein, "Archeology and the evolution of human behavior", *Evolutionary Anthropology*, n.9, 2000, p.17-37; Christopher S. Henshilwood e Curtis W. Marean, "The origin of modern human behavior, critique of the models and their test implication", *Current Anthropology*, v.44, n.5, dez 2003, p.627-51; L. Brothers, "The social brain, a project for integrating primate behavior and neurophysiology in a new domain", *Concepts in Neuroscience*, n.1, 1990, p.27-51.
8. Klein, "Archeology and the evolution of human behavior"; Henshilwood e Marean, "The origin of modern human behavior".
9. F. Heider e M. Simmel, "An experimental study of apparent behavior", *American Journal of Psychology*, n.57, 1944, p.243-59.
10. Josep Call e Michael Tomasello, "Does the chimpanzee have a theory of mind? 30 years later", *Cell*, v.12, n.5, 2008, p.187-92.
11. J. Perner e H. Wimmer, "'John thinks that Mary thinks that...', attribution of second-order beliefs by 5 to 10-year-old children", *Journal of Experimental Child Psychology*, n.39, 1985, p.437-71; Angeline S. Lillard e Lori

Skibbe, "Theory of mind, conscious attribution and spontaneous trait inference", in Ran R. Hassin et al. (orgs.), *The New Unconscious*, Oxford, Oxford University Press, 2005, p.277-8; ver também Matthew D. Lieberman, "Social neuroscience, a review of core processes", *Annual Review of Psychology*, n.58, 2007, p.259-89.

12. Oliver Sacks, *An Anthropologist on Mars*, Nova York, Knopf, 1995, p.272 (trad. bras., *Um antropólogo em Marte*, São Paulo, Companhia das Letras, 2002).

13. Robin I.M. Dunbar, "The social brain hypothesis", *Evolutionary Anthropology, Issues, News, and Reviews*, v.6, n.5, 1998, p.178-90.

14. Ibid.

15. R.A. Hill e R.I.M. Dunbar, "Social network size in humans", *Human Nature*, v.14, n.1, 2003, p.53-72; Dunbar, "The social brain hypothesis".

16. Robin I.M. Dunbar, *Grooming, Gossip and the Evolution of Language*, Cambridge, Harvard University Press, 1996.

17. Stanley Milgram, "The small world problem", *Psychology Today*, v.1, n.1, mai 1967, p.61-7; Jeffrey Travers e Stanley Milgram, "An experimental study of the small world problem", *Sociometry*, v.32, n.4, dez 1969, p.425-43.

18. Peter Sheridan Dodds et al., "An experimental study of search in global networks", *Science*, n.301, 8 ago 2003, p.827-9.

19. James P. Curley e Eric B. Keveme, "Genes, brains and mammalian social bonds", *Trends in Ecology and Evolution*, v.20, n.10, out 2005.

20. Patricia Smith Churchland, "The impact of neuroscience on philosophy", *Neuron*, n.60, 6 nov 2008, p.409-11; Ralph Adolphs, "Cognitive neuroscience of human social behavior", *Nature Reviews*, n.4, mar 2003, p.165-78.

21. K.D. Broad et al., "Mother-Infant bonding and the evolution of mammalian social relationships", *Philosophical Transactions of the Royal Society B*, n.361, 2006, p.2.199-214.

22. Thomas R. Insel e Larry J. Young, "The neurobiology of attachment", *Nature Reviews Neuroscience*, n.2, fev 2001, p.129-33.

23. Larry J. Young et al., "Anatomy and neurochemistry of the pair bond", *Journal of Comparative Neurology*, n.493, 2005, p.51-7.

24. Churchland, "The impact of neuroscience on philosophy".

25. Zoe R. Donaldson e Larry J. Young, "Oxytocin, vasopressin, and the neurogenetics of sociality", *Science*, n.322, 7 nov 2008, p.900-4.

26. Ibid.

27. Larry J. Young, "Love, neuroscience reveals all", *Nature*, n.457, 8 jan 2009, p.148; Paul J. Zak, "The neurobiology of trust", *Scientific American*, jun 2008, p.88-95; Kathleen C. Light et al., "More frequent partner hugs and higher oxytocin levels are linked to lower blood pressure and heart rate in premenopausal women", *Biological Psychiatry*, v.69, n.1, abr 2005, p.5-21; Karten M. Grewen et al., "Effect of partner support on resting oxytocin, cortisol, norepinephrine and blood pressure before and after warm personal contact", *Psychosomatic Medicine*, n.67, 2005, p.531-8.

28. Michael Kosfeld et al., "Oxytocin increases trust in humans", *Nature*, n.435, 2 jun 2005, p.673-6; Paul J. Zak et al., "Oxytocin is associated with human trustworthiness", *Hormones and Behavior*, n.48, 2005, p.522-7; Angeliki Theodoridou, "Oxytocin and social perception, oxytocin increases perceived facial trustworthiness and attractiveness", *Hormones and Behavior*, v.56, n.1, jun 2009, p.128-32; Gregor Domes et al., "Oxytocin improves 'mind-reading' in humans", *Biological Psychiatry*, n.61, 2007, p.731-3.

29. Donaldson e Young, "Oxytocin, vasopressin, and the neurogenetics of sociality".

30. Hassin et al. (orgs.), *The New Unconscious*, p.3-4.

31. Ibid.; Timothy D. Wilson, *Strangers to Ourselves, Discovering the Adaptive Unconscious*, Cambridge, Belknap, 2002, p.4.

32. Ellen Langer et al., "The mindlessness of ostensibly thoughtful action, the role of 'placebic' information in interpersonal interaction", *Journal of Personality and Social Psychology*, v.36, n.6, 1978, p.635-42; Robert P. Abelson, "Psychological status of the script concept", *American Psychologist*, v.36, n.7, jul 1981, p.715-29.

33. William James, *The Principles of Psychology*, Nova York, Henry Holt, 1890, p.97-9.

34. C.S. Roy e C.S. Sherrington, "On the regulation of the blood-supply of the brain", *Journal of Physiology* (Londres), n.11, 1890, p.85-108.

35. Tim Dalgleish, "The emotional brain", *Nature Reviews Neuroscience*, v.5, n.7, 2004, p.582-9; ver também Colin Camerer et al., "Neuroeconomics, how neuroscience can inform economics", *Journal of Economic Literature*, v.43, n.1, mar 2005, p.9-64.

36. Lieberman, "Social neuroscience".

37. Ralph Adolphs, "Cognitive neuroscience of human social behavior", *Nature Reviews*, n.4, mar 2003, p.165-78.

38. Lieberman, "Social neuroscience".
39. Bryan Kolb e Ian Q. Whishaw, *An Introduction to Brain and Behavior*, Nova York, Worth, 2004, p.410-1.
40. R. Glenn Northcutt e Jon H. Kaas, "The emergence and evolution of mammalian neocortex", *Trends in Neuroscience*, v.18, n.9, 1995, p.373-9; Jon H. Kaas, "Evolution of the neocortex", *Current Biology*, v.21, n.16, 2006, p.910-4.
41. Nikos K. Logothetis, "What we can do and what we cannot do with fMRI", *Nature*, n.453, 12 jun 2008, p.869-78. Ao dizer primeiro artigo empregando fMRI, Logothetis falava do primeiro empregando fMRI que pôde ser feita sem injeções de agentes de contraste, impraticáveis por complicar o procedimento experimental e inibir a possiblidade de o pesquisador recrutar voluntários.
42. Lieberman, "Social neuroscience".

5. Interpretando as pessoas (p.147-72)

1. Ver Edward T. Heyn, "Berlin's wonderful horse", *New York Times*, 4 set 1904; "'Clever hans' again", *New York Times*, 2 out 1904; "A horse – and the wise men", *New York Times*, 23 jul 1911; "Can horses think? Learned Commission says 'perhaps'", *New York Times*, 31 ago 1913.
2. B. Hare et al., "The domestication of social cognition in dogs", *Science*, n.298, 22 nov 2002, p.1.634-6; Brian Hare e Michael Tomasello, "Human-like social skills in dogs?", *Trends in Cognitive Sciences*, v.9, n.9, 2005, p.440-4; Á. Miklósi et al., "Comparative social cognition, what can dogs teach us?", *Animal Behavior*, n.67, 2004, p.995-1.004.
3. Monique A.R. Udell et al., "Wolves outperform dogs in following human social cues", *Animal Behavior*, n.76, 2008, p.1.767-73.
4. Jonathan J. Cooper et al., "Clever hounds, social cognition in the domestic dog (*Canis familiaris*)", *Applied Animal Behavioral Science*, n.81, 2003, p.229-44; A. Whiten e R. W. Byrne, "Tactical deception in primates", *Behavioral and Brain Sciences*, n.11, 2004, p.233-73.
5. Hare, "The domestication of social cognition in dogs", 1634; E.B. Ginsburg e L. Hiestand, "Humanity's best friend, the origins of our inevitable bond with dogs", in H. Davis e D. Balfour (orgs.), *The Inevitable Bond, Exam-*

ining Scientist-Animal Interactions, Cambridge, Cambridge University Press, 1991, p.93-108.

6. Robert Rosenthal e Kermit L. Fode, "The effect of experimenter bias on the performance of the albino rat", *Behavioral Science*, v.8, n.3, 1963, p.183-9; ver também Robert Rosenthal e Lenore Jacobson, *Pygmalion in the Classroom, Teacher Expectation and Pupils' Intellectual Development*, Nova York, Holt, Rinehart, and Winston, 1968, p.37-8.
7. L.H. Ingraham e G.M. Harrington, "Psychology of the scientist, XVI. Experience of E as a variable in reducing experimenter bias", *Psychological Reports*, n.19, 1966, p.455-61.
8. Robert Rosenthal e Kermit L. Fode, "Psychology of the scientist, V. Three experiments in experimenter bias", *Psychological Reports*, n.12, abr 1963, p.491-511.
9. Rosenthal e Jacobson, *Pygmalion in the Classroom*, p.29.
10. Ibid.
11. Robert Rosenthal e Lenore Jacobson, "Teacher's expectancies, determinants of pupil's IQ gains", *Psychological Reports*, n.19, ago 1966, p.115-8.
12. Simon E. Fischer e Gary F. Marcus, "The eloquent ape, genes, brains and the evolution of language", *Nature Reviews Genetics*, n.7, jan 2006, p.9-20.
13. L.A. Petitto e P.F. Marentette, "Babbling in the manual mode, evidence for the ontology of language", *Science*, n.251, 1991, p.1.493-6; S. Goldin-Meadow e C. Mylander, "Spontaneous sign systems created by deaf children in two cultures", *Nature*, n.391, 1998, p.279-81.
14. Charles Darwin, *The Autobiography of Charles Darwin*, Nova York, Norton, 1969 [1887], p.141; ver também Paul Ekman, "Introduction", in *Emotions Inside Out, 130 Years After Darwin's "The Expression of the Emotions in Man and Animals"*, Nova York, Annals of the N.Y. Academy of Science, 2003, p.1-6.
15. Por exemplo, J. Bulwer, *Chirologia, Or The Natural Language of the Hand*, Londres, Harper, 1644; C. Bell, *The Anatomy and Philosophy of Expression as Connected with the Fine Arts*, Londres, George Bell, 1806; G.B. Duchenne de Boulogne, *Mécanismes de la physionomie humaine, ou analyse électrophysiologique de l'expression des passions*, Paris, Baillière, 1862.
16. Peter O. Gray, *Psychology*, Nova York, Worth, 2007, p.74-5.
17. Antonio Damasio, *Descartes' Error, Emotion, Reason, and the Human Brain*, Nova York, Putnam, 1994, p.141-2.

18. Apud Mark G. Frank et al., "Behavioral markers and recognizability of the smile of enjoyment", *Journal of Personality and Social Psychology*, v.64, n.1, 1993, p.87.
19. Ibid., p.83-93.
20. Charles Darwin, *The Expression of the Emotions in Man and Animals*, Nova York, D. Appleton, 1886 [1872], p.15-7.
21. James A. Russell, "Is there universal recognition of emotion from facial expression? A review of the cross-cultural studies", *Psychological Bulletin*, v.115, n.1, 1994, p.102-41.
22. Ver Ekman, "Afterword", in Charles Darwin, op.cit., p.363-93.
23. Paul Ekman e Wallace V. Friesen, "Constants across cultures in the face and emotion", *Journal of Personality and Social Psychology*, v.17, n.2, 1971, p.124-9.
24. Paul Ekman, "Facial expressions of emotion, an old controversy and new findings", *Philosophical Transactions of the Royal Society of London B*, n.335, 1992, p.63-9. Ver também Rachel E. Jack et al., "Cultural confusions show that facial expressions are not universal", *Current Biology*, n.19, 29 set 2009, p.1.543-8. Este estudo encontrou resultados que, a despeito do título do trabalho, foram "consistentes com observações anteriores", embora os asiáticos confundissem amor e nojo com surpresa e raiva nos rostos ocidentais com mais frequência que os ocidentais.
25. Edward Z. Tronick, "Emotions and emotional communication in infants", *American Psychologist*, v.44, n.2, fev 1989, p.112-9.
26. Dario Galati et al., "Voluntary facial expression of emotion, comparing congenitally blind with normally sighted encoders", *Journal of Personality and Social Psychology*, v.73, n.6, 1997, p.1.363-79.
27. Gary Alan Fine et al., "Couple tie-signs and interpersonal threat, a field experiment", *Social Psychology Quarterly*, v.47, n.3, 1984, p.282-6.
28. Hans Kummer, *Primate Societies*, Chicago, Aldine-Atherton, 1971.
29. David Andrew Puts et al., "Dominance and the evolution of sexual dimorphism in human voice pitch", *Evolution and Human Behavior*, n.27, 2006, p.283-96; Joseph Henrich e Francisco J. Gil-White, "The evolution of prestige, freely conferred deference as a mechanism for enhancing the benefits of cultural transmission", *Evolution and Human Behavior*, n.22, 2001, p.165-96.
30. Allan Mazur et al., "Physiological aspects of communication via mutual gaze", *American Journal of Sociology*, v.86, n.1, 1980, p.50-74.

31. John F. Dovidio e Steve L. Ellyson, "Decoding visual dominance, attributions of power based on relative percentages of looking while speaking and looking while listening", *Social Psychology Quarterly*, v.45, n.2, 1982, p.106-13.

32. R.V. Exline et al., "Visual behavior as an aspect of power role relationships", in P. Pliner et al. (orgs.) *Advances in the Study of Communication and Affect*, v.2, Nova York, Plenum, 1975, p.21-52.

33. R.V. Exline et al., "Visual dominance behavior in female dyads, situational and personality factors", *Social Psychology Quarterly*, v.43, n.3, 1980, p.328-36.

34. John F. Dovidio et al., "The relationship of social power to visual displays of dominance between men and women", *Journal of Personality and Social Psychology*, v.54, n.2, 1988, p.233-42.

35. S. Duncan e D.W. Fiske, *Face-to-Face Interaction, Research, Methods, and Theory*, Hillsdale, Erlbaum, 1977; N. Capella, "Controlling the floor in conversation", in A. W. Siegman e S. Feldstein (orgs.), *Multichannel Integrations of Nonverbal Behavior*, Hillsdale, Erlbaum, 1985, p.69-103.

36. A. Atkinson et al., "Emotion perception from dynamic and static body expressions in point-light and full-light displays", *Perception*, n.33, 2004, p.717-46; "Perception of emotion from dynamic point-light displays represented in dance", *Perception*, n.25, 1996, p.727-38; James E. Cutting e Lynn T. Kozlowski, "Recognizing friends by their walk, gait perception without familiarity cues", *Bulletin of the Psychonomic Society*, v.9, n.5, 1977, p.353-6; e James E. Cutting e Lynn T. Kozlowski, "Recognizing the sex of a walker from a dynamic point-light display", *Perception and Psychophysics*, v.21, n.6, 1977, p.575-80.

37. S.H. Spence, "The relationship between social-cognitive skills and peer sociometric status", *British Journal of Developmental Psychology*, n.5, 1987, p.347-56.

38. M.A. Bayes, "Behavioral cues of interpersonal warmth", *Journal of Consulting and Clinical Psychology*, v.39, n.2, 1972, p.333-9.

39. J.K. Burgoon et al., "Nonverbal behaviors, persuasion, and credibility", *Human Communication Research*, n.17, outono 1990, p.140-69.

40. A. Mehrabian e M. Williams, "Nonverbal concomitants of perceived and intended persuasiveness", *Journal of Personality and Social Psychology*, v.13, n.1, 1969, p.37-58.

41. Starkey Duncan Jr., "Nonverbal communication", *Psychological Bulletin*, v.77, n.2, 1969, p.118-37.
42. Harald G. Wallbott, "Bodily expression of emotion", *European Journal of Social Psychology*, n.28, 1998, p.879-96; Lynn A. Streeter et al., "Pitch changes during attempted deception", *Journal of Personality and Social Psychology*, v.35, n.5, 1977, p.345-50; Allan Pease e Barbara Pease, *The Definitive Book of Body Language*, Nova York, Bantam, 2004; Bella M. DePaulo, "Nonverbal behavior and self presentation", *Psychological Bulletin*, v.11, n.2, 1992, p.203-43; Judith A. Hall et al., "Nonverbal behavior and the vertical dimension of social relations, a meta-analysis", *Psychological Bulletin*, v.131, n.6, 2005, p.898-924; Kate Fox, *SIRC Guide to Flirting, What Social Science Can Tell You About Flirting and How to Do It*; disponível em: http://www.sirc.org/index.html.

6. Julgando as pessoas pela cara (p.173-97)

1. Grace Freed-Brown e David J. White, "Acoustic mate copying, female cowbirds attend to other females' vocalizations to modify their song preferences", *Proceedings of the Royal Society B*, n.276, 2009, p.3.319-25.
2. Ibid.
3. C. Nass et al., "Computers are social actors", *Proceedings of the ACM CHI 94 Human Factors in Computing Systems Conference*, Reading, Association for Computing Machinery Press, 1994, p.72-7; C. Nass et al., "Are computers gender neutral?", *Journal of Applied Social Psychology*, v.27, n.10, 1997, p.864-76; C. Nass e K.M. Lee, "Does computer-generated speech manifest personality? An experimental test of similarity-attraction", *CHI Letters*, v.2, n.1, abr 2000, p.329-36.
4. Quando falamos com alguém, certamente reagimos ao conteúdo do discurso. Mas também reagimos, tanto consciente quanto inconscientemente, às características não verbais da pessoa que fala. Ao retirar essa pessoa da interação, Nass e seus colegas se concentraram na reação automática dos sujeitos à voz humana. Mas talvez não fosse isso que acontecesse. Talvez os sujeitos estivessem na verdade respondendo à caixa física, à máquina, e não à voz. Não há maneira de saber, por meio da lógica pura, pois as duas escolhas são igualmente inapropriadas. Por

isso os pesquisadores realizaram outro experimento, no qual misturaram as coisas. Alguns dos estudantes nesses experimentos fizeram suas avaliações em computadores que não foram as máquinas que os ensinaram, mas que tinham a mesma voz. Outros fizeram suas avaliações no mesmo computador que os ensinou, mas com uma voz diferente na fase da avaliação. Os resultados mostraram que era realmente à voz que os estudantes estavam respondendo, não à máquina física.

5. Byron Reeves e Clifford Nass, *The Media Equation: How People treat Computers, Television, and New Media Like Real People and Places*, Cambridge, Cambridge University Press, 1996, p.24.
6. Sarah A. Collins, "Men's voices and women's choices", *Animal Behavior*, n.60, 2000, p.773-80.
7. David Andrew Puts et al., "Dominance and the evolution of sexual dimorphism in human voice pitch", *Evolution and Human Behavior*, n.27, 2006, p.283-96.
8. David Andrew Puts, "Mating context and menstrual phase affect women's preferences for male voice pitch", *Evolution and Human Behavior*, n.26, 2005, p.388-97.
9. R. Nathan Pepitone et al., "Women's voice attractiveness varies across the menstrual cycle", *Evolution and Human Behavior*, v.29, n.4, 2008, p.268-74.
10. Collins, "Men's voices and women's choices". Espécies de maior porte produzem vocalizações de tom mais grave que as de menor porte, mas, na espécie (mamífera), esse não é o caso. Recentemente, contudo, inúmeros estudos têm indicado que o timbre ou harmônicos de alta frequência chamados formantes poderiam ser um indicador mais preciso, pelo menos de altura. Ver Drew Rendall et al., "Lifting the curtain on the Wizard of Oz, biased voice-based impressions of speaker size", *Journal of Experimental Psychology, Human Perception and Performance*, v.33, n.5, 2007, p.1.208-19.
11. L. Bruckert et al., "Women use voice parameters to assess men's characteristics", *Proceedings of the Royal Society B*, n.273, 2006, p.83-9.
12. C.L. Apicella et al., "Voice pitch predicts reproductive success in male hunter-gatherers", *Biology Letters*, n.3, 2007, p.682-4.
13. Klaus R. Scherer et al., "Minimal cues in the vocal communication of affect, judging emotions from content-masked speech", *Journal of Paralinguistic Research*, v.1, n.3, 1972, p.269-85.

14. William Apple et al., "Effects of speech rate on personal attributions", *Journal of Personality and Social Psychology*, v.37, n.5, 1979, p.715-27.
15. Carl E. Williams e Kenneth N. Stevens, "Emotions and speech, some acoustical correlates", *Journal of the Acoustical Society of America*, v.52, n.4, parte 2, 1972, p.1.238-50; Scherer et al., "Minimal cues in the vocal communication of affect".
16. Sally Feldman, "Speak up," *New Humanist*, v.123, n.5, set-out 2008.
17. N. Guéguen, "Courtship compliance, the effect of touch on women's behavior", *Social Influence*, v.2, n.2, 2007, p.81-97.
18. M. Lynn et al., "Reach out and touch your customers", *Cornell Hotel & Restaurant Quarterly*, v.39, n.3, jun 1998, p.60-5; J. Hornik, "Tactile stimulation and consumer response", *Journal of Consumer Research*, n.19, dez 1992, p.449-58; N. Guéguen e C. Jacob, "The effect of touch on tipping, an evaluation in a french bar", *Hospitality Management*, n.24, 2005, p.295-9; N. Guéguen, "The effect of touch on compliance with a restaurant's employee suggestion", *Hospitality Management*, n.26, 2007, p.1019-23; N. Guéguen, "Nonverbal encouragement of participation in a course, the effect of touching", *Social Psychology of Education*, v.7, n.1, 2003, p.89-98; J. Hornik e S. Ellis, "Strategies to secure compliance for a mall intercept interview", *Public Opinion Quarterly*, n.52, 1988, p.539-51; N. Guéguen e J. Fischer-Lokou, "Tactile contact and spontaneous help, an evaluation in a natural setting", *The Journal of Social Psychology*, v.143, n.6, 2003, p.785-7.
19. C. Silverthorne et al., "The effects of tactile stimulation on visual experience", *Journal of Social Psychology*, n.122, 1972, p.153-4; M. Patterson et al., "Touch, compliance, and interpersonal affect", *Journal of Nonverbal Behavior*, n.10, 1986, p.41-50; N. Guéguen, "Touch, awareness of touch, and compliance with a request", *Perceptual and Motor Skills*, n.95, 2002, p.355-60.
20. Michael W. Krauss et al., "Tactile communication, cooperation, and performance, an ethological study of the NBA", *Emotion*, v.10, n.5, out 2010, p.745-9.
21. India Morrison et al., "The skin as a social organ", *Experimental Brain Research*, on-line, 22 set 2009; Ralph Adolphs, "Conceptual challenges and directions for social neuroscience", *Neuron*, v.65, n.6, 25 mar 2010, p.752-67.
22. Ralph Adolphs, entrevista com o autor, 10 nov 2011.

23. Morrison et al., "The skin as a social organ".
24. R.I.M. Dunbar, "The social role of touch in humans and primates, behavioral functions and neurobiological mechanisms", *Neuroscience and Biobehavioral Reviews*, n.34, 2008, p.260-8.
25. Matthew J. Hertenstein et al., "The communicative functions of touch in humans, nonhuman primates, and rats, a review and synthesis of the empirical research", *Genetic, Social, and General Psychology Monographs*, v.132, n.1, 2006, p.5-94.
26. O cenário do debate é de Alan Schroeder, *Presidential Debates, Fifty Years of High-Risk TV*, 2ª ed. Nova York, Columbia University Press, 2008.
27. Sidney Kraus, *Televised Presidential Debates and Public Policy*, Mahwah, Erlbaum, 2000, p.208-12. Note-se que Kraus afirma incorretamente que a Conferência dos Governadores do Sul foi no Arizona.
28. James N. Druckman, "The power of televised images, the first Kennedy-Nixon debate revisited", *Journal of Politics*, v.65, n.2, mai 2003, p.559-71.
29. Shawn W. Rosenberg et al., "The image and the vote, the effect of candidate presentation on voter preference", *American Journal of Political Science*, v.30, n.1, fev 1986, p.108-27; Shawn W. Rosenberg et al., "Creating a political image, shaping appearance and manipulating the vote", *Political Behavior*, v.13, n.4, 1991, p.345-66.
30. Alexander Todorov et al., "Inferences of competence from faces predict election outcomes", *Science*, n.308, 10 jun 2005, p.1.623-6.
31. É interessante notar que, embora isso fique bem claro nas fotografias, nas pinturas, o nariz de Darwin parece ter sido minimizado.
32. Darwin Correspondence Database; disponível em: http://www.darwinproject.ac.uk/entry 3235.
33. Charles Darwin, *The Autobiography of Charles Darwin*, Rockville, Serenity, 2008 [1887], p.40.

7. Classificação de pessoas e coisas (p.198-218)

1. David J. Freedman et al., "Categorical representation of visual stimuli in the primate prefrontal cortex", *Science*, n.291, jan 2001, p.312-16.
2. Henri Tajfel e A.L. Wilkes, "Classification and quantitative judgment", *British Journal of Psychology*, n.54, 1963, p.101-14; Oliver Corneille et al., "On the role of familiarity with units of measurement in categorical ac-

centuation: Tajfel e Wilkes (1963) revisited and replicated", *Psychological Science*, v.13, n.4, jul 2002, p.380-3.
3. Robert L. Goldstone, "Effects of categorization on color perception", *Psychological Science*, v.6, n.5, set 1995, p.298-303.
4. Joachim Krueger e Russell W. Clement, "Memory-based judgments about multiple categories, a revision and extension of Tajfel's accentuation theory", *Journal of Personality and Social Psychology*, v.67, n.1, jul 1994, p.35-47.
5. Linda Hamilton Krieger, "The content of our categories, a cognitive bias approach to discrimination and equal employment opportunity", *Stanford Law Review*, v.47, n.6, jul 1995, p.1.161-248.
6. Elizabeth e Stuart Ewen, *Typecasting, On the Arts and Sciences of Human Inequality*, Nova York, Seven Stories, 2008.
7. Ibid.
8. Ibid.
9. A imagem é de Giambattista della Porta, *De Humana Physiognomonia Libri IIII*; disponível no site da National Library of Medicine: http://www.nlm.nih.gov/exhibition/historicalanatomies/porta_home.html. De acordo com http://stevenpoke.com/giambattista-della-porta-de-humana-physiognomonia-1586: "Encontrei essas imagens na exposição da Historical Anatomies, na web, que é parte da Biblioteca Nacional de Medicina dos EUA e tem mais de setenta imagens on-line disponíveis."
10. Darrell J. Steffensmeier, "Deviance and respectability, an observational study of shoplifting", *Social Forces*, v.51, n.4, jun 1973, p.417-26; ver também Kenneth C. Mace, "The 'overt-bluff' shoplifter, who gets caught?", *Journal of Forensic Psychology*, v.4, n.1, dez 1972, p.26-30.
11. H.T. Himmelweit, "Obituary, Henri Tajfel, FBPsS", *Bulletin of the British Psychological Society*, n.35, 1982, p.288-9.
12. William Peter Robinson, (org.), *Social Groups and Identities, Developing the Legacy of Henri Tajfel*, Oxford, Butterworth-Heinemann, 1996, p.3.
13. Ibid.
14. Henri Tajfel, *Human Groups and Social Categories*, Cambridge, Cambridge University Press, 1981.
15. Robinson (org.), *Social Groups and Identities*, p.5.
16. Krieger, "The content of our categories".
17. Anthony G. Greenwald et al., "Measuring individual differences in implicit cognition, the implicit association test", *Journal of Personality and Social Psychology*, v.74, n.6, 1998, p.1.464-80; ver também Brian A. Nosek

et al., "The implicit association test at age 7, a methodological and conceptual review", in J.A. English, *Automatic Processes in Social Thinking and Behavior*, Nova York, Psychology Press, 2007, p.265-92.

18. Elizabeth Milne e Jordan Grafman, "Ventromedial prefrontal cortex lesions in humans eliminate implicit gender stereotyping", *Journal of Neuroscience*, n.21, 2001, p.1-6.
19. Gordon W. Allport, *The Nature of Prejudice*, Cambridge, Addison-Wesley, 1954, p.20-3.
20. Ibid., p.4-5.
21. Joseph Lelyveld, *Great Soul, Mahatma Gandhi and His Struggle with India*, Nova York, Knopf, 2011.
22. Ariel Dorfman, "Che Guevara, the guerrilla", *Time*, 14 jun 1999.
23. Marian L. Tupy, "Che Guevara and the West", Cato Institute, Commentary, 10 nov 2009.
24. Krieger, "The content of our categories", p.1.184. Estranhamente, a mulher perdeu o caso. Seus advogados apelaram, mas o tribunal de apelação manteve o veredicto, descartando a afirmação como "observação digressiva".
25. Millicent H. Abel e Heather Watters, "Attributions of guilt and punishment as functions of physical attractiveness and smiling", *Journal of Social Psychology*, v.145, n.6, 2005, p.687-702; Michael G. Efran, "The effect of physical appearance on the judgment of guilt, interpersonal attraction, and severity of recommended punishment in a simulated jury task", *Journal of Research in Personality*, v.8, n.1, jun 1974, p.45-54; Harold Sigall e Nancy Ostrove, "Beautiful but dangerous, effects of offender attractiveness and nature of the crime on juridic judgment", *Journal of Personality and Social Psychology*, v.31, n.3, 1975, p.410-14; Jochen Piehl, "Integration of information in the courts, influence of physical attractiveness on amount of punishment for a traffic offender", *Psychological Reports*, v.41, n.2, out 1977, p.551-6; John E. Stewart II, "Defendant's attractiveness as a factor in the outcome of criminal trials, an observational study", *Journal of Applied Psychology*, v.10, n.4, ago 1980, p.348-61.
26. Rosaleen A. McCarthy e Elizabeth K. Warrington, "Visual associative agnosia, a clinico-anatomical study of a single case", *Journal of Neurology, Neurosurgery, and Psychiatry*, n.49, 1986, p.1.233-40.

8. In-groups e out-groups (p.219-39)

1. Muzafer Sherif et al., *Intergroup Confl ict and Cooperation, The Robbers Cave Experiment*, Norman, University of Oklahoma Press, 1961.
2. L. Keeley, *War Before Civilization*, Oxford, Oxford University Press, 1996.
3. N. Chagnon, *Yanomamo*, Fort Worth, Harcourt, 1992.
4. Blake E. Ashforth e Fred Mael, "Social identity theory and the organization", *Academy of Management Review*, v.14, n.1, 1989, p.20-39.
5. Markus Brauer, "Intergroup perception in the social context, the effects of social status and group membership on perceived out-group homogeneity", *Journal of Experimental Social Psychology*, n.37, 2001, p.15-31.
6. K.L. Dion, "Cohesiveness as a determinant of ingroup-outgroup bias", *Journal of Personality and Social Psychology*, n.28, 1973, p.163-71; Ashforth e Mael, "Social identity theory".
7. Charles K. Ferguson e Harold H. Kelley, "Significant factors in overevaluation of own-group's product", *Journal of Personality and Social Psychology*, v.69, n.2, 1964, p.223-28.
8. Patricia Linville et al., "Perceived distributions of the characteristics of in-group and out-group members, empirical evidence and a computer simulation", *Journal of Personality and Social Psychology*, v.57, n.2, 1989, p.165-88; Bernadette Park e Myron Rothbart, "Perception of out-group homogeneity and levels of social categorization, memory for the subordinate attributes of in-group and out-group members", *Journal of Personality and Social Psychology*, v.42, n.6, 1982, p.1.051-68.
9. Park e Rothbart, "Perception of out-group homogeneity".
10. Margaret Shih et al., "Stereotype Susceptibility, Identity Salience and Shifts in Quantitative Performance", *Psychological Science* 10, n.1, jan 1999, p.80-3.
11. Noah J. Goldstein e Robert B. Cialdini, "Normative influences on consumption and conservation behaviors", in Michaela Wänke (org.), *Social Psychology and Consumer Behavior,* Nova York, Psychology Press, 2009, p.273-96.
12. Robert B. Cialdini et al., "Managing social norms for persuasive impact", *Social Inf uence*, v.1, n.1, 2006, p.3-15.
13. Marilyn B. Brewer e Madelyn Silver, "Ingroup bias as a function of task characteristics", *European Journal of Social Psychology*, n.8, 1978, p.393-400.

14. Ashforth e Mael, "Social identity theory".
15. Henri Tajfel, "Experiments in intergroup discrimination", *Scientific American*, n.223, nov 1970, p.96-102; H. Tajfel et al., "Social categorization and intergroup behavior", *European Journal of Social Psychology*, v.1, n.2, 1971, p.149-78.
16. Sherif et al., *Intergroup Conflict and Cooperation*, p.209.
17. Robert Kurzban et al., "Can race be erased? Coalitional computation and social categorization", *Proceedings of the National Academy of Sciences*, v.98, n.26, 18 dez 2001, p.15.387-92.

9. Sentimentos (p.240-66)

1. Corbett H. Thigpen e Hervey Cleckley, "A case of multiple personalities", *Journal of Abnormal and Social Psychology*, v.49, n.1, 1954, p.135-51.
2. Charles E. Osgood e Zella Luria, "A blind analysis of a case of multiple personality using the semantic differential", *Journal of Abnormal and Social Psychology*, v.49, n.1, 1954, p.579-91.
3. Nadine Brozan, "The real Eve sues to film the rest of her story", *New York Times*, 7 fev 1989.
4. Piercarlo Valdesolo e David DeSteno, "Manipulations of emotional context shape moral judgment", *Psychological Science*, v.17, n.6, 2006, p.476-7.
5. Steven W. Gangestad et al., "Women's preferences for male behavioral displays change across the menstrual cycle", *Psychological Science*, v.15, n.3, 2004, p.203-7; Kristina M. Durante et al., "Changes in women's choice of dress across the ovulatory cycle, naturalistic and laboratory task-based evidence," *Personality and Social Psychology Bulletin*, n.34, 2008, p.1.451-60.
6. John F. Kihlstrom e Stanley B. Klein, "Self-knowledge and self-awareness", *Annals of the New York Academy of Sciences*, n.818, 17 dez 2006, p.5-17; Shelley E. Taylor e Jonathan D. Brown, "Illusion and well-being, a social psychological perspective on mental health", *Psychological Bulletin*, v.103, n.2, 1988, p.193-210.
7. H.C. Kelman, "Deception in social research", *Transaction*, n.3, 1966, p.20-4; ver também Steven J. Sherman, "On the self-erasing nature of errors of prediction", *Journal of Personality and Social Psychology*, v.39, n.2, 1980, p.211-21.

8. E. Grey Dimond et al., "Comparison of internal mammary artery ligation and sham operation for angina pectoris", *American Journal of Cardiology*, v.5, n.4, abr 1960, p.483-6; ver também Walter A. Brown, "The placebo effect", *Scientific American*, jan 1998, p.90-5.
9. William James, "What is an emotion?", *Mind*, v.9, n.34, abr 1884, p.188-205.
10. Tor D. Wager, "The neural bases of placebo effects in pain", *Current Directions in Psychological Science*, v.14, n.4, 2005, p.175-9; Tor D. Wager et al., "Placebo-induced changes in fMRI in the anticipation and experience of pain", *Science*, n.303, fev 2004, p.1.162-7.
11. James H. Korn, "Historians' and chairpersons' judgments of eminence among psychologists", *American Psychologist*, v.46, n.7, jul 1991, p.789-92.
12. William James a Carl Strumpf, 6 fev 1887, in Ignas K. Skrupskelis e Elizabeth M. Berkeley (orgs.), *The Correspondence of William James*, v.6, Charlottesville, University Press of Virginia, 1992, p.202.
13. D.W. Bjork, *The Compromised Scientist, William James in the Development of American Psychology*, Nova York, Columbia University Press, 1983, p.12.
14. Henry James (org.), *The Letters of William James*, Boston, Little, Brown, 1926, p.393-4.
15. Stanley Schachter e Jerome E. Singer, "Cognitive, social, and physiological determinants of emotional state", *Psychological Review*, v.69, n.5, set 1962, p.379-99.
16. Joanne R. Cantor et al., "Enhancement of experienced sexual arousal in response to erotic stimuli through misattribution of unrelated residual excitation", *Journal of Personality and Social Psychology*, v.32, n.1, 1975, p.69-75.
17. Disponível em: http://www.imdb.com/title/tt0063013/.
18. Donald G. Dutton e Arthur P. Aron, "Some evidence for heightened sexual attraction under conditions of high anxiety", *Journal of Personality and Social Psychology*, v.30, n.4, 1974, p.510-7.
19. Fritz Strack et al., "Inhibiting and facilitating conditions of the human smile, a nonobtrusive test of the facial feedback hypothesis", *Journal of Personality and Social Psychology*, v.54, n.5, 1988, p.768-77; Lawrence W. Barsalou et al., "Social embodiment", *Psychology of Learning and Motivation*, n.43, 2003, p.43-92.
20. Peter Johansson et al., "Failure to detect mismatches between intention and outcome in a simple decision task", *Science*, n.310, 7 out 2005, p.116-9.

21. Lars Hall et al., "Magic at the marketplace, choice blindness for the taste of jam and the smell of tea", *Cognition*, v.117, n.1, out 2010, p.54-61.
22. Wendy M. Rahm et al., "Rationalization and derivation processes in survey studies of political candidate evaluation", *American Journal of Political Science*, v.38, n.3, ago 1994, p.582-600.
23. Joseph LeDoux, *The Emotional Brain, The Mysterious Underpinnings of Emotional Life*, Nova York, Simon and Schuster, 1996, p.32-3; Michael Gazzaniga, "The split brain revisited", *Scientific American*, v.279, n.1, jul 1998, p.51-5.
24. Oliver Sacks, *The Man Who Mistook His Wife for a Hat*, Nova York, Simon and Schuster, 1998, p.108-11 (trad. bras., *O homem que confundiu sua esposa com um chapéu*, São Paulo, Companhia das Letras, 1997).
25. J. Haidt, "The emotional dog and its rational tail, a social intuitionist approach to moral judgment", *Psychological Review*, v.108, n.4, 2001, p.814-34.
26. Richard E. Nisbett e Timothy DeCamp Wilson, "Telling more than we can know, verbal reports on mental processes", *Psychological Review*, v.84, n.3, mai 1977, p.231-59.
27. Richard E. Nisbett e Timothy DeCamp Wilson, "Verbal reports about causal influences on social judgments, private access versus public theories", *Journal of Personality and Social Psychology*, v.35, n.9, set 1977, p.613-24; ver também Nisbett e Wilson, "Telling more than we can know".
28. E. Aronson et al., "The effect of a pratfall on increasing personal attractiveness", *Psychonomic Science*, n.4, 1966, p.227-8; M.J. Lerner, "Justice, guilt, and veridicial perception", *Journal of Personality and Social Psychology*, n.20, 1971, p.127-35.

10. O eu (p.267-98)

1. Robert Block, "Brown portrays Fema to panel as broken and resource-starved", *Wall Street Journal*, 28 set 2005.
2. Dale Carnegie, *How to Win Friends and Influence People*, Nova York, Simon and Schuster, 1936, p.3-5 (trad. bras., *Como fazer amigos e influenciar pessoas*, Best Seller, Rio de Janeiro, 2006).
3. College Board, *Student Descriptive Questionnaire*, Princeton, Educational Testing Service, 1976-7.

4. P. Cross, "Not can but will college teaching be improved?", *New Directions for Higher Education*, n.17, 1977, p.1-15.
5. O. Svenson, "Are we all less risky and more skillful than our fellow driver?", *Acta Psychologica*, n.47, 1981, p.143-8; L. Larwood e W. Whittaker, "Managerial myopia, self-serving biases in organizational planning", *Journal of Applied Psychology*, n.62, 1977, p.194-8.
6. David Dunning et al., "Flawed self-assessment, implications for health, education, and the workplace", *Psychological Science in the Public Interest*, v.5, n.3, 2004, p.69-106.
7. B.M. Bass e F.J Yamarino, "Congruence of self and others' leadership ratings of naval officers for understanding successful performance", *Applied Psychology*, n.40, 1991, p.437-54.
8. Scott R. Millis et al., "Assessing physicians' interpersonal skills, do patients and physicians see eye-to-eye?", *American Journal of Physical Medicine & Rehabilitation*, v.81, n.12, dez 2002, p.946-51; Jocelyn Tracey et al., "The validity of general practitioners' self assessment of knowledge, cross sectional study", *BMJ*, n.315, 29 nov 1997, p.1.426-8.
9. Dunning et al., "Flawed self-assessment".
10. A.C. Cooper et al., "Entrepreneurs' perceived chances for success", *Journal of Business Venturing*, n.3, 1988, p.97-108; L. Larwood e W. Whittaker, "Managerial myopia, self-serving biases in organizational planning", *Journal of Applied Psychology*, n.62, 1977, p.194-8.
11. Dunning et al., "Flawed self-assessment"; David Dunning, *Self-Insight, Roadblocks and Detours on the Path to Knowing Thyself*, Nova York, Psychology Press, 2005, p.6-9.
12. M.L.A. Hayward e D.C. Hambrick, "Explaining the premiums paid for large acquisitions, evidence of CEO hubris", *Administrative Science Quarterly*, n.42, 1997, p.103-27; U. Malmendier e G. Tate, "Who makes acquisitions? A test of the overconfidence hypothesis", *Stanford Research Paper 1798*, Palo Alto, Stanford University, 2003.
13. T. Odean, "Volume, volatility, price, and profit when all traders are above average", *Journal of Finance*, n.8, 1998, p.1.887-934. Para a pesquisa de Schiller, ver Robert J. Schiller, *Irrational Exuberance*, Nova York, Broadway Books, 2005, p.154-5.
14. E. Pronin et al., "The bias blind spot, perception of bias in self versus others", *Personality and Social Psychology Bulletin*, n.28, 2002, p.369-81;

Emily Pronin, "Perception and misperception of bias in human judgment", *Trends in Cognitive Sciences*, v.11, n.1, 2006, p.37-43; J. Friedrich, "On seeing oneself as less self-serving than others, the ultimate self-serving bias?", *Teaching of Psychology*, n.23, 1996, p.107-9.

15. Vaughan Bell et al., "Beliefs about delusions", *Psychologist*, v.16, n.8, ago 2003, p.418-23; Vaughan Bell, "Jesus, Jesus, Jesus", *Slate*, 26 mai 2010.

16. Dan P. McAdams, "Personal narratives and the life story", in Oliver John et al. (orgs.), *Handbook of Personality, Theory and Research*, Nova York, Guilford, 2008, p.242-62.

17. F. Heider, *The Psychology of Interpersonal Relations*, Nova York, Wiley, 1958.

18. Robert E. Knox e James A. Inkster, "Post decision dissonance at post time", *Journal of Personality and Social Psychology*, v.8, n.4, 1968, p.319-23; Edward E. Lawler III et al., "Job choice and post decision dissonance", *Organizational Behavior and Human Performance*, n.13, 1975, p.133-45.

19. Ziva Kunda, "The case for motivated reasoning", *Psychological Bulletin*, v.108, n.3, 1990, p.480-98; ver também David Dunning, "Self-image motives and consumer behavior, how sacrosanct self-beliefs sway preferences in the marketplace", *Journal of Consumer Psychology*, v.17, n.4, 2007, p.237-49.

20. Emily Balcetis e David Dunning, "See what you want to see, motivational influences on visual perception", *Journal of Personality and Social Psychology*, v.91, n.4, 2006, p.612-25.

21. Para garantir que eles não viam os dois animais, os pesquisadores usaram também um sistema de seguir o olho capaz de identificar, a partir dos movimentos inconscientes do olho, como os sujeitos estavam realmente interpretando a figura.

22. Albert H. Hastorf e Hadley Cantril, "They saw a game, a case study", *Journal of Abnormal and Social Psychology*, n.49, 1954, p.129-34.

23. George Smoot e Keay Davidson, *Wrinkles in Time, Witness to the Birth of the Universe*, Nova York, Harper Perennial, 2007, p.79-86.

24. Jonathan J. Koehler, "The influence of prior beliefs on scientific judgments of evidence quality", *Organizational Behavior and Human Decision Processes*, n.56, 1993, p.28-55.

25. Ver artigo de Koehler para uma discussão desse comportamento a partir do ponto de vista bayesiano.

26. Paul Samuelson, *The Collected Papers of Paul Samuelson*, Boston, MIT Press, 1986, p.53. Ele estava parafraseando Max Planck, que disse: "Não que as velhas teorias sejam desbancadas, são seus defensores que morrem." Ver Michael Szenberg e Lall Ramrattan (orgs.), *New Frontiers in Economics*, Cambridge, Cambridge University Press, 2004, p.3-4.
27. Susan L. Coyle, "Physician-industry relations. Part 1, Individual physicians", *Annals of Internal Medicine*, v.135, n.5, 2002, p.396-402.
28. Ibid.; Karl Hackenbrack e Mark W. Wilson, "Auditors' incentives and their application of financial accounting standards", *Accounting Review*, v.71, n.1, jan 1996, p.43-59; Robert A. Olsen, "Desirability bias among professional investment managers, some evidence from experts", *Journal of Behavioral Decision Making*, n.10, 1997, p.65-72; Vaughan Bell et al., "Beliefs about delusions", *Psychologist*, v.16, n.8, ago 2003, p.418-23.
29. Drew Westen et al., "Neural bases of motivated reasoning, an fMRI study of emotional constraints on partisan political judgment in the 2004 U.S. presidential election", *Journal of Cognitive Neuroscience*, v.18, n.11, 2006, p.1.947-58.
30. Ibid.
31. Peter H. Ditto e David F. Lopez, "Motivated skepticism, use of differential decision criteria for preferred and nonpreferred conclusions", *Journal of Personality and Social Psychology*, v.63, n.4, p.568-84.
32. Naomi Oreskes, "The scientific consensus on climate change", *Science*, n.306, 3 dez 2004, p.1.686; Naomi Oreskes e Erik M. Conway, *Merchants of Doubt*, Nova York, Bloomsbury, 2010, p.169-70.
33. Charles G. Lord et al., "Biased assimilation and attitude polarization, the effects of prior theories on subsequently considered evidence", *Journal of Personality and Social Psychology*, v.37, n.11, 1979, p.2.098-109.
34. Robert P. Vallone et al., "The hostile media phenomenon, biased perception and perceptions of media bias in coverage of the Beirut massacre", *Journal of Personality and Social Psychology*, v.49, n.3, 1985, p.577-85.
35. Daniel L. Wann e Thomas J. Dolan, "Attributions of highly identified sports spectators", *Journal of Social Psychology*, v.134, n.6, 1994, p.783-93; Daniel L. Wann e Thomas J. Dolan, "Controllability and stability in the self-serving attributions of sport spectators", *Journal of Social Psychology*, v.140, n.2, 1998, p.160-8.
36. Stephen E. Clapham e Charles R. Schwenk, "Self-serving attributions, managerial cognition, and company performance", *Strategic Management Journal*, n.12, 1991, p.219-29.

37. Ian R. Newby-Clark et al., "People focus on optimistic scenarios and disregard pessimistic scenarios while predicting task completion times", *Journal of Experimental Psychology, Applied*, v.6, n.3, 2000, p.171-82.
38. David Dunning, "Strangers to ourselves?", *Psychologist*, v.19, n.10, out 2006, p.600-4; ver também Dunning et al., "Flawed self-assessment".
39. R. Buehler et al., "Inside the planning fallacy, the causes and consequences of optimistic time predictions", in T. Gilovitch et al. (orgs.), *Heuristics and Biases, The Psychology of Intuitive Judgment*, Cambridge, Cambridge University Press, 2002, p.251-70.
40. Eric Luis Uhlmann e Geoffrey L. Cohen, "Constructed criteria", *Psychological Science*, v.16, n.6, 2005, p.474-80.
41. Em relação a todos os experimentos dessa série, ver Linda Babcock e George Loewenstein, "Explaining bargaining impasse, the role of self-serving biases", *Journal of Economic Perspectives*, v.11, n.1, verão 1997, p.109-26. Ver também Linda Babcock et al., "Biased judgments of fairness in bargaining", *American Economic Review*, v.85, n.5, 1995, p.1.337-43; outros trabalhos relacionados do autor citados in Babcock e Loewenstein, op.cit.
42. Shelley E. Taylor e Jonathan D. Brown, "Illusion and well-being, a social psychological perspective on mental health", *Psychological Bulletin*, v.103, n.2, 1988, p.193-210.
43. David Dunning et al., "Self-serving prototypes of social categories", *Journal of Personality and Social Psychology*, v.61, n.6, 1991, p.957-68.
44. Harry P. Bahrick et al., "Accuracy and distortion in memory for high school grades", *Psychological Science*, v.7, n.5, set 1996, p.265-71.
45. Steve Jobs, palestra na Universidade Stanford, 2005.
46. Stanley Meisler, "The surreal world of Salvador Dali", *Smithsonian Magazine*, abr 2005.
47. Taylor e Brown, "Illusion and well-being"; Alice M. Isen et al., "Positive affect facilitates creative problem solving", *Journal of Personality and Social Psychology*, v.52, n.6, 1987, p.1.122-31; Peter J.D. Carnevale e Alice M. Isen, "The influence of positive affect and visual access on the discovery of integrative solutions in bilateral negotiations", *Organizational Behavior and Human Decision Processes*, n.37, 1986, p.1-13.
48. Taylor e Brown, "Illusion and well-being"; Dunning, "Strangers to ourselves?"
49. Taylor e Brown, op.cit.

Créditos das figuras

Figura 1, p.13. Cortesia de Jack Gallant.

Figura 5, p.55. Com permissão de www.moillusion.com.

Figura 8, p.67. Cortesia de Laurent Itti.

Figura 9, p.97. Reproduzido de R.S. Nickerson e M.J. Adams, "Long-term memory for a common object", *Cognitive Psychology*, n.11, p.287-307. Copyright © 1979, com permissão de Elsevier.

Figuras 10 e 11, p.100-1. Imagens fornecidas por Daniel Simons.

Figura 12, p.138. Cortesia de Mike Tyszka.

Figura 13, p.170. Cortesia de A.P. Atkinson. In A.P. Atkinson et al., "Emotion perception from dynamic and static body expressions in point-light and full-light displays", *Perception*, n.33, p.724. Copyright © 2004.

Figura 14, p.205. Cortesia da National Library of Medicine.

Figura 15, p.247. Cortesia da Biblioteca Houghton, Universidade Harvard.

Figura 16, p.275. In Gerald H. Fisher, "Ambiguity of form: old and new", *Attention, Perception & Psychophysics*, v.4, n.3, 1968, p.191, fig.3.2. Copyright © 1968, Psychonomics Society. Gentilmente cedida por Springer Science + Business Media B.V.

Agradecimentos

O Caltech é um dos maiores centros de neurociência, e tenho a sorte de contar entre meus bons amigos com uma das luzes brilhantes da instituição, Christof Koch. Em 2006, poucos anos antes do nascimento do campo da neurociência social, comecei a conversar com Christof sobre um possível livro a respeito da mente inconsciente. Ele me convidou a frequentar seu laboratório como ouvinte, e, por boa parte dos cinco anos seguintes, observei Christof, seus estudantes, pós-doutorandos e colegas de faculdade, em especial Ralph Adolphs, Antonio Rangel e Mike Tyszka, estudarem a mente humana. No decorrer desses anos, li e digeri mais de oitocentos trabalhos acadêmicos de pesquisa. Assisti a seminários sobre temas como a neurociência da memória, células conceituais no sistema visual humano e as estruturas corticais que nos permitem identificar rostos. Fui voluntário em experimentos em que se produziram imagens de fMRI de meu cérebro enquanto eu olhava fotos de junk food e ouvia estranhos sons projetados nos meus ouvidos. Fiz cursos como o maravilhoso "Cérebros, mentes e sociedade", "A neurobiologia da emoção" e "A base molecular do comportamento". Assisti a conferências sobre temas como "As origens biológicas do comportamento humano de grupo". E, com poucas exceções, compareci aos almoços semanais do laboratório de Koch, onde me deliciei com a ótima comida, presenciei debates sobre os últimos avanços de ponta e fofocas sobre neurociência. O tempo todo, Christof e seus colegas do programa de neurociência do Caltech foram muito generosos em me ceder seu tempo, me inspirando com sua paixão e tendo paciência em suas explicações. Acho que nem Christof nem eu poderíamos ter imaginado, quando o abordei pela primeira vez, que ele investiria tanto quanto investiu para ensinar neurociência a um físico. Devo este livro à sua orientação e à sua generosidade de espírito.

Como sempre, quero também agradecer a Susan Ginsburg, minha agente, amiga, crítica, defensora e torcedora extraordinária, e a meu editor Edward Kastenmeier, por sua firme orientação, paciência e pela clareza da visão do livro. E aos seus colegas Dan Frank, Stacy Testa, Emily Giglierano e Tim O'Connell, pelos conselhos, apoio e capacidade de resolução de problemas. Agradeço ainda à minha maravilhosa editora de texto, Bonnie Thompson, por me manter na linha. Finalmente, agradeço aos que leram e comentaram partes deste livro. A Donna Scott, minha esposa e editora caseira, que leu versão após versão e sempre me deu um retorno honesto e muito perspicaz, e nunca me atirou o manuscrito na cara, por mais que eu produzisse manuscritos para sua leitura; a Beth Rashbaun, cuja sábia assessoria editorial foi muito valiosa; a Ralph Adolphs, que me propiciou grandes informações de conteúdo científico enquanto tomávamos cerveja; e a todos os outros amigos e colegas que leram parte ou todo o manuscrito e providenciaram sugestões úteis e retorno. Eles incluem: Christof, Ralph, Antonio, Mike, Michael Hill, Mili Milosavljevic, Dan Simons, Tom Lyon, Seth Roberts, Kara Witt, Heather Berlin, Mark Hillery, Cynthia Harrington, Rosemary Macedo, Fred Rose, Todd Doersch, Natalie Roberge, Alexei Mlodinow, Jerry Webman, Tracey Alderson, Martin Smith, Richard Cheverton, Catherine Keefe e Patricia McFall. E finalmente à minha família, pelo amor e apoio, e por todas as vezes em que jantou uma ou duas horas mais tarde, me esperando chegar em casa.

Sobre o autor

Leonard Mlodinow é doutor em física pela Universidade da Califórnia, Berkeley. Foi professor no Instituto de Tecnologia da Califórnia e pesquisador no Instituto Max Planck, em Munique. Escreveu para a televisão, colaborando em séries famosas como *MacGyver* e *Jornada nas estrelas: a nova geração*, e criou games premiados, alguns deles com Steven Spielberg. Entre seus livros também se destacam *O andar do bêbado e Elástico*, todos lançados pela Zahar – sucessos de público e crítica, somando mais de 300 mil exemplares vendidos no Brasil.

Índice remissivo

Números de paginas em *itálico* indicam gráficos ou tabelas.

1ª EDIÇÃO [2014] 3 reimpressões

2ª EDIÇÃO [2018] 2 reimpressões

ESTA OBRA FOI COMPOSTA POR MARI TABOADA EM META PRO E MINION PRO
E IMPRESSA EM OFSETE PELA GEOGRÁFICA SOBRE PAPEL ALTA ALVURA
DA SUZANO S.A. PARA A EDITORA SCHWARCZ EM MAIO DE 2021